L'ANCIEN FIGARO

ÉTUDES SATIRIQUES

BIGARRURES, COUPS DE LANCETTE, NOUVELLES A LA MAIN

EXTRAITS DU FIGARO DE LA RESTAURATION

AVEC UNE PRÉFACE ET UN COMMENTAIRE

PAR

ÉMILE GABORIAU

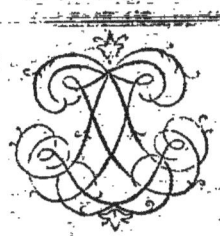

PARIS

E. DENTU, ÉDITEUR,

LIBRAIRE DE LA SOCIÉTÉ DES GENS DE LETTRES

PALAIS-ROYAL, 13, GALERIE D'ORLÉANS.

1861

L'ANCIEN FIGARO

Imprimé par Charles Noblet, rue Soufflot, 18.

L'ANCIEN
FIGARO

ÉTUDES SATIRIQUES

BIGARRURES, COUPS DE LANCETTE, NOUVELLES A LA MAIN

EXTRAITS DU FIGARO DE LA RESTAURATION

AVEC UNE PRÉFACE ET UN COMMENTAIRE

PAR

ÉMILE GABORIAU

PARIS

E. DENTU, ÉDITEUR,

LIBRAIRE DE LA SOCIÉTÉ DES GENS DE LETTRES

PALAIS-ROYAL, 13, GALERIE D'ORLÉANS.

1861

DEUX MOTS

« Pardon, Messieurs, de prendre la parole, mais il s'agit d'une très-courte explication et d'un fait personnel; d'ailleurs, je ne veux dire que *duex mots*. »

Ainsi ne manquait de débuter l'honorable M. S.... de M...., toutes les fois qu'il réussissait à prendre d'assaut la tribune de la Chambre des députés. Sans doute il croyait rassurer ses collègues, qu'effrayait beaucoup son éloquence parlementaire.

Que le lecteur me permette d'excuser ma préface par cette humble formule.

Ce volume de l'ancien *Figaro* n'est et ne veut être qu'une curiosité littéraire, un recueil de documents pour servir à l'histoire de la Restauration, presqu'un travail archéologique.

En effet, bien que trente ans à peine se soient écoulés depuis, telles sont les préoccupations du jour et les anxiétés de l'avenir, qu'on n'a pas le temps de regarder en arrière et qu'on a presque oublié des événements qui se passaient hier.

On parle souvent encore du *Figaro* de la Restauration, mais le nom est tout ce qu'on en connaît ; qui donc se souvient encore de sa polémique ardente, de son esprit, de ses audaces ?

Personne, en vérité; et les collections en sont devenues si rares que celle même de la Bibliothèque impériale est incomplète.

Et pourtant, ce petit journal a un avantage immense, que n'ont pas toujours ses confrères d'un grand format.

Il donne la note de l'esprit du temps, et il la donne juste.

Or, cette note vraie, on la chercherait vainement ailleurs, on ne la trouverait pas, sauf peut-être dans tel chapitre d'un livre de Stendhal, *le Rouge et le Noir*.

C'est dans ces pages étincelantes de verve, pétillantes de raillerie, de l'ancien *Figaro*, que plus tard puisera l'histoire, dans quelque cinquante ans; elles seront rares et précieuses, parce qu'elles sont comme les mémoires au jour le jour de l'opinion, en un temps où l'opinion était souveraine. Une méchanceté spirituelle, un *coup de lancette*, une *bigarrure*, en disent plus, souvent, que quatre longues colonnes, bien compactes et bien serrées.

Avec de semblables documents, on n'écrit pas l'histoire, mais on la comprend, et surtout on reconstruit une société.

Jusqu'ici, cependant, tous les historiens sérieux de la Restauration semblent avoir, à dessein, négligé ce petit journal. Peut-être le trouvaient-ils trop au-dessous de leur gravité, peut-être pensaient-ils, bien à tort, que les faits qu'il éclaire sont encore trop près de nous pour avoir besoin de lumière. Le plus explicite de tous en fait à peine mention dans deux circonstances: lors de la condamnation de son directeur, et à propos des fameuses ordonnances, parce que la protestation des journalistes portait les noms de Victor Bohain et de M. Nestor Roqueplan, alors à la tête du *Figaro*.

J'ai voulu réparer cet oubli, et essayer de donner une idée de ce qu'était le petit journal sous la Restauration. Il joua alors un grand rôle. Il était chargé de la partie de flageolet dans cette immense symphonie du journalisme, et il s'en acquittait merveilleusement. J'avais à choisir entre le *Corsaire*, le *Miroir*, la *Pandore* et bien d'autres, je me suis décidé pour le *Figaro*, le plus connu et de beaucoup le mieux fait.

Puisant, sans parti pris, presque au hasard, dans les quatre années de 1826 à 1830, j'ai recueilli un volume, la fleur du panier, à ce que je crois.

Autant que possible j'ai écarté les articles trop violents, les allusions blessantes, les à-propos dont le sel semblerait perdu, enfin les personnalités de nature à choquer encore aujourd'hui certaines susceptibilités.

Quant à la ligne politique suivie par le *Figaro*, je ne m'en suis aucunement préoccupé. L'intérêt, à mon sens, n'était pas là.

Je me réservais, d'ailleurs, de déclarer qu'en tout ceci je prétends n'engager en aucune façon ma responsabilité non plus que mes opinions.

* *
*

Chatelain, l'ancien rédacteur en chef du *Courrier français*, un des journalistes les plus distingués de la Restauration et des premières années de la monarchie de Juillet, avouait à son lit de mort qu'il avait passé vingt ans de sa vie politique à refaire tous les jours le même article; un grand nombre de ses confrères n'ont pu s'empêcher de confesser la même vérité.

Le lecteur reconnaîtra, en lisant ces pages empruntées à quatre années du *Figaro*, que le petit journal ne fait pas tous les matins le même article.

LE PETIT JOURNAL

Les régimes peuvent changer en France, les gouvernements absolus remplacer les gouvernements parlementaires, les jours de liberté et de licence succéder fatalement aux années d'esclavage et d'oppression, il est un maître qu'aucun bouleversement ne saurait renverser, qui plante son drapeau sur toutes les ruines, dont la souveraine puissance n'a jamais été même contestée : ce maître, c'est l'esprit.

Pour nous, voilà le despote véritable, un despote adoré. Il s'impose et nous ne sentons pas son joug, c'est en riant que nous nous inclinons devant lui. Il tyrannise l'opinion, mais il séduit, mais il entraîne. Nous sommes sans courage devant lui, nous ne savons rien lui refuser, encore moins lui garder rancune. Quoi qu'il dise, qu'il inspire, qu'il fasse, il trouvera grâce. Nous lui accordons trop, hélas! ou plutôt, nous lui donnons tout.

Par bonheur, cet esprit français, héritage sacré de nos pères, s'est de tout temps rangé sous les bannières des vaincus. Il poursuit un but jusqu'au jour de la victoire. Le lendemain il déserte avec armes et bagages et gagne au pied avec les fuyards. Il n'a jamais couché sur le champ de bataille. Toujours il est allé s'asseoir à l'extrême gauche, c'est lui qui crie aux bataillons trop lents à se mouvoir : En avant! en avant! Il ne se donne à aucun parti, il est de l'opposition.

Les mœurs et la littérature subissent sa loi, et c'est justice ; tous les ridicules sont de son ressort, et il juge sans appel. On a vingt ans pour maudire ce juge, mais presque toujours la postérité a confirmé les arrêts de son tribunal.

Mais c'est en politique qu'il faut voir son influence : lui, si léger, si subtil, si insaisissable, il finit toujours par faire pencher la balance de son côté. En vain le barbare mettra son épée dans l'autre plateau, le fer ne l'emportera que pour un instant. Il n'y a pas de *væ victis* qui tienne, les battus prendront leur revanche.

Ses interventions sont à ce point décisives, que la chronique de l'esprit français serait un magnifique traité d'histoire et de politique, dont l'exactitude et la véracité seraient les premiers mais non les seuls mérites. Ce serait l'épopée des opprimés, tandis que tous les livres qu'on nous fait étudier sur les bancs et que nous lisons au sortir du collége, ne sont que le pompeux panégyrique des oppresseurs.

Après le triomphe, les vainqueurs, les forts, confisquent la vérité et ne dédaignent pas de dicter l'histoire. Qui donc démêlerait le faux, si la satire, arme du faible, n'apparaissait à son tour et ne restituait à qui de droit ou la honte ou la gloire ? Il faut rendre à César ce qui est à César.

Peut-être une telle histoire tentera-t-elle le courage de quelque érudit : il peut se mettre à l'œuvre; les matériaux ne lui manqueront pas. Du jour où les Gaulois forment un peuple, l'esprit apparaît. Du premier oppresseur date la première épigramme.

Et à travers toutes les transformations, les révolutions, les luttes, cette veine de gaîté gauloise, railleuse, satirique, se maintient et se perpétue, précieusement léguée par les générations, comme un héritage de famille, aux autres générations.

Pauvre Jacques Bonhomme, longtemps ton esprit fut ta seule arme, ton unique consolation ! Taillable et corvéable à merci, tu geignais, tu payais, mais tu chantais. Lié, garrotté, abattu, tu répétais encore entre tes dents le refrain gouailleur. Ton seigneur t'avait pris ta dernière vache, il te fallait encore saluer ton seigneur et ne rien dire, ou gare à la peau !

Au moins la satire te vengeait, non amère, haineuse enfiellée, mais narquoise, spirituelle, pétillante de bon sens, cachant sa fine malice sous un faux air de naïve bonhomie.

« Ils chantent, ils payeront, » disait le rusé Mazarin. Celui-là aimait mieux une grêle d'épigrammes que des pierres dans ses vitres. Plus d'un bon mot cependant fit pâlir de colère le cauteleux Italien. Ah ! s'il avait tenu l'auteur !

Sous sa main, comme sous un pressoir, Jacques Bonhomme suait son dernier écu, mais il disait pis que pendre du successeur de Richelieu. Les mazarinades couraient les rues et les ruelles, grivoises et court-vêtues. Peuple et seigneurs faisaient cause commune contre l'ennemi.

« Notre ennemi, c'est notre maître. »

Celui-là fut dur au pauvre monde et aussi au riche. Il y paraît aux recueils de chansons du temps.

Mais il nous faut remonter bien des siècles avant Mazarin.

Au fond de la société de notre pays, à peine formée, aigrissait et travaillait déjà un vieux ferment d'incrédulité, levain d'opposition dont l'action, à peine sensible, n'en produisait pas moins une secousse, sinon deux, par siècle.

Nous avons, nous avons toujours eu le sentiment impérieux de l'égalité. Qu'on le froisse : endormi, il s'éveille. De ce moment l'esprit s'en mêle, il lutte, et il triomphe. Avant d'attaquer en face le pouvoir abhorré, on le fronde pour l'amoindrir. Il épouvante, on le ridiculise. Les plus poltrons s'habituent à lui, comme les oiseaux à ces épouvantails que le jardinier place dans les vergers, et au premier signal ils marchent comme les autres. L'esprit commence l'œuvre, le nombre la mène à bonne fin.

Ainsi, bons mots, chansons, satires, fabliaux, sont l'expression de la pensée libre, la forme n'y fait rien. L'esprit est l'auxiliaire des rancunes, presque toujours il est du côté du droit. C'est lui qui le premier a compté les masses et inspiré à Robert Wace le chant terrible des *Paysans*, près duquel *la Marseillaise* n'est qu'une pastorale.

Il y avait bien longtemps pourtant que ces paysans, tout à coup exaspérés, subissaient le joug; on devait les y croire accoutumés, on devait supposer leurs genoux cornifiés à force de ramper, lorsque la satire s'en mêla, répandue par la campagne, dans les bois et sous le chaume, par quelques trouvères intrépides. D'un bond tout ce peuple écrasé fut debout. Robert s'était mis à leur tête ; il chantait :

> Aidons-nous et nous défendons,
> Et tous ensemble nous tenons ;
> Et s'ils veulent nous guerroyer
> Nous avons, contre un chevalier,
> Trente ou quarante paysans,
> Robustes et bien combattants.

Entre les armures de fer les paysans révoltés furent broyés, mais quelques-uns en réchappèrent, et Wace, pour les réconforter, leur disait : « Croissez et multipliez ; un jour, vos enfants, plus nombreux que vous, vous vengeront. »

Mais déjà, à l'ombre du pouvoir royal, grandissent les communes, un pouvoir nouveau, faible, encore timide. Le Tiers-État qui doit régénérer la patrie se forme. Il va s'enhardir. Il cherche des alliés, il se tasse, il se masse, il se serre pour mieux résister, comme un bataillon de buffles sauvages qui de tous côtés, à l'heure du danger, présente les cornes à l'ennemi.

Bientôt, à son tour, le Tiers-État va se compter. Il ne se défendra plus, il attaquera. Il veut empiéter lui aussi. Aux mains de Jacques Bonhomme, il prend l'arme terrible, la satire. Et comme ils la manient, ces bourgeois naissants, à peine sûrs de leurs droits ! Alors, tour à tour, ils raillent toutes choses, et de cette arme terrible, l'ironie, formidable baliste, ils battent en brèche avec une incroyable audace la papauté, l'épiscopat, la chevalerie, le trône, la religion même, tout ce qu'ils craignent, en un mot, tout ce qui leur fait ombre.

Ils luttent à leurs risques et périls. Mais avec le danger leur esprit semble croître, et leur hardiesse. Nos fiers libres penseurs d'aujourd'hui ne sont jamais allés aussi loin. Et pourtant une douce prison comme Sainte-Pélagie n'ouvrait pas ses aimables cachots; il y allait du bûcher.

Alors paraissent, enfantés par vingt auteurs divers, ces poëmes moraux, ces ballades, ces épopées satiriques, ces romans étranges, compositions frondeuses, hardies, où se retrouve, condensé, l'esprit d'opposition de toute une époque.

Voici le *Roman de la Rose*, et le cycle entier du *Renart*, qui ne comprend pas moins de cent vingt mille vers, rimés par une armée d'auteurs. Voici les *Droits nouveaux*, contrat social du siècle; la ballade des *Trois Moines rouges* et *les Dicts du Villain* et *les Avisements au Roi*. Il faudrait un volume pour détailler seulement les titres de toutes les œuvres parvenues jusqu'à nous.

C'est le grand chœur satirique du moyen âge, qui s'avance à la conquête de ses droits.

Et ne craignez pas que la veine de la raillerie s'épuise, il en restera encore assez pour flétrir les débauches des derniers Valois, pour dire les ignominies de la cour des *Hermaphrodites*, pour écrire la *Satire Ménippée*.

L'imprimerie, cependant, était venue se mettre au service de l'esprit, auxiliaire redoutable ! La force brutale avait la poudre, l'esprit eut le livre, plus fort que le canon. On encloue l'artillerie, la pensée est impérissable. Guttemberg donna le vol à l'idée captive : elle allait planer un instant sur le monde, puis le conquérir, sans que rien pût l'arrêter jamais, ni la hache ni le bûcher, ni la Bastille du despote, ni les cachots de l'Inquisition. Que d'entraves à sa marche, pourtant ! Que d'insensés essayèrent de la combattre, plus insensés que Xerxès faisant fouetter la mer. Pour l'idée on dressa le pilori, mais le tréteau infâme de la place publique fut comme son Sinaï d'où elle rayonna sur le monde.

Alors l'esprit français ne pouvait suffire à nombrer ses soldats. Toute une armée combattait sous ses drapeaux, guidée, commandée par des hommes de génie, par Montaigne, par Rabelais, par d'autres encore dont pourrait, au besoin, se réclamer le petit journal.

Nous sommes loin, ce semble, de ce petit journal, nous y touchons cependant. Il fallait indiquer son passé, ses origines, pour faire comprendre son succès dès son apparition, pour expliquer ses triomphes et ses revers.

Il parut, et il fut acclamé.

C'est qu'il était et qu'il est encore le véritable représentant de notre genre d'esprit ; genre difficile, qui ne se comprend plus à un quart de lieue des frontières de France, qu'on ne saisit pas toujours dans les provinces un peu éloignées de la capitale.

Le petit journal est l'expression dernière de la satire ; elle avait revêtu toutes les formes, gros livre, feuille volante tour à tour, aucune ne lui avait donné cette force, cette activité d'impulsion, cette liberté d'action, cette publicité.

Et il est resté ce qu'il fut le premier jour, un pamphlet périodique, une épigramme quotidienne. Vous pouvez l'ouvrir, il vous donnera le dernier bon mot de la veille, la première méchanceté du lendemain.

Cependant le journal ne vint que bien longtemps après la découverte de l'imprimerie; depuis 200 ans, on fondait des caractères mobiles lorsqu'on eut la première idée d'un recueil périodique.

A Théophraste Renaudot revient l'honneur d'avoir réalisé en France cette idée appliquée déjà en Angleterre et à Venise.

C'était un médecin, ce Renaudot; homme d'intelligence et d'initiative, il avait réussi à se mettre fort bien en cour.

Même il avait des malades, et ce qui faisait endiabler les Purgon de son temps, c'est qu'il les traitait par les distractions et le rire, et qu'il les guérissait, paraît-il.

Avec privilége royal, il avait fondé un *bureau de rencontre,* sorte d'office de publicité, comptoir des vingt-cinq mille adresses du temps, où chaque jour se pressait une foule de gens en quête de renseignements. Nombre d'oisifs s'y donnaient rendez-vous; les nouvellistes en titre, coureurs de cancans, ne tardèrent pas à y venir aussi. On y causait. Tous les bruits de la ville et de la cour y avaient leur écho.

Renaudot eut l'idée d'utiliser tous ces gens. Il n'avait qu'à écouter pour être l'homme le mieux informé de Paris; il écouta. Puis, il nota tout ce qu'il avait entendu, le rédigea, le fit recopier, et c'est ainsi qu'il distribuait à ses malades des *nouvelles à la main* qui chaque jour les renseignaient au plus juste.

Les *Nouvelles* bientôt firent fureur. C'était à qui serait malade pour obtenir la faveur d'un exemplaire. Renaudot ne savait ou donner de la lancette ; quant à ses copistes, ils ne pouvaient suffire.

Il demanda l'autorisation d'imprimer ses nouvelles, l'obtint, et le 30 mai 1631, le premier de nos journaux paraissait sous le titre de *Gazette*, nom emprunté à l'italien, de *gazza*, pie, oiseau bavard.

Le succès de Renaudot fut immense; il eut bientôt une nuée d'ennemis acharnés ; mais il avait bec et ongles, et une plume, et une presse, et la protection du roi. Il se moquait des envieux.

Son exemple cependant ne fut pas suivi. Louis XIII se doutait-il du tintouin que donnerait la presse à ses successeurs? Il n'y eut pas de prime d'encouragement pour les journalistes, et dix-neuf ans le médecin régna seul.

En 1650 seulement se fonda un autre journal, en vers celui-ci, la *Gazette burlesque* de Loret, le plus insipide de tous ceux qui jamais ont tenu une plume, courtisan achevé, d'ailleurs, et chroniqueur utile aujourd'hui.

En 1672 seulement parut le *Mercure galant*, fondé sur un plan excellent par Doneau de Vizé, et qui, jusqu'à la Restauration, resta le premier de tous les recueils périodiques.

Mais là n'était pas le petit journal.

Il existait, mais mystérieusement. Il paraissait manuscrit, ou « imprimé à la campagne. » Le petit journal était alors la « nouvelle à la main » qui se colportait jusque sous le manteau de marbre des cheminées de Versailles. Plus d'un bon mot, plus d'une verte épigramme fit froncer le royal sourcil du monarque-soleil, du divin Deodatus.

Le règne de Louis XIV fut un bon temps pour l'esprit, bien qu'il combattît à la sourdine. Les ridicules foisonnaient; la cour amusait la ville. Pour railler, il ne fallait que regarder autour de soi. La cour, la finance, la magistrature, l'armée, la bourgeoisie, le clergé posaient alors en plein soleil pour tout le monde, et aussi pour Molière qui les a fait poser pour la postérité.

Mais l'esprit ne tarda pas à viser plus haut : l'audacieux s'attaqua au roi. Oui, à l'auguste personne du roi, et aussi à la personne sacrée de ses maîtresses. Jupiter indigne agita sa perruque, l'Olympe trembla.

Il faut le dire, Louis XIV détestait l'esprit. Ce prince, le plus magnifique virtuose qu'ait produit le despotisme, ne croyait pas l'esprit assez courtisan, il lui trouvait une odeur de fagot. Il entreprit deux ou trois croisades contre lui, et même fit un édit qui le défendait sur ses terres, c'est-à-dire en France. Le refrain de l'édit était : Bastille ! Bussy en sut quelque chose.

Il daigna cependant protéger quelques hommes de génie, sous la condition qu'ils chanteraient ses louanges et lui feraient de la réclame pour la postérité. Ils acceptèrent la mission.

Malheureusement ces grands hommes n'étaient pas toujours bien inspirés, témoin Boileau et son passage du Rhin. Le doux Racine eût fait mieux, mais il se cachait pour faire ses épigrammes ; une pourtant lui valut du bâton ; les grands seigneurs payaient ainsi. Peu importe, le bois vert est aujourd'hui brûlé, les railleries seront éternelles. Quant à Molière, dans ses pièces *ad majorem Jovis gloriam*, et je parle des meilleures, de celles après lesquelles il a dû se frotter les mains, plus je les relis, plus il me semble à chaque instant découvrir sous le velours de la louange l'épingle de l'ironie. Ne serait-ce pas un admirable persiflage, une pilule merveilleusement dorée? Le grand génie ne mit pas le roi sur son théâtre, peut-être se réservait-il de le jouer en son particulier.

Déjà les philosophes donnaient la main à l'esprit français, ils remuaient les pavés du raisonnement et préparaient les grosses pierres que devait débiter l'ironie pour les lancer, en grêle de petits cailloux, dans les jardins royaux. Louis XIV détestait aussi les philosophes.

A bien prendre, il n'aimait que les savants en *us*, pédants hirsutus roulés dans le grec comme les goujons dans la farine.

Hélas! le roi-soleil ne se doutait guère qu'à ses côtés, dans son propre palais, des gens à lui rédigeaient le petit journal de son règne pour nous le léguer. Et que sont les Mémoires, sinon un petit journal?

Sous la Régence, l'esprit s'installa au Palais-Royal. Ce fut un débordement de satires, un feu roulant d'épigrammes. Par malheur, à la fin, la gaîté grivoise tourne à l'obscène, le gros sel n'est plus que du sel de cuisine. En butte à tous les traits, le régent riait. Il s'efforçait d'être à l'unisson.

Ce fut bien autre chose vraiment sous Louis XV. Avec Philippe, la liberté était trop grande, il fallait un peu de gêne. On l'eut, grâce au Bien-Aimé.

Fut-il jamais roi plus chansonné, plus raillé, plus criblé! Le petit journal s'en donnait à cœur joie; traqué en France, il s'imprimait en Hollande, en Angleterre. Comment entrait-il? on ne sait, mais il entrait. Dans les cas pressants, quand l'ironie, comme un dîner, eût perdu à trop attendre, on imprimait dans les caves.

M. de Sartines usait une armée d'agents à courir après d'invisibles pamphlets. Lui-même trouvait des complaintes jusque dans ses poches. Pour un recueil clandestin qu'il étranglait, dix renaissaient.

Puis les philosophes avaient sérieusement engagé la partie. Il eût fallu prendre des bourreaux à la journée et couper les bois du clergé pour brûler les libelles qui chaque jour prenaient leur vol, Dieu sait d'où. Le trône chancelait, les coups redoublaient, plus pressés, plus violents.

Et la rage de philosopher, qui tournait toutes les têtes! Les grands seigneurs ne se disputaient-ils pas l'auteur du *Contrat social ?*

Voltaire, le génie fatal, Voltaire menait le branle. Partout où il trouvait un joint, il lançait un livre, une satire, un conte, un mot, qui éclataient comme un obus et faisaient brèche. D'une plume infatigable, il démolissait, démolissait, démolissait, aujourd'hui philosophe, demain petit journaliste, spirituel toujours, excepté dans ses tragédies, où pourtant encore il poursuivait son idée. Ah! qu'il savait bien son pays et son siècle, lui qui de l'ironie fit le levier dont il renversa une société croulante.

Louis XV avait compris le danger; mais comment l'éviter?

— Bast! dit-il, tout cela durera probablement autant que moi.

Parfois cependant, il n'était pas sans crainte; reconnaissant cette influence énorme de l'esprit, il avait fini par le prendre en horreur, lui qui tout le premier riait jadis des épigrammes qui l'égratignaient.

Sous Louis XVI, la mousquetade continue, dominée toutefois par les roulements de l'orage, qui se rapproche. Les événements se précipitent, les masses, depuis longtemps agitées, préparées, se dressent menaçantes. Le droit, cette fois, est du côté de la force.

Ah! si Louis XVI avait eu quatre hommes encore comme Rivarol, il retardait la catastrophe. Or, qu'était Rivarol, sinon le petit journal vivant.

Mais la cour avait Champfort contre elle, et aussi Beaumarchais. Quelle faute! Il fallait se l'attacher à tout prix, celui-là! lui lier pieds et poings avec des cordons bleus, l'étouffer d'honneurs. Il se serait laissé faire. A ce filet perfide de la cour on eût pu prendre aussi Voltaire et même Rousseau. On ne le voulut pas, et pour un mot, peut-être : — Trajan est-il content?

Beaumarchais pris, Figaro ne naissait pas, et Figaro, c'est l'esprit français révolutionnaire, le triomphe de la raison et du bon sens.

Lié à la cour, l'auteur de *la Folle Journée,* journée des dupes pour la monarchie, jetait à pleines mains le ridicule sur les penseurs et sur les philosophes. Il donnait le beau rôle à Basile, et Figaro, tombé dans le sac de Scapin, était rossé par Basile. Il trouvait sa galère au port. Les idées nouvelles se brisaient contre la réaction, ou plutôt contre l'immobilité, car alors l'action n'existait pas.

Et le barbier était rossé; bravo, Basile!

Beaumarchais aurait-il réussi? On peut se le demander. Il ne dirigeait pas le mouvement par droit de conquête, mais bien par droit d'héritage.

Il était le fils aîné de Voltaire.

Le vieux décrépit de Ferney, le jour où, ruine peu vénérable, il mourait et s'enterrait sous des ruines, l'ami de Frédéric de Prusse léguait à Beaumarchais sa pioche de démolisseur, c'est-à-dire sa plume. Le légataire fut digne du testateur, il dépassa son attente.

Et croule donc, vieille société, sous les boulets du ridicule, battue en brèche par les canons de l'esprit!

Il faut viser haut, pour atteindre plus bas, on tire au ciel. C'est à Dieu qu'on s'attaque, les rois suivront Dieu en exil. Et, par ma foi! Dieu fut forcé d'émigrer, et aussi ses ministres, et aussi les rois, et aussi les nobles. Et l'esprit français dansa la carmagnole sur l'emplacement de la Bastille.

Nous sommes en pleine révolution, mais la Terreur n'a pas fait taire l'esprit. Il naît de la révolte, et Dieu sait si on se révoltait alors! Ceux même qui avaient poussé à la roue essayèrent d'enrayer alors, trop tard.

— « Sois mon frère, ou je te tue, » s'écria Champfort. Il préféra se tuer lui-même.

Cependant les victimes apprenaient à mourir avec grâce, elles faisaient des mots sur la charrette et presque sous le couteau. Et quels mots! Samson lui-même, le royaliste, en riait sur sa machine.

Or la machine elle-même était une idée nouvelle, une innovation. On réformait tout, même le supplice. Mourir par la potence, fi donc! Il fallait mieux.

L'excellent docteur Guillotin se trouva là fort à propos; grâce à lui, on put *éternuer dans le sac.*

Les faubouriens baptisèrent la machine, non avec l'eau du Jourdain, hélas! mais avec du sang, et l'esprit français, devenu féroce, fut le parrain. La hideuse machine s'appela guillotine.

Il y avait eu, disons-le, un instant d'hésitation. Quelques-uns avaient voulu lui donner le nom de Mirabelle. Le jour où courut cette plaisanterie, Mirabeau devint plus laid encore de colère. Mirabelle !!! encore un peu, il se ralliait sans pot-de-vin.

Le nom du docteur Guillotin prévalut. Il était dans les destinées de ce brave homme d'être le parrain de quelque institution ; il faillit l'être de la vaccine, c'eût été un grand bonheur pour lui. On ne dirait pas aujourd'hui : J'ai été vacciné, mais bien : J'ai été guillotiné. Le verbe se conjuguerait au passé, ce qui est maintenant impossible.

Le mot de Mirabelle, qui exaspéra le tribun, avait été mis en avant par un petit journal d'aristocrates, *les Actes des apôtres*. C'est que, du jour où ils avaient été à leur tour opprimés, les nobles s'étaient mis à avoir de l'esprit ; il leur était venu avec le danger, comme toujours : — « Honnêtes républicains, avaient-ils dit, embrassons-nous, nous allons ôter nos culottes. »

Le petit journal eut encore un beau moment sous le Directoire, mais ce ne fut qu'un moment. L'Empire était venu.

Adieu l'esprit, me direz-vous, Napoléon le Grand ne l'aimait pas. Eh ! qu'importe, l'esprit comprimé n'a que plus de force, comme la balle forcée du pistolet. D'ailleurs le petit journal s'était réfugié à l'armée ; c'est lui qui, sous la tente, donnait au vainqueur de l'Italie les noms de Petit Caporal et de Petit Tondu, qui ont plus fait pour sa popularité que son Code et ses victoires.

A ce moment, unique dans notre histoire, tout était

héroïque. On ne songeait pas à plaisanter, le chauvinisme exaltait les têtes, on avait le cœur pris. Un homme de la force de Rivarol eut un mot superbe : — « On écrit l'histoire à coups de canon, » dit-il en riant. Le mot fut pris au sérieux. On trouvait sublime « d'écrire l'histoire à coups de canon, avec le sang de deux millions d'hommes en guise d'encre, et l'Europe pour page blanche. » Les mères pleuraient, et aussi les jeunes filles; mais on riait à l'armée. Tout le monde voulait être colonel à vingt-huit ans; on se faisait soldat et on partait.

Et quels troupiers! A la Moskowa, les pieds gelés, le ventre vide, ils riaient encore.

Un soir, Ney et sa petite troupe décimée avaient campé dans la neige à cinq cents mètres des Cosaques.

— Si les mangeurs de chandelle nous découvrent, avait-il dit, nous sommes f...lambés. Donc, silence dans les rangs.

Eh bien! toute la nuit on causa. Quelques-uns riaient. Ney, qui ne dormait pas, parce qu'il avait six mille hommes à sauver, Ney fut tiré de ses méditations par les éclats d'une gaîté bruyante.

— Tonnerre d. D.! cria-t-il, vous tairez-vous, vous allez nous faire prendre.

A la chute de l'Empire, le petit journal retient sa voix. Non qu'il manque de faits à enregistrer, mais il lui répugne de les enregistrer. La batte d'Arlequin, le fouet de la raillerie ne lui suffiraient pas. Il voudrait un knout, non pour fustiger, mais pour battre au sang ses imbéciles concitoyens.

Paris affolé, Paris entier criait à s'enrouer : Vivent les alliés!!...

Ce qui prouve bien, entre nous, que les cris et les vivats ne signifient absolument rien. Paris crie et acclame ce qu'on veut, à un moment donné, pourvu que le tambour batte et qu'il y ait de la musique.

Avec la seconde Restauration. le petit journal ressaisit le sceptre. Il monte sur le trône. Il est arrivé alors à son apogée. Il a juste assez de liberté et d'entraves pour faire briller en même temps son esprit et son courage.

Aussi, pendant ces quinze années, rayonna-t-il d'un éclat qu'il n'a que bien rarement et pour peu de jours retrouvé depuis, aussi son rôle fut-il d'une importance extrême (1). D'un mot spirituel il résumait l'opinion, et ce mot faisait fortune, parce que tous l'avaient pensé. Enfant perdu de la presse, il marchait en éclaireur. Comme les compagnies de francs-tireurs devant Sébastopol, il guidait et assurait la marche. Leste, railleur, adroit, insaisissable, il se logeait dans les moindres replis de la légalité, s'embusquait derrière les moindres anfractuosités du Code. Avait-il eu la plume trop longue, il savait encore faire tourner ses défaites en triomphes.

Ainsi il allait à la conquête du droit, donnant la main à la chanson et au pamphlet, entre Béranger et Paul-Louis Courier, l'ancien canonnier à cheval, vigneron de la Chavonière.

---

(1) J'ai sous les yeux, en écrivant ces lignes, le très-remarquable travail de M. Hatin, l'*Histoire du journal en France*, dont le volume consacré à la Restauration vient de paraître à la librairie Poulet-Malassis et de Broise. Malheureusement, effrayé sans doute des proportions que prenait son ouvrage, M. Hatin n'a pu qu'indiquer en passant le rôle du petit journal et en particulier du *Figaro*, « de toute cette artillerie légère, si terrible dans les grandes luttes de l'opinion. »

Que seraient, dites-moi, devenues les longues tartines du libéralisme, et même les ardentes polémiques des chefs illustres de l'opposition, sans la satire, la chanson et le petit journal ?

La grande presse inquiétait les ministres ; mais les refrains de Béranger les poursuivaient comme des huées, mais les lettres d'un vigneron rembourraient leur chevet d'épines, mais les épigrammes du petit journal les harcelaient comme une nuée de taons. M. X., alors ministre, paraissait à la tribune ; il avait préparé un beau discours, bien long, bien lourd... mais on se rappelait le bon mot de la veille, on riait; autant de bonnes raisons perdues.

Avant tout, il fallait de l'esprit, en un temps où les plus graves politiques ne dédaignaient pas d'écrire des *Lettres à la girafe* (M. de Salvandy).

Malheureusement pour le petit journal, les causes de sa vogue sont aussi celles de sa décadence. Un jour il ne donne plus juste la note de l'opinion, de ce moment il est perdu.

Lui, si fort pour démolir, il est impuissant à édifier. L'essaie-t-il, il devient grotesque, ridicule lui-même.

Il brille dans l'opposition ; mais qu'il passe au pouvoir, il s'éteint et meurt. Il a les mêmes hommes, cependant, le même état-major, le même esprit ; peu importe, il n'est plus dans son élément. Il justifie ainsi ce mot d'un ministre qui perdit, en gagnant le portefeuille, la verve incisive qui lui avait valu le pouvoir.

— Ah çà! sommes-nous donc des imbéciles? Je ne vois d'esprit que chez nos adversaires.

Allié utile aux jours de lutte, le petit journal devient

souvent dangereux. Il est changeant, hélas ! comme l'opinion, comme la popularité.

Puis, il ne peut être impartial, car il lui faut une victime. Après avoir tiré sur les ennemis, lorsque rien plus ne lui résiste, il tire sur ses propres troupes. Vous vous croyez son ami, il vous étranglera impitoyablement pour un bon mot. Vous êtes bien tranquillement assis à la galerie, vous vous tenez les côtes à voir mitrailler ceux que vous détestez... Paf ! un pétard vous part entre les jambes, un lardon met le feu à votre perruque, et c'est vous, spectateur, qui donnez à rire aux acteurs.

Il faut dire le mal comme le bien :

Hélas ! le petit journal, comme la satire, comme la chanson, a eu ses injustices et ses excès. Parfois il s'est trompé, il a bafoué le génie et berné le sage. Il faut le lui pardonner.

Il faut le lui pardonner, parce que souvent il a été l'arme dernière, la suprême ressource du faible. Avocat du droit, du bon sens et de la vérité, il a tenu à honneur de combattre toutes les tyrannies, il a été pour beaucoup dans toutes les conquêtes. On doit lui pardonner enfin, parce qu'il est « la puissance invincible ennemie du présent et complice de l'avenir. »

LE FIGARO ET VICTOR BOHAIN

C'est au plus fort de la lutte des partis, lorsque de toutes parts se soulevait l'opinion contre le gouvernement des Bourbons, que fut fondé le *Figaro*, par Lepoitevin-Saint-Alme, que toute la génération littéraire a connu rédacteur en chef du *Corsaire-Satan* en 1846 et de la *Liberté* en 1848.

Saint-Alme avait créé ce nouveau journal avec le concours de MM. Nestor Roqueplan et Maurice Alhoy, et d'un jeune homme qui débutait alors sous le nom de Horace de Saint-Aubin, et qui devait être notre illustre Balzac.

A ce journal, M. Michel Masson remplissait les importantes fonctions de *cuisinier* et de caissier. Ce dernier poste n'était pas une sinécure.

L'instant était admirablement choisi pour fonder une feuille satirique, aussi un très-grand succès accueillit-il tout d'abord le *Figaro*.

Saint-Alme cependant ne garda pas longtemps son journal; moins de six mois après l'avoir fondé, il le céda, par l'intermédiaire de M. Nestor Roqueplan, à Victor Bohain, qui devait lui imprimer une impulsion nouvelle.

De ce moment le *Figaro* prit hardiment place à l'avant-garde de l'opposition, et il resta fidèle au poste, toujours sur la brèche, jusqu'au jour où ses deux rédacteurs en chef, Victor Bohain et M. Nestor Roqueplan, signèrent la fameuse protestation contre les ordonnances. Le lendemain, la révolution était faite.

De 1826 à 1830, le *Figaro* fut rédigé par l'élite de tous les jeunes esprits de la fin de la Restauration. Mais aucun nom n'était connu. L'incognito était, on le comprenait alors, une des conditions indispensables du succès, de la liberté d'esprit, de la puissance d'un journal satirique. Aussi Bohain était-il, à cet égard, d'une discrétion à toute épreuve. Quelles séductions, quels subterfuges M. Dupin et tant d'autres n'ont-ils pas employés pour connaître l'auteur de la série d'articles mordants et révélateurs qui se publiaient sous le titre d'*Esquisses de la Chambre des députés!* Tout fut inutile. Bohain répondait invariablement que ces articles se trouvaient dans la boîte du journal. Néanmoins, lorsque M. Laffitte, loué dans un de ces articles, après avoir tenté vainement de savoir qui il en devait remercier, fit remettre à Bohain un magnifique service de thé, celui-ci s'empressa d'envoyer le cadeau à l'auteur.

Il serait facile aujourd'hui de violer cet incognito si scrupuleusement gardé, mais ce secret est devenu celui de la comédie littéraire, si bien qu'il n'offre plus guère d'intérêt. Il est, je crois, plus utile et plus juste d'esquisser la vie de celui qui personnifia le *Figaro* aux jours de ses plus grands succès.

Ces quelques détails, je les emprunte à M. Julien

Lemer, un des hommes les mieux informés des choses littéraires de ce temps-ci ; ils furent publiés dans la *Gazette de Paris* à la mort de Victor Bohain, en 1856, et ce fut même un des rares, très-rares articles consacrés à cet homme qui avait rendu tant de services, je ne dirai pas à la littérature, mais aux gens de lettres.

Donc, je copie :

« Quels beaux commencements que ceux de Victor Bohain ! Je ne parle pas du temps de son enfance ; ceci n'est point une notice biographique, c'est une simple esquisse composée principalement de souvenirs personnels.

« J'ai vu Bohain pour la première fois en 1828. Si j'en crois ses amis, il devait avoir alors vingt-cinq ans. Il était rédacteur en chef du *Figaro*, qui, en ce temps-là, était une des feuilles politiques quotidiennes les plus importantes de Paris, une de celles qui devaient jouer un des rôles les plus considérables sous la Restauration, et laisser dans l'histoire de cette époque une trace des plus brillantes. Adolphe Blanqui, le plus spirituel de nos économistes, chez qui j'étais en pension pour faire mes études, me chargeait quelquefois, en allant au collége Bourbon, de remettre sa copie (1) à Bohain, qui habitait une charmante maison à l'italienne dans la cité Bergère, au n° 12, je crois. Ces jours-là étaient pour moi des jours de fête, car Bohain ne me laissait jamais partir sans me donner quelque billet de spectacle ; aussi m'apparaissait-il comme le grand dispensateur des plaisirs parisiens. J'eus occasion de voir alors

---

(1) Adolphe Blanqui, on peut le dire aujourd'hui, était l'auteur des *Esquisses de la Chambre des députés*.

dans son cabinet ou dans ses bureaux presque tous les hommes devenus célèbres depuis.

« A la fin de 1829, Bohain, âgé tout au plus de vingt-six ans, possédait une fortune magnifique pour le temps. On l'évaluait à plus de quatre millions. Outre la propriété du *Figaro*, il avait le théâtre des Nouveautés, situé place de la Bourse, là où est aujourd'hui le Vaudeville, une part considérable dans le Vaudeville de la rue de Chartres et dans les Variétés, où il fit jouer une des pièces les plus audacieuses, sous le rapport de la verve satirique et de la licence aristophanesque, qu'on ait jamais représentées sur aucun théâtre. Cette pièce, intitulée *les Immortels*, Bohain n'en était pas l'auteur, mais je crois bien qu'il en avait conçu l'idée et qu'il avait appelé à concourir à la collaboration, non-seulement les rédacteurs de son journal, mais encore les vaudevillistes les plus spirituels de ce temps-là, où florissaient les Dumersan, les Théaulon, les Duvert, les Varin, les Rochefort, les Rougemont et tant d'autres, alors animés du feu de la jeunesse et de la passion politique. Cette témérité en couplets, qui montrait au public le roi Charles X personnifié par Brunet, et divers ministres incarnés dans la peau de Vernet, d'Odry, de Cazot et de quelques autres comiques, fut interdite après un certain nombre de représentations.

« Peu de temps après la révolution de 1830, Bohain se mariait et était nommé préfet de la Charente. Les dames de la halle vinrent en corps le féliciter et lui apporter des bouquets. Ce fait donne la mesure de l'importance du personnage.

« Mais au bout de quelques mois, les entreprises dramatiques étant « tombées dans le marasme, comme dit

Bilboquet, » la fortune de Bohain déclina rapidement. En même temps, l'ancien directeur du *Figaro* crut devoir, pour représenter dignement l'Etat dans la Charente, mener une vie de prince, et appliquer toute son expérience de savoir bien et largement vivre. Nul ne possédait mieux que lui l'art de donner à dîner, d'organiser des bals et des fêtes; il en donna tant de preuves, qu'il vit bientôt la fin de ce qui lui restait de sa fortune, de la vente du *Figaro* et de ses parts dans les divers théâtres. Un beau jour il se trouva complétement ruiné; il est même probable que son passif dépassa de beaucoup son actif.

« C'est vers 1832 que Bohain fit jouer à l'Odéon son fameux *Mirabeau*, en douze ou quatorze tableaux, où Frédérick Lemaître fut magnifique. Le tableau des Jacobins fit un tel effet, qu'on fut obligé de le supprimer à la seconde représentation. Tous les jours, l'auteur envoyait aux acteurs un panier de vin de Champagne, afin de les mettre à même de jouer dignement l'acte du banquet.

« Depuis 1834, Bohain se dépensa lui-même en commencements d'entreprises pour la plupart fort ingénieuses, organisées soit à Paris, soit à Londres, où il a fondé un journal français : le *Courrier de l'Europe*, qui, je crois, existe encore.

« La première tentative qu'il fit à Paris pour relever sa fortune, rappelle une des publications littéraires les plus importantes et les mieux conçues dont on ait doté les lettres françaises : c'était l'*Europe littéraire*, un grand, un immense journal quotidien, auquel collaboraient toutes les sommités littéraires du moment. Les frais de rédaction, qui étaient énormes, absorbèrent bientôt le prix des abonnements et le capital de fondation. La rédaction y fut payée jusqu'au prix de un franc la ligne. — A combien de lignes dînons-nous aujourd'hui ? disait Henri Heine. — A vingt lignes par tête, répondait Bohain.

« Ce fut Bohain qui organisa la mise en actions de l'imprimerie Everat, dont il voulait faire une imprimerie modèle. Une partie du montant des actions devait être consacrée à former des lots très-importants pour une loterie à laquelle prenaient part tous les actionnaires. Cette combinaison, qui avait facilité le placement immédiat de toutes les actions, ne fut pas goûtée du gouvernement, qui s'opposa au tirage. Mais la Ville de Paris et, depuis, le Crédit foncier, lui empruntèrent le système du tirage des primes d'obligations.

« Bohain inventa encore Napoléon Landais, à qui il fit une célébrité qui ne l'a pas préservé de la pauvreté, et la Société des Dictionnaires : *Dictionnaire de médecine usuelle*, *Dictionnaire de législation usuelle*, etc.

« C'est lui qui, le premier, a imaginé les trains de plaisir sur les chemins de fer.

« Pendant quelques mois de convalescence qu'il passait chez le docteur Ley, aux Champs-Élysées, il eut l'idée du journal *la Semaine* et de la presse colossale, qui reste encore aujourd'hui la plus grande presse connue, entreprise très-bien conçue, qui certes aurait eu un grand succès, si Bohain n'avait pas été forcé, comme toujours, par un besoin d'argent, de vendre sa part et de se retirer.

« Je vois encore dans le jardin de la maison de santé ce petit homme, au buste rond, à la figure pleine, à l'œil gris, vif et intelligent, ombragé de cils longs et épais, donnant audience à tout ce que Paris comptait d'écrivains connus, d'hommes politiques importants. Son infirmité (une jambe trop courte), qui l'obligeait à s'appuyer sur une canne, lui donnait une sorte de physionomie de diable boiteux. Et, en effet, on peut bien dire qu'il fut l'Asmodée du monde littéraire, du monde des affaires, et peut-être aussi du monde politique de ce temps-ci.

« Oh ! qu'il connaissait bien les hommes, et qu'il savait bien les prendre par leur vanité, leur ambition, leurs passions et leurs faiblesses !

« Un autre jour, il concevait et exécutait à lui seul une chose inouïe. Il soufflait à un homme politique, qui n'y songeait pas, la pensée de devenir journaliste ; il suggérait au directeur d'un grand journal, à qui cette idée ne serait jamais venue, le dessein de céder sa position ; il servait d'intermédiaire à ces deux hommes. — Puis, quand, ainsi qu'il l'avait prévu, le premier était bien convaincu de son inaptitude à ses nouvelles fonctions, quand le second était dans la nécessité de rompre le marché, par suite de l'opposition de ses co-intéressés, Bohain se trouvait encore là pour faciliter à l'un la rétrocession, à l'autre la réacquisition de la position et de la part primitivement vendues.

« Pour en finir avec les journaux, c'est Bohain encore qui a fondé l'*Époque* et inventé tous les moyens de publicité qui avaient fait à ce journal un si rapide mais si éphémère succès.

« C'est lui de même qui, en 1850 et 1851, créa le *Moniteur du dimanche*. Dieu sait ce qu'il dépensa de ressources ingénieuses, ce qu'il imagina de combinaisons pour faire vivre ce journal impossible !

« A la passion du papier imprimé, Bohain joignait le fanatisme des fleurs. Dans les dernières années, il avait entrepris à Palaiseau une culture de rosiers et de dahlias, et il obtenait, disent les connaisseurs, des variétés très-curieuses.

« Aussi, ne faut-il pas être surpris de lui voir inventer le *Jardin d'hiver*. Le *Château des fleurs* est encore une de ses idées; c'est à lui qu'on doit la première conception et le premier dessin de ce jardin, dont les frères Mabille ont su tirer meilleur parti que lui. »

Il y aurait encore bien des choses à dire ; mais si Bohain a eu une part plus ou moins active dans d'autres conceptions et dans d'autres créations contemporaines, c'est dans l'histoire, c'est dans les mémoires du temps que plus tard on le lira. Quels mémoires il aurait pu laisser lui-même !

Victor Bohain est mort aux Batignolles, le samedi 19 juillet 1856, à l'âge de cinquante-trois ans, après avoir conçu et remué plus d'idées, fondé plus d'entreprises, mis en mouvement plus de choses et plus d'hommes qu'aucun spéculateur millionnaire, qu'aucun homme d'État de ce temps-ci.

L'ANCIEN FIGARO

1826

COUPS DE LANCETTE

Une sentinelle a douze mots d'ordre différents, selon l'occasion.

⁂

Etes-vous jésuite, certain avocat vous défendra. Etes-vous constitutionnel, il vous défendra encore. — Sa conscience est donc bien flexible ! Mais son opinion, à lui ? — Son opinion ?... Il aime l'argent.

⁂

Brunet, se trouvant à l'Opéra, s'est écrié comme Jocrisse, à la vue d'une cantatrice : Il faut frémir, *frémons*.

⁂

Parfois, j'entends crier : Cailleau, Guiraud, Briffaut:
Quels sont ces chiens de noms? Sont-ce des noms de chiens ?
   — Du tout, vous êtes en défaut,
  Ce sont des noms d'académiciens.

⁂

« Les maladroits ! » disait M. Bénab... en apprenant que la tentative d'assassinat des janissaires avait échoué, « que n'en chargeaient-ils un jésuite ! »

A chaque instant, le *Figaro*, comme tous les journaux de la Restauration, revient sur les jésuites ; il ne faut point s'étonner de cet acharnement, il y aurait même, je crois, injustice à le blâmer.

« En ce temps-là, disait, dans l'*Univers*, M. Veuillot, les *Siècle* et les *Constitutionnel* mangeaient tous les matins un jésuite à la croque au sel. »

N'en déplaise à M. Veuillot, on ne faisait que se défendre. Les jésuites et les congréganistes ont ouvert l'abîme sous les pas de Charles X, il y est tombé, précipité par eux. Alors on fit tout pour le clergé, mais il voulait encore davantage. Il fut insatiable.

Les journaux, témoins des envahissements, des empiétements quotidiens, cherchaient à y mettre une digue. Il y avait tout à craindre de gens dont les passions politiques ont été de tout temps furibondes. Un pays voisin, d'ailleurs, donnait idée de ce que pouvait être la réaction.

En 1826, un *auto-da-fé* annoncé depuis longtemps attira à Valence une foule fanatisée. Le 31 juillet 1826, un pauvre israélite, revêtu du *san benito*, espèce de blouse couverte de peintures représentant des flammes et des diables, fut conduit au bûcher. Il était condamné à être *brûlé vif;* son crime était l'HÉRÉSIE. Il marcha au supplice entre une haie de dominicains, qui lui dépeignaient en chemin les délices dont il allait jouir dans l'autre vie pour prix de son supplice; ils l'appelaient *frère infortuné*. Tant que dura le supplice de la victime, les moines hurlèrent des hymnes dont le chant formidable devait étouffer les cris de l'infortuné.

Je laisse à penser l'épouvante de l'Europe, en apprenant que les feux de l'Inquisition se rallumaient en Espagne; son horreur, lorsque les journaux lui racontèrent ce sacrifice humain, nouvelle insulte à la religion du Christ.

Et c'est à nos armes, pourtant, que le fanatisme devait cette puissance. Qu'on s'étonne encore des attaques des journaux !

⁂

Quand la mode des auto-da-fé viendra, la *Sentinelle de la Religion* se mettra en éclaireur.

⁂

On parle d'établir de Paris à Bruxelles des relais en permanence à l'usage de MM. les agents de change, les financiers, les libraires, etc., qui désireraient faire banqueroute.

⁂

Un incendie vient de dévorer six arpents de bois dans la forêt d'Evreux, on assure qu'un jésuite y avait mis le feu en la traversant.

⁂

M. le procureur général a reçu la dénonciation de M. le comte de Montlosier contre les jésuites ; le même jour,

M..Saintes a envoyé à Montrouge une dénonciation contre M. Montlosier.

Le comte de Montlosier, dont il va être si souvent question pendant l'année 1826, avait publié un ouvrage ayant pour titre : *Mémoire à consulter sur un système religieux et politique tendant à renverser la religion, la société et le trône.* L'auteur y dénonçait l'existence de la congrégation et y livrait le secret de ses actes. Sa conclusion était celle-ci :

« Les quatre grandes calamités signalées au présent
« mémoire, savoir : la congrégation, le jésuitisme,
« l'ultramontanisme et le système d'envahissement des
« prêtres, menacent la sûreté de l'État, celle de la so-
« ciété, celle de la religion. Elles sont notées par nos
« anciennes lois ; ces lois ne sont ni abrogées ni tom-
« bées en désuétude ; l'infraction qui leur est portée
« constitue un délit ; ce délit, par cela qu'il menace la
« sûreté du trône, celle de la société et celle de la re-
« ligion, se classe parmi les crimes de lèse-majesté,
« crimes pour lesquels l'action en *dénonciation* civique
« n'est pas seulement ouverte, mais commandée... »

L'effet de ce mémoire fut profond, immense. La France s'épouvanta de se voir ainsi enveloppée dans un vaste réseau de sociétés religieuses secrètes, qui comptaient dans leur sein des ministres et des laquais, des rois et des cardinaux, des femmes et des enfants.

L'alarme retentit d'un bout du royaume à l'autre. On s'effraya de ces missionnaires, de ces moines, qui s'en allaient par toutes les provinces recrutant, à l'aide de la gendarmerie souvent, des néophytes et des affiliés.

On frémit en les voyant embrigader les enfants dans la *Société des bonnes études*, et leur apprendre à chanter les louanges du Seigneur sur des airs d'opéras comiques en vogue :

> Chrétien diligent,
> Quelle ardeur te dévore.

sur l'air du fameux chœur de *Robin des bois*, ou encore :

> La religion nous appelle, etc....

sur l'air du *Chant du départ*.

Par les enfants et les domestiques habilement stylés, la congrégation pénétrait presque dans l'intérieur des familles, qu'elle tenait déjà par les femmes.

Voilà ce que dénonce le mémoire du comte de Montlosier.

Et l'effet fut d'autant plus grand, que le comte avait passé sa vie à attaquer le nouveau régime et à défendre l'ancien.

L'auteur du *Mémoire* tint sa promesse, et, malgré les cris et les menaces de cette toute-puissante congrégation, le 16 juillet 1826, déposa au greffe de la Cour royale la *dénonciation* annoncée.

La Cour devait se déclarer incompétente.

Mlle Adeline a souvent les yeux fixés sur le parterre d'une façon si singulière, que le parterre se met à rougir.

**

M. d'El*** est le premier baron catholique, comme Montmorency fut le premier baron chrétien.

**

M. Montlosier a dit : « Je soutiendrai mon opinion jusqu'à la mort. » Dépêchons-nous donc, ont dit les jésuites.

**

Hier, nous avons vu M. le comte de Bonald, qui se parlait *à lui-même.* — C'était sans doute pour voir s'il pourrait se comprendre.

**

M. Briffaut a dit, dans son discours académique, que « Louis XIV imposa la gloire à son siècle. » C'est une imposition à laquelle M. de V... n'a point pensé.

**

Un missionnaire observait très-pertinemment que l'infâme Voltaire avait assez écrit pour perdre deux millions d'âmes, et pas assez pour allumer dix bûchers.

**

Les jésuites ont des poignards, M. de Montlosier n'a que sa plume ; les armes sont-elles égales ?

Dimanche, 23 juillet 1826.

ESQUISSE

L'ACTEUR DE PARIS ET L'ACTEUR DE PROVINCE

L'ACTEUR DE PARIS.

Il est midi, il vient de se lever et, revêtu de son élégante robe de chambre, il fait quelques tours dans son appartement, visite ses tableaux et ses fleurs et demande ses journaux. Il sourit agréablement à la lecture de celui-ci, il grimace à la lecture de celui-là. « Jean ! » s'écrie-t-il, et Jean accourt : « Tu renouvelleras mon abonnement à cette feuille et tu en prendras un second à celle-ci... A propos, Jean ! tu passeras chez M***, l'auteur de la pièce nouvelle, pour lui dire de venir me voir. »

Après ce préambule, il se met à table, prend son rôle et le parcourt entre la côtelette et le chablis. « C'est pitoyable, dit-il de temps en temps ; les auteurs ne travaillent que pour eux, rien pour les acteurs. » On sonne. « Déjà des visites, à cette heure !... Que voulez-vous, bonhomme ? — Je suis le tailleur de monsieur, je venais pour un petit compte à régler. — Vous repasserez, je n'ai pas la tête aux calculs... Et vous, l'ami, que demandez-vous ? — Je suis... vous savez... — Fort bien ; il me faut trente hommes ce soir, voici trente billets, soignez donc un peu mieux mes entrées. — Monsieur sera content. » On sonne encore : c'est l'auteur de la pièce nouvelle. Il n'entre qu'en tremblant, il sait qu'il va subir mille observations plus ou moins ridicules dont il se propose bien de ne tenir aucun compte. En effet, l'acteur commande des rectifications, l'auteur résiste ; la dispute s'échauffe ; l'acteur tient bon et, dans son dépit, écrit au régisseur pour lui annoncer une indisposition subite; puis il fait sa toilette et court à la Bourse acheter fin de mois, sur le produit présumé de sa prochaine représentation à bénéfice. De la Bourse il vole vers la nouvelle propriété qu'il vient d'acquérir. A son retour, il tombe réellement malade en apprenant que la rente a baissé à Tortoni, et que sa doublure s'est fait vigoureusement applaudir dans son rôle, grâce aux trente hommes dont il a fait les frais. De dépit il va s'enterrer dans son petit ermitage, en ayant soin d'envoyer toucher à la caisse du théâtre ses émoluments et ses parts.

L'ACTEUR DE PROVINCE.

Il est six heures ; le jour luit à peine, et déjà du fond d'une modeste alcôve retentit la voix d'Agamemnon, puis bientôt après celle de Scapin. « Chien de métier, » s'écrie en s'élançant hors de son lit un homme long et sec, « faire pleurer et rire alternativement, mourir et ressusciter régulièrement tous les soirs ; et cela pour mille écus par an ! chien de métier ! allons du courage, une dernière répétition : *Oui, c'est Agamemnon..* Qui frappe ? » Agamemnon pâlit et craint que ce ne soit quelque créancier matinal ; vainement il cherche dans sa tête quelque tour de Scapin pour l'éconduire ; on frappe encore, la porte s'ouvre d'elle-même ! Dieu soit loué ! c'est M. le Directeur.

Il entre avec précipitation, comme un homme affairé, et, sans avoir songé seulement à donner le bonjour au roi des rois, il déploie un rôle nouveau avec une partition: « Vite à l'ouvrage, vous me voyez dans un embarras... Notre opéra est annoncé et attendu pour ce soir, et notre basse-taille ne s'avise-t-elle pas de faire une chute à se casser la jambe? — Eh bien! — Vous allez prendre son rôle. — Vous plaisantez, une partie de basse-taille pour un soprano! d'ailleurs je suis enrhumé. — Tant mieux, cela renforcera votre voix; au reste, il n'y a que deux morceaux d'ensemble. Du courage! à midi répétition, et ce soir gratification si la recette est bonne.

Agamemnon-Scapin s'exécute de bonne grâce; la répétition arrive, il ne bronche presque pas, et, pour se donner plus de courage, il va chez le traiteur attendre l'heure de la représentation. Mais, fatale imprévoyance! sans doute il croyait déjà tenir la gratification, et quand vint le quart d'heure de Rabelais, il se souvint qu'elle n'était que promise; que faire? Le roi des rois n'a de crédit nulle part; Scapin vient à son secours: il envoie la carte à payer au théâtre, en priant le cher directeur de venir le dégager. La représentation a lieu; il est applaudi, sifflé, que lui importe! il n'a d'ambition et d'amour-propre que pour mille écus.

COUP DE LANCETTE

A la porte du couvent de Saint-Acheul, il y a, dit-on, un rémouleur qui n'est occupé qu'à aiguiser de petits couteaux.

Lundi, 24 juillet 1826.

RÉSUMÉ DE L'HISTOIRE DES PAPES

On déclame beaucoup aujourd'hui contre les usurpations des jésuites et les envahissements du spirituel sur le temporel, et il n'en résulte que beaucoup de bruit sans que le pape et le clergé s'en inquiètent le moins du monde. Que redouter, en effet, d'allégations vagues et mal fondées? Ce sont les faits qui tuent, et non les mots.

Aussi n'hésitons-nous pas à placer, en tête des ouvrages qui traitent cette matière, le *Résumé de l'histoire des Papes*. L'auteur donne rapidement, et en peu de mots, l'esquisse de la vie de chaque pontife. Peu de réflexions et beaucoup de détails, voilà comme il faut écrire l'histoire abrégée. Mais ce qui distingue surtout cet ouvrage, c'est un ton de gravité qui était commandé par le sujet, et que l'auteur n'abandonne jamais. C'est un mérite de plus, qu'au temps qui court on ne saurait trop apprécier.

Le pape, dit Montesquieu, *est une vieille idole qu'on encense par habitude;* il aurait pu ajouter par faiblesse et par superstition. L'histoire offre-t-elle rien de plus déplorable que l'excommunication de l'empereur Henri IV, et n'y a-t-il pas quelque chose de révoltant dans la défection de ses sujets dès qu'il fut condamné par l'ambitieux Grégoire?

Quoique la chaire de saint Pierre ait été souvent occupée par des hommes vraiment vertueux, on y a vu s'asseoir assez de pontifes indignes pour ne pas souhaiter de la voir dominer sur tous les trônes chrétiens. Et, d'ailleurs, où sont les titres de l'évêque de Rome à cette suprématie universelle qui ne soient mis au néant par chaque page de l'histoire?

Il est assez singulier que, dans le nombre des successeurs de saint Pierre, une femme ait figuré, les uns disent pendant deux ans et demi, les autres disent pendant cinq mois. En 854, un prêtre, connu sous le nom de Jean d'Anglican, fut élu après la mort de Léon IV. Un jour que, revêtu des habits pontificaux, il se rendait processionnellement à Saint-Jean de Latran, il parut éprouver des douleurs très-vives que ses efforts pour les cacher augmentèrent encore. Enfin le pape accoucha, ou plutôt la papesse, car c'était une femme, entre le Colisée et Saint-Clément; elle mourut sur la place même. Un monument d'expiation y fut élevé et subsista jusqu'au pontificat de Pie V, qui le fit détruire. De là vint la coutume de faire asseoir le nouveau pape sur un siége creusé, de manière qu'un homme pouvait passer dessous et s'assurer du sexe. Aussitôt cette opération faite, on s'écriait : *Papam virum habemus.*

COUPS DE LANCETTE.

Monsieur de Montlosier a demandé au préfet de police la permission de porter une cuirasse sous ses habits.

⁂

On annonce un prochain changement de ministère. — Quel bonheur !... Mais ce n'est qu'en Angleterre.

⁂

Une Excellence, ayant entendu parler des conversions d'un révérend, répéta avec joie : « C'est donc un diable que cet homme-là ? — Non, monsieur, c'est l'abbé G... »

⁂

Depuis que l'abbé G... a fait brûler Voltaire et Rousseau, on sait de quel bois les jésuites se chauffent.

⁂

Le général D... porte son épée comme un homme de cœur; cela ne dit pas qu'il soit brave.

* *
*

Madame de G..., craignant de ne plus faire parler d'elle, après sa mort, vient de prier M. Auger de lui composer son épitaphe. La voici :

> Ci-gît, mère de cent enfants,
> Des comtesses la plus féconde;
> Elle a fait du bruit dans le monde,
> Elle y parla quatre-vingts ans.

* *
*

Madame de Genlis ne croit pas aux jésuites, parce qu'elle n'en a pas connu avant la révolution.

* *
*

C'était, avant-hier, la fête de Montrouge; MM. les jésuites se sont livrés à leur gaieté naturelle. Après un repas délicat, toute la confrérie a entonné en chœur ce doux refrain :

> Il faut leur percer le flanc,
> Plan, plan, rataplan, etc., etc.

Montrouge, dont *Figaro* parle à chaque instant, et que le *Courrier français* appelait « l'antre du fanatisme, » est la petite commune aux portes de Paris où les jésuites avaient fondé une maison mère. A Montrouge se tenait le conseil supérieur, dont les instructions et les commandements volaient avec une inconcevable rapidité d'un bout de la France à l'autre. « Les télégraphes jésuitiques de Montrouge, dit un journal, l'emportent sur les signaux du gouvernement. »

« Montrouge, disait un autre journal, c'est le jésuitisme, le foyer de la congrégation, le vrai siége du gouvernement. »

Qu'est-ce donc que ce joujou-là? demandait un enfant à un frère ignorantin, en lui montrant un canif.

— Mon fils, lui répondit l'élève de Montrouge, c'est un instrument qui sert à corriger les rois.

Le *Moniteur* prépare une circulaire pour annoncer à l'Europe qu'il est le plus spirituel, le plus amusant, le meilleur des journaux littéraires. . Nous croyions que c'était la *Pandore*.

Samedi, 29 juillet 1826.

VIEUX CONTE S'IL EN FUT JAMAIS

Or, il advint dans un pays de jubilé, par delà des montagnes bien hautes, qu'un jour il y eut grand aria, comme on dit. Voilà que tout à coup il n'y avait rien dans les coffres, rien dans la cave, rien au grenier, ni foin ni paille, rien enfin à mettre sous la dent. Quand il n'y a point de foin au râtelier, les ânes se battent. Mais il faut manger, quoiqu'on se batte; les uns firent ceci, les autres cela, tous firent de travers et cheminèrent de mal en pis. « Parbleu, dit un jour celui qui avait la plus belle plume au chapeau (bien qu'elle fût toute sale) et les plus beaux hauts-de-chausses (bien qu'ils fussent de pièces et de morceaux), si nous allons de ce train-là, nous n'irons pas loin ; vite un tambour, et qu'on aille tambouriner partout pour que chacun vienne de suite, réflexion en poche et sabre au côté pour couper ce nœud gordien-là. » Un chacun réuni, après les dits et redits, le bourdon d'une grosse cloche coupa court, et l'on patenôtra cinq à six *Orémus*. Puis l'homme à la plume, d'un ton dolent, crachant à droite, éternuant à gauche, à quoi l'on repartit : *Dieu vous bénisse*, s'escrima ainsi, sur les choses du moment, avec un accent le plus solennel du monde : « Mes très-chers frères, saint Ignace (ici ceux qui étaient derrière les autres donnèrent un grand coup de front sur la nuque de ceux qui étaient devant ; le mouvement gagna jusqu'à ceux qui étaient en tête de la longue et large colonne, et ceux-ci le firent à leur tour rétrograder brusquement jusqu'aux endormis de la dernière banquette), le grand saint Ignace, continua-t-il, nous punit par l'inanition des indigestions que nous nous sommes données. C'est visible : il faut donc, je crois, que le plus ventru de nous tous y passe le goût du pain et soit regardé comme le bouc émissaire des péchés d'Israël ; saint Ignace m'est apparu rouge de colère comme l'œil du coq ; il faut l'apaiser! Moi, je n'y vais pas par quatre chemins ; j'ai mangé à crédit partout où j'ai pu ; j'ai cédé, moyennant pot de vin, bail sur bail, les gros fermages de tous les pays ; puis, le temps est venu où je n'ai plus à ronger que ma plume et mes chausses, si nous n'y mettons ordre, vous pour moi, et moi pour vous. »

Après ces mots, il y eut de la sensation, et les petits enfants demandèrent des tartines. Un conseiller, qui avait été nourri de la lecture de Molière, leur fit donner le fouet tout leur soûl. Puis un gros jouflu qui louchait, portant robe noire et perruque idem, parla dans ces mots en caressant un petit garçon d'un air tout à fait mystique : « Quand on n'a pas de pain, j'en ai encore et le garde ; j'ai raison, et l'on doit être fier de me voir si dodu et si vermeil. On dit que j'ai faim comme quatre, et que je mange comme huit. Qu'est-ce que cela prouve, sinon que j'ai de l'appétit. On vit comme on peut ; je peux parce que j'ai. Que ceux qui ont du crédit s'en servent, on payera quand on pourra ; et quant aux gueux qui n'ont rien, ce sont des gueux qu'il faut pendre, cela leur apprendra à vivre. J'ai dit. » Tous les plus grands, tous les plus gros, gens à pistolets et poignards en poche, gaillards trapus et hargneux, dogues à longs crocs et colliers pointus, excitèrent alors un vacarme d'applaudissements de tous les diables ; on bâillait de faim, on braillait d'enthousiasme.

Quand on se fut bien estomaqué, un petit homme, couleur gris de poussière, sec comme la mort, blême comme un carême, jambes en fuseau, corps menu, nez d'un pied de long, grimpa dans l'égrugeoir comme un écureuil, et là, de pérorer d'une voix affamée, tirant la langue comme un chien de chasse qui vient de courre :

« Mes amis, je devrais me taire, car je n'ai pas soupé hier, déjeuné ce matin, ni dîné ce soir (murmures), mais la conscience l'emporte : je vais faire une révélation terrible. Un jour de fête, car, Dieu merci, nous sommes dans les fêtes jusqu'au cou, nous vivons comme des bienheureux (applaudissements), je fumais, car que faire de mieux, si on ne mange, que de fumer ? (murmures plus prononcés) — quand une idée que je crus pieuse me passa par la tête : cette idée, messieurs, c'était de fondre toutes les cloches des monastères du pays pour en faire des pièces de six maravédis, à l'effet d'acheter pour nous et les nôtres des petits pains de seigle. » A peine l'orateur eut-il parlé, qu'il fut accueilli à grands coups de pied, à grands coups de poing, hué, conspué, tiraillé et reconduit avec force gifles, croquignoles, rebuffades et crachats au nez, jusqu'à une des plus belles potences qui aient jamais eu quinze pieds, et accroché, à la grande satisfaction de toutes les bonnes âmes, par le beau milieu de son cou. Depuis lors, le pays devint le chaos le mieux organisé, l'enfer le plus cagot qu'il se fût oncques vu ; il y eut des cloches sans pain, des fêtes où l'on ne riait pas du tout, des cantiques de cinquante et quelques couplets, force coups de couteau, contrebande, guerre civile, combats de taureaux, peste, famine, plaies et bosses à bouche que veux tu, et autres gentillesses dans ce moule; mais, par-dessus le marché, pas une pièce de monnaie dans l'escarcelle pour acheter du baume de fier-à-bras !

COUPS DE LANCETTE.

Rivarol accusait M. Ginguené d'avoir des phrases d'une longueur désespérante pour les asthmatiques. — Qu'aurait-il dit de celles de M. Villemain ?

* *

Jésuite pour jésuite, disait madame d'A..., j'aime mieux ceux à robes longues, cela cache mieux les choses.

* *

La *Gazette*, le *Drapeau blanc* et le *Journal de Paris*, depuis qu'ils publient les nouvelles de Portugal, ressemblent à ces tyrans de mélodrame, qui se montrent avec un visage riant et se retournent aussitôt en fronçant le sourcil et en disant tout bas : *Dissimulons.*

Un dentiste célèbre, attaché au service d'un prince étranger, demandait au chambellan dans quelle langue il pourrait adresser ses remercîments à Son Altesse. — En français, si vous voulez, reprit le courtisan, pourvu que vous évitiez de prononcer le mot *mâchoire*.

Dans une de ses dernières brochures, M. le comte de Bonald dit qu'il ne connaît rien de plus beau que les pays gouvernés par les prêtres, et il cite *la fière Espagne avec son inquisition et ses moines.*

MM. Bénab... et Ling..... sont toujours à louer ou à vendre.

Deux moines de la sainte inquisition lisaient à Madrid les détails de l'incendie de Constantinople. — « Que les habitants de cette ville sont heureux ! » s'écria l'un des saints pères, « ils peuvent jouir à chaque instant du plaisir de voir brûler des hommes, des femmes et même des enfants !... »

Il y a un proverbe florentin conçu ainsi : *Qui fait ses affaires ne se salit pas les mains ;* M. le comte de ... doit avoir les siennes furieusement propres.

On a cité en justice un brave homme parce qu'il se nomme Napoléon. Est-ce en France ou chez les Hurons ?

⁎⁎⁎

M. de V... se fait, dit-on, répéter tous les matins, depuis huit jours, cette maxime d'un ancien : *Un flatteur est un esclave qui n'est bon pour aucun maître.*

⁎⁎⁎

La *Sentinelle de la Religion* prétend qu'elle soutient tous les bons principes .... Sans doute comme la corde soutient le pendu.

⁎⁎⁎

Mlle Delâtre disait qu'elle connaissait les livres de morale. — Oui, lui répondit-on, comme les voleurs la gendarmerie.

⁎⁎⁎

Un auteur célèbre a dit que *l'existence entière des jésuites fut un grand dévoûment à la religion et à l'humanité* ; ajoutez : et aux petits garçons.

Les vengeances et les colères d'une réaction furieuse donnèrent, sous la Restauration, un rôle des plus importants à la délation. Les délateurs, comme ceux de la Rome antique, sûrs de l'impunité, que dis-je, certains d'obtenir des récompenses et « des honneurs, » ne se renfermèrent pas toujours dans leur strict devoir. D'espions, ils devinrent agents provocateurs et, pour satisfaire leur « honnête ambition, » se mirent au service des rancunes. De là, des piéges honteux tendus à la crédulité d'une foule de malheureux, qui payèrent de leur tête le crime d'avoir écouté les propositions de misérables chargés d'organiser des émeutes et des complots, où d'autres misérables plus puissants qu'eux ramassaient dans le sang des victimes des croix et des cordons.

On est révolté au seul souvenir des crimes des cours prévôtales, en ce temps de *terreur* contre-révolutionnaire. Que de sang, à Grenoble! on y exécuta des hommes, des vieillards, un enfant, et plusieurs cependant avaient été reconnus innocents. À Lyon, on décima un village. Un député put s'écrier à la chambre : « Tous vos complots, jusqu'ici, ont été organisés par la police. » La droite ne dit pas non. Qui ne sait les tristes détails de la conspiration Berton, à Saumur ; de l'affaire du colonel Caron ! Ils avaient été vendus à l'avance.

« L'espionnage, disait M. de Montlosier dans son
« mémoire, était autrefois un métier que l'argent com-
« mandait à la bassesse ; il est aujourd'hui commandé
« par la probité, par les devoirs que la congrégation
« impose. On assure que l'espionnage est devenu comme
« de conscience : on est prêt à lui donner des lettres
« de noblesse. »

En 1826, partout et toujours, l'opinion émue voyait des mouchards et des agents provocateurs.

Samedi, 12 août 1826.

NOTES MANUSCRITES

EXTRAITES DES MÉMOIRES D'UN MOUCHARD

Ma naissance ne fut pas plus célèbre que celle de Lazarille de Tormès : fils d'une femme de mauvaise vie, je fus vendu par elle à l'âge de cinq ans à un vieux mendiant ; j'appris des camarades de mon sort, dans les tavernes où mon maître allait s'enivrer avec des confrères dignes de lui, mille jolis tours d'adresse que je mis en pratique dans plusieurs occasions assez importantes. Une seule manqua et me fit un nom : j'allais être pris, je défilais avec deux aigrefins de ma taille, et, trop fier pour mendier désormais, nous associâmes nos rares talents. Je gravissais avec légèreté cette échelle de drôleries qui conduit raide à la potence, lorsque l'exemple de mon meilleur ami, suspendu par le cou à un gibet, refroidit subitement mes principes chevaleresques. Ayant trop de cœur pour en revenir à mon premier état, pas assez pour persévérer dans le second, je me fis mouchard. Là se développa le génie que m'avait donné la nature. J'ai servi tour à tour à Londres, à Paris, à Vienne ; les mystères de l'Escurial, le sphynx du Saint-Office, les énigmes du Vatican, ne furent pour moi que des secrets de Polichinelle : j'étais un joyau qu'on se prêtait par considération. J'ai tramé dans la machine infernale, mis, un des premiers, le feu à Moscou, et jeté le cri de sauve qui peut à Waterloo. J'étais présent au dix août. J'ai porté des rafraîchissements à l'Abbaye dans les premiers jours de septembre. J'ai traité de puissance à puissance avec Robespierre, soupé avec Lequinio, qui soupait avec le bourreau. J'étais un des gendarmes d'élite qui ont mis à mort le duc d'Enghien dans les fossés de Vincennes. Je fus un moment revêtu d'un caractère semi-diplomatique pour vendre Paris aux Cosaques ; depuis j'ai parcouru Avignon, Grenoble, Nîmes, où périt Brune, et finalement Lyon. Tout jusque-là m'avait réussi. Ma fortune donna contre un écueil. Chargé de mettre des papiers parmi ceux d'un général royaliste, je refusai : j'avais fait l'honnête homme, je fus destitué ; je le devins tout à fait. S'il n'y avait que la vertu qui surnageât, que d'Excellences on pourrait noyer dans un verre d'eau.

En devenant honnête, je devins furieux ; cela se voit souvent, surtout lorsque la rancune est plus forte que l'amour-propre: je résolus de faire mes Mémoires; je les fis. J'allais les publier, lorsqu'un de mes amis, ancien prêtre, aujourd'hui père légitime d'une demi-douzaine de marmots qu'il élève à la Lancastre et pour les arts libéraux, homme de mœurs douces et d'esprit prudent, me représenta que les minutes officielles de mes aventures existaient, signées de ma main, au dépôt des archives, et qu'ainsi l'anonyme même ne saurait me mettre à l'abri des investigations de mes anciens compagnons d'armes. Je ne voulais pas donner quinze et brisque sur mon jeu, et mourir martyr après avoir vécu comme un gredin. Je me tus : je serrai mes paperasses, comme fit le courageux Ducis quand il écrivait contre Napoléon. Mais j'enrageais, j'enrageais... Je découvris bientôt un nouvel argument à l'appui du premier.

C'est moi, disais-je, qui ai révélé à Napoléon les conciliabules secrets du mont Saint-Valérien ; le Calvaire a repris sa splendeur, certains messieurs, que l'on dit y apparaître encore, pourraient bien se piquer d'être plus chrétiens que l'Évangile. Taisons-nous: tout n'est pas gain pour ceux qui écoutent.

C'est moi, disais-je, qui ai démontré la connexion de l'affaire Pichegru avec celle de Georges; bien que M. Bastérèche l'ait dit en toutes lettres à la tribune, il doit peu me convenir à moi de traiter Pichegru d'assassin. On lui élève une statue et, quoi qu'en dise l'article 8 de la Charte, ses amis et les amis de leurs amis pourraient se montrer plus royalistes que le roi. Taisons-nous : tout n'est pas gain pour ceux qui écoutent.

Si, ajoutai-je encore, je me vantais d'avoir mis le nez jadis dans les papiers de Cambacérès, on pourrait me faire des questions embarrassantes sur la cause de leur disparition, et si je disais ceci et cela, je pourrais passer pour un calomniateur, parce que je ne les ai plus devant moi, et que du reste je ne voudrais pas les avoir dans ma poche, Dieu m'en garde ! Ainsi taisons-nous : tout n'est pas gain pour ceux qui écoutent.

Si je racontais l'histoire de la souricière (celle de Bayonne, bien entendu), je sais bien que le prince de T.... et l'archevêque de P.... ne m'accuseraient pas de mensonge. M. le duc de R..... pourrait faire une seconde publication, à cet égard, aussi risible que la première, mais ni lui, ni moi, ni nos amis, ne regagnerions nos entrées, et je ne vois là que dangers sans honneurs pour sortir d'un pas de clerc. Sylla, en affranchissant ses esclaves, se créa par cette adresse des légions de clients. Taisons-nous : tout n'est pas gain pour ceux qui écoutent.

J'aurais parlé, disais-je encore, de l'affaire des sous-traitants à qui Napoléon fit rendre gorge un peu à la turque : c'est moi qui avais arrêté le gros maréchal-ferrant millionnaire : mais que d'allusions à l'affaire Ouvrard ! On dit que celle-ci tient à tant de choses si délicates, à ceci, à cela, à presque tout enfin. Je veux croire que ce sont des propos de gobemouches, c'est bon. Mais taisons-nous : tout n'est pas gain pour ceux qui écoutent.

On sait, disais-je enfin, comment est mort Paul Ier, et moi aussi, je le sais : mais si, comme le dit M. Dulaure, les Anglais ont semé l'or sterling à la brouette dans les quarante-quatre mille communes de la France, pour faire bouillir le vif-argent dans toutes les cervelles gauloises, aux bons vieux jours de Foucher, Carrier, Marat et Compagnie, ne trouveraient-ils pas dans quelques petits coins de leur escarcelle, toute délabrée qu'elle me paraît aujourd'hui, de quoi acheter à bon compte la peau de moi, chétif, dussé-je, comme une grenouille dépouillée, ne vivre que juste ce qu'il faut après pour la voir bien et dûment tannée pour en faire un tambour. Pas de ça, s'il vous plaît. Taisons-nous : tout n'est pas gain pour ceux qui écoutent. Et je jetai mes Mémoires au feu.....

COUPS DE LANCETTE.

Dans un pays qui touche à la Turquie, les uns reçoivent des cordons, les autres n'obtiennent que la corde.

*
* *

M. T. L. assure qu'il est un homme.

*
* *

A Londres, la nommée Marie Cocnet d'Ouvrard, qui se dit fille du munitionnaire de Sainte-Pélagie, a été condamnée à la peine capitale pour avoir volé une montre. — On la croit de la famille.

Lundi, 21 août 1826.

ALBUM DE CHÉRUBIN.

A-compte. — Femme qui donne un *à-compte* sur une affaire amoureuse ne tardera pas à la solder.

Déclaration d'amour. — *Déclaration* de guerre contre la vertu.

Esprit. — Une belle femme sans *esprit* est un dieu qu'on admire et auquel on ne sacrifie pas.

Familiarité. — Porte ouverte à l'amour.

Hélas! — Expression de la douleur, aussi fugitive que celle du plaisir.

Impôt. — Le regard d'une jolie femme est un *impôt* sur notre cœur.

Jalousie. — Saint Jérôme est presque une autorité en amour. Il dit que la *jalousie* d'un mari est sottise, car si une femme est facile, il est impossible de la garder; et si elle est chaste, elle n'a pas besoin qu'on la surveille.

Laideur. — Elle est une autre Vesta qui conserve religieusement le feu de la chasteté.

Mélange. — Le je ne sais quoi d'une femme se compose d'un *mélange* d'attraits, d'appas et de charmes qui séduit, engage, entraîne.

OEillade. — Lancée par une coquette, c'est un filet qui sert à prendre des dupes.

Paradis. — Un religieux arabe a dit que Dieu avait un *paradis* à part pour les femmes, parce que si elles entraient dans celui des hommes, elles en feraient un enfer.

Secret. — La Fontaine prétend qu'une femme ne peut garder un *secret*. Malgré le *bonhomme*, il est une justice à leur rendre : jamais elles ne divulgueront le *secret*..... de leur âge.

Tartufe. — Il est des tartufes femelles, mais ce sont les moins dangereux.

Vertu. — Rien ne conspire plus contre la vertu des femmes qu'elles-mêmes.

Yeux. — Agents provocateurs du plaisir.

Jeudi, 24 août 1826.

 ANNIVERSAIRE

Il y aura, ce soir, à minuit, deux cent cinquante-quatre ans ! La paix avait été signée entre les factions : la liberté des cultes en était la conséquence... Tout à coup, la cloche de Saint-Germain-l'Auxerrois annonce le signal, et, de proche en proche, le tocsin appelle tous les assassins au meurtre : ils sont prêts sur tous les points de la France. Rome approuvait la mort de Coligny... Il tombe sous le fer d'un valet !... *Besme ! cela* est-il fait ? s'écrie une voix.... Un cadavre qui tombe aux pieds de Guise lui sert de réponse... Il le foule ! Va, Guise, va porter cette tête à Médicis. Ne crains pas. Hideuse, défigurée, sanglante, elle ne fera pas reculer Charles IX ! Un ennemi mort sent toujours bon. Réjouissez-vous donc, respirez à l'aise, il y en a cent mille !!!! O rigueurs salutaires !....

COUPS DE LANCETTE.

— Où Bazile court-il donc, avec cet air si gai ?
— Comment ! tu ne sais pas ?
— Non !
— C'est aujourd'hui jour de fête.
— Oh ! oh ! et quelle est donc cette fête, qui donne un éclat si vif à tes yeux creux et à ta physionomie plombée ?

— La Saint-Barthélemy, parbleu!
— Infâme!....

⁎⁎⁎

Mademoiselle Maria se plaint que les journalistes s'acharnent sur elle comme des corbeaux. Certes, notre méchanceté est connue, mais nous n'aurions jamais osé dire celle-là.

⁎⁎⁎

Il y a des gens bien élevés, en Russie : les potences ont quinze pieds de haut.

⁎⁎⁎

Savez-vous pourquoi le bibliothécaire B... serait bien placé aux finances ? — Non !... — Parce qu'il ne touche pas au dépôt qui lui est confié.

⁎⁎⁎

La statue de Louis XIV qui a été érigée à Lyon a coûté, tous frais faits, 537,950 francs. Que l'on dise ensuite dans vingt biographies que Louis XIV ne vaut rien.

⁎⁎⁎

L'*Etoile* est payée pour mentir. Elle va prouver dans son prochain numéro que, lors de la Saint-Barthélemy, les protestants se sont suicidés eux-mêmes pour faire tort aux jésuites.

⁎⁎⁎

— Un juge présidant les dernières assises
A certain vagabond reprochait son larcin.
— Ah! parbleu! répond-il, dites donc des sottises,
Sans les voleurs, bientôt vous créveriez de faim.

*
* *

M. Lecomte, qui est généreux comme un Arabe, offre CENT FRANCS à l'homme de bonne volonté qui ira chercher querelle aux journalistes. Nous serons plus libéraux. Nous offrons *cinq cents francs* à l'homme de corvée qui aura le courage de déclarer publiquement que M. Lecomte est un bon acteur, un bon auteur et un homme d'esprit.

L'AMI DES MONSTRES

M. Geoffroy Saint-Hilaire est un professeur du Jardin des Plantes et membre de l'Académie des sciences (section d'histoire naturelle). C'est un homme fort savant et fort laborieux. Il se passe fort peu de séances de l'Académie des sciences sans que M. Geoffroy Saint-Hilaire n'ait quelques monstruosités nouvelles à signaler à l'attention de l'Académie. Les monstres sont une de ses manies, car il en a encore une autre dont nous parlerons tout à l'heure; M. Geoffroy Saint-Hilaire voit des monstres partout : il conserve chez lui, dans l'esprit-de-vin, des veaux à deux têtes, des chats à six pattes, des enfants à quatre jambes, des jumeaux attachés par le ventre, etc., etc. Avez-vous un doigt de plus ou de moins, vous êtes monstre ; et M. Geoffroy Saint-Hilaire a été tenté de se déclarer monstre lui-même en se voyant dans une glace, parce qu'il a la plus extraordinaire construction d'oreilles qu'on puisse imaginer.

M. Geoffroy Saint-Hilaire arrive ordinairement à l'Académie armé de vases et de bocaux renfermant des monstres. Lundi dernier, le savant professeur est arrivé précédé d'une terrine de Nérac, de ces terrines pouvant contenir six perdreaux truffés. *C'est un pâté*, s'écrie-t-on de toutes parts ; *c'est un pâ â té*, s'est écrié un académicien aussi éloquent que notre ami Bridoison ; chacun se lève, et tous les membres du docte corps demeurent la bouche ouverte et les yeux fixés sur la bienheureuse terrine. Quel désappointement ! Le professeur prend la parole : « J'ai l'honneur de présenter à l'Académie, dit-il, un enfant né il y a huit jours.... » Chacun se rassied et se bouche le nez....M. Geoffroy Saint-Hilaire s'aperçoit de l'effet produit par sa harangue et continue : « J'emporte mon monstre à la bibliothèque, et je le montrerai à ceux qui le désireront. »

M. Geoffroy Saint-Hilaire a encore une autre manie, de trouver une analogie entre l'homme et les moindres animaux. Dernièrement il expliquait l'analogie qu'il prétend exister entre l'espèce humaine et le lézard. Il avait apporté un de ces animaux dans une fiole ; la fiole passait de mains en mains : elle arrive à un académicien, homme de beaucoup d'esprit, qui la passe à son voisin, en disant : « Mon confrère, permettez-moi de vous passer notre confrère. »

Avec tout cela, M. Geoffroy Saint-Hilaire est un homme profondément instruit, d'une élocution facile et élégante ; il a de plus l'honneur d'être opposé de principes et d'opinion à un autre académicien riche de places, de dignités et de sinécures, et dont on a dit : « Ce cuvier-là, c'est le tonneau des Danaïdes. »

UNE JOURNÉE

(*Extrait de l'album d'une dévote.*)

..... J'ai été réveillée ce matin, à dix heures ; on entrait dans mon boudoir sans se faire annoncer ; j'ai cru que c'était mon mari, et j'allais le tancer de la bonne façon de son impertinence..., c'était mon directeur. D'abord il a aperçu sur un fauteuil une robe neuve apportée la veille, puis il m'a vue cacher avec précipitation quelque chose sous la couverture. Il a voulu savoir ce que c'était : je résistai, il insista, mit la main... c'était un roman ! Comme il m'a sermonnée, ce bon M. Papelard, sur Satan, sur les vanités du monde ! Il m'a prouvé par un argument que je n'oublierai jamais que la chair est bien fragile. On a frappé, mais la clé était en dedans : j'ai reconnu la voix de mon mari, qui voulait me souhaiter le bonjour ; je l'ai prié d'aller faire un tour.

Pendant que M. Papelard achevait la péroraison d'un discours dont l'introduction avait été si violente, j'ai fait ma toilette. Point de coquetterie devant mon directeur, il chiffonne un fichu trop mondain, met la main sur tout ce qui est de luxe. Nous sommes sortis pour aller au sermon, il a pris mes Heures et un petit sac contenant les économies que je fais faire à mon mari, pour en verser une partie dans le tronc d'un séminaire et prendre un abonnement à la *Sentinelle*.

A notre retour, nous nous sommes encore enfermés : il avait, disait-il, à m'expliquer le texte du sermon, que je n'avais pas bien compris et qui était : *Aperite portas vestras*, et j'ouvrais de grandes oreilles.

J'ai trouvé une lettre adressée à mon mari par mon fils que j'ai mis à Saint-Acheul. Il se plaint de la vie qu'il y mène, le petit insolent ! Bien m'en a pris de ne pas laisser cette lettre entre les mains de son père, il serait homme à mettre son fils dans un collége royal.

Mon mari m'a fait dire qu'il attendait deux amis à dîner ; je lui ai répondu que je faisais maigre, et qu'il pouvait aller chez le restaurateur ; j'ai eu soin surtout de lui défendre de rentrer avant onze heures.

Je voulais voir *Tartufe*, dont on m'avait tant parlé; j'avais eu soin de retenir une loge sans en rien dire à M. Papelard. Après le salut, j'ai été à la Comédie-française. Qu'il me tardait de voir ce *Tartufe !* Cette tragédie m'a fait pleurer.

COUPS DE LANCETTE.

Quand M. Ch. Nod... fait insérer dans un journal un article de trois colonnes, on peut écrire en bas de cet article : J'ai faim.

*
* *

Miracle ! M. de Corbière a ouvert l'œil droit. Au train dont il y va, on suppose qu'il sera tout à fait réveillé pour la fin de l'année.

*
* *

M. de Corb... a, dit-on, la maladie de la pierre.

*
* *

M. de C...-Tonn... ne passera pas sur le pont des Invalides pour se rendre au Champ de Mars, parce qu'il n'y a plus de garde-fous.

*
* *

Que dites-vous de M. Madrole ?... L'écho répond.

*
* *

Les valets détestent la liberté, parce qu'elle ne leur permet pas de se montrer plus insolents que leurs maîtres.

*
* *

« La garde meurt et ne se rend pas. » M. de Vil... a retourné ce proverbe : il ne meurt pas et ne rend rien.

Petit dialogue. — *L'Excellence.* Mon cher, concevez-vous l'insolence de tous ces folliculaires? — Monseigneur, j'en suis scandalisé... qu'ont-ils fait? — Ils ont l'audace de remplir leurs feuilles de l'éloge d'un comédien ; ils ne parlent que de lui ; que diraient-ils donc si je venais à mourir? (Le secrétaire reste un moment abasourdi ; mais, reprenant bientôt son assurance, il répond :) — Rien, monseigneur. — Hein! — Rien, les grandes douleurs sont muettes.

(Historique.)

⁎⁎⁎

Si j'avais été à Paris lorsque Talma se mourait, disait M. l'abbé de L.., je serais bien entré dans sa chambre ; pourquoi a-t-on des gendarmes?

⁎⁎⁎

Dans le bureau d'un journal on remarque des épées, mais on cherche en vain des plumes : il paraît qu'il est plus aisé de se battre que d'écrire.

⁎⁎⁎

Un jésuite, entrant à l'Opéra, s'écria : O le joli couvent!

⁎⁎⁎

Mademoiselle Adeline, qui paye des impositions, disait un jour : Je vais chez le percepteur faire relever ma cote.

POÉSIE BUREAUCRATIQUE

Combien le jour de l'an est un jour propice
Pour présenter ses vœux et civilités ;
J'en ressens près de vous le plus grand délice
Dans votre accueil gracieux et toutes vos bontés.

Pour rendre à madame des honneurs mérités,
Il faut citer toutes ses qualités,
Les rares vertus de l'esprit et du cœur.
Permettez à l'amitié ce sincère hommage,
Inspiré par le sentiment le plus flatteur.
Et que chacun de vos subordonnés partage.
Je suis, avec le plus profond respect, etc.

QUEL EST LE JOUR OU ON EST LE PLUS AIMABLE ?

Un empereur, le jour où il arrive au trône à travers le droit d'aînesse.

Un roi, le jour où il croit sa puissance en péril.

Un ministre, le jour où il obtient un portefeuille, ou le lendemain du jour où il l'a perdu.

Un préfet, le jour où il lit sa nomination dans le *Moniteur*, et celui où il met son habit neuf pour la première fois.

Un avocat, le jour où il est sans argent et sans cause.

Un avoué, le jour d'une expropriation forcée.

Un roturier enrichi, le jour où le valet qui l'annonce dans une société brillante ajoute un *de* devant son nom.

Un noble ruiné, le jour où il épouse la fille d'un banquier qu'il croit millionnaire.

Le banquier, le lendemain du jour où il a fait banqueroute.

L'huissier qui le poursuit, le jour où il fait le procès-verbal de saisie du mobilier de son hôtel.

Un créancier, le jour où un débiteur sur lequel il ne comptait plus lui paye capital et intérêts.

Un auteur, le jour d'une première représentation.

Un nouvel acteur, le jour de son début.

Un acteur qui double un rôle, le lendemain du jour où son chef d'emploi a été sifflé.

Une danseuse, le jour où elle doit faire financer un milord.

Une vieille coquette, le jour où un myope lui a retiré vingt ans.

Un mari avec sa femme, le jour où il lui a fait une infidélité.

Une femme avec son mari, le jour où celui-ci part pour un long voyage.

Une fiancée avec son futur, le jour où l'on apporte la corbeille de mariage, bien garnie de cachemires et de diamants.

Un amant, le premier jour où il croit....

Mademoiselle Cinti, le jour où elle lit dans un journal qu'elle est excellente actrice.

M. Geoffroy de Saint-Hilaire, le jour où il découvre un nouveau monstre.

M. Auger, le jour où il trouvera un académicien.

M. Quatremère de Quincy, le jour où il sera défendu, sous peine d'entendre son discours, de siffler à l'Académie.

PETITS DIALOGUES.

A....—Monsieur l'commissair', j'viens vous dire comme quoi j'ai été volé ce matin à six heures.— C'est votre faute, pourquoi vous avisez-vous de sortir à cette heure..., il est trop tôt.

*
* *

B... — Monsieur le commissaire, j'ai été attaqué à onze heures du soir, dans un des quartiers les plus fréquentés de Paris. — C'est votre faute, pourquoi vous avisez-vous de sortir à cette heure..., il est trop tard.

COUPS DE LANCETTE.

Avez-vous un bras cassé, une jambe estropiée, la pierre, etc., etc... M. Du..., célèbre dans la science chirurgicale, vous portera de suite des secours... spirituels.

*
* *

Quand on demande à M. Dupuytren comment vont ses malades, il répond : Ils se sont confessés.

*
* *

M. D... a remplacé le bistouri par un petit couteau.

*
* *

Les épiciers disent que le moyen de conserver la chandelle pendant l'été est de l'envelopper dans une ode de M. Ancelot.

*
* *

M. D. ne se rend plus chez les malades avec sa trousse, mais bien avec un bréviaire.

*
* *

Le docteur Du.., en apprenant qu'un de ses malades, dont il avait opéré la.... conversion, s'était rétabli pendant son absence, s'est écrié d'un air contrit : Quel malheur! il était si bien préparé à mourir!...

*
* *

A l'Opéra on veut de la moralité; ce n'est pourtant pas une fable.

*
* *

Au lieu des eunuques à qui on confiait la garde des femmes à Constantinople, on va mettre des jésuites.

*
* *

M. Sosthènes prétend que les voleurs sont des gens très-moraux, parce qu'ils forcent les jeunes jens qui ont peur d'être dévalisés à rentrer de très-bonne heure.

*
* *

Dernièrement, une dame de l'Opéra a fait une fière chute; mais, comme elle avait des caleçons, M. Sosthènes lui a fait grâce.

M. Sosthènes de Larochefoucauld était alors chargé du *département des beaux-arts.* « Congréganiste zélé, dévot mondain parmi les gens de cour, bel esprit de cour parmi les dévots, » M. de Larochefoucauld devait sa position à l'abbé Legris-Duval et au père Ronsin, chefs successifs de la congrégation, dont il était l'instrument dévoué.

Dans les dernières années du règne de Louis XVIII, cet homme si dévot avait joué à la cour un certain rôle : madame Du Cayla, créature du parti religieux, gouvernait alors le vieux monarque, et M. Sosthènes était chargé de transmettre à la favorite les ordres de la congrégation.

Ses rapports quotidiens avec une femme aussi influente ne pouvaient qu'avoir les meilleurs résultats pour sa fortune. On ne pouvait songer à lui donner un *département ministériel :* il obtint l'administration des beaux-arts et, sur sa demande, on changea le titre de *direction* en celui de *département.*

Non content de ces titres à la gloire, il s'acquit « la plus étrange célébrité, en voulant officiellement moraliser à l'Opéra poëmes, musique, acteurs et actrices ; sa dévote sollicitude s'étendait jusqu'aux robes des danseuses. »

M. Sosthènes a eu la nuit dernière un terrible cauchemar : il rêvait qu'il était à côté d'une danseuse sans caleçons.

⁎

Le sieur Henry, qui quitta dernièrement la place d'inspecteur général de l'Académie royale de musique, dont M. Sosthènes l'avait gratifié, pour aller faire un tour aux galères, n'était peut-être pas aussi coupable qu'on a pu le croire ; il est vrai qu'il avait fait des faux, mais il n'avait pas commis d'indécences avec les dames de l'Opéra.

⁎

Dorénavant, pour obtenir une place à l'Académie royale de musique, il faudra faire apostiller sa demande par le chef des eunuques blancs du harem du Grand Seigneur.

⁎

M. Sosthènes disait l'autre jour fort galamment : Ce qui rend l'Opéra si dangereux pour la morale, c'est le grand nombre de jolies femmes. A notre avis, le mal n'est pas *si grand* qu'il le pense.

———

Les plaisanteries de *Figaro* au sujet de M. Sosthènes sont, un peu comme les danseuses, de plus en plus court-vêtues ; peut-être les trouverait-on déplacées par le temps de susceptibilité et de haute pruderie qui court. J'en retranche, et des meilleures.

Mardı, 7 novembre 1826.

LES LAMPIONS.

DIALOGUE.

PREMIER LAMPION. — Quelle clarté je répands ! à coup sûr on ne m'accusera pas d'indifférence.

DEUXIÈME LAMPION. — C'est possible, mais on t'accusera d'autre chose ; regarde ce passant qui se bouche le nez.

PREMIER LAMPION. — C'est qu'il pense mal.

TROISIÈME LAMPION. — Messieurs, messieurs, point d'intolérance. Vous êtes jeunes et par conséquent neufs, vous avez peu servi et vous connaissez mal les hommes.

PREMIER LAMPION, *d'un air dédaigneux*. — Qui est-ce qui m'adresse la parole ?

DEUXIÈME LAMPION. — C'est mon voisin de gauche, un pauvre vieux placé derrière une borne, et qui ne jette pas plus d'éclat qu'une veilleuse.

PREMIER LAMPION. — L'insolent! Il lui appartient bien...

TROISIÈME LAMPION. — Tout beau, jeune et brillant confrère ! On voit bien que vous n'avez brûlé qu'en l'honneur d'un seul maître.

PREMIER LAMPION. — Oui, je m'en fais gloire.

TROISIÈME LAMPION. — Cela a-t-il dépendu de vous? Tenez, demandez à votre camarade qui, là-bas, jette un si beau feu entre deux lampions à moitié éteints.

QUATRIÈME LAMPION. — Messieurs, dispensez-moi d'être votre juge ; j'ai pris le parti de brûler sans rien dire depuis que je me suis sottement compromis en 1815.

DEUXIÈME LAMPION. — Qu'aviez-vous donc fait ?

TROISIÈME LAMPION. — Je vais vous l'apprendre, puisqu'il garde le silence.

QUATRIÈME LAMPION. — Non, morbleu ! tu ne diras rien. Il convient bien à un obscur individu tel que toi d'oser railler un personnage de ma sorte.

TROISIÈME LAMPION. — Tu n'as pas toujours été si fier, ni placé à une aussi belle porte. Je t'ai connu appartenant à des gueux plus gueux que mes maîtres. (*A part aux premier et deuxième lampions.*) Ecoutez bien ! écoutez bien : la colère va le faire parler mieux que son plus grand ennemi.

QUATRIÈME LAMPION, *en fureur*. — Infâme, ah ! je n'ai appartenu qu'à des gueux ! Sais-tu, drôle, que j'ai souvent brûlé pour le prince de T***. Une fois quand il était républicain, une fois quand il était bonapartiste, une fois quand il était royaliste.

TROISIÈME LAMPION. — Oui, mais, depuis qu'il n'est plus rien, il t'a chassé honteusement.

QUATRIÈME LAMPION, *toujours en fureur*. — Il m'a chassé ! Dis donc que je l'ai quitté pour son successeur. Et le marquis de P***, qui a su perdre si à propos une bataille ; et le comte de C***, qui a administré pour Pierre et pour Paul, et toujours avec le même zèle ; et le baron de C***, qui a si bien parlé pour et contre ; et le chevalier de C***, qui a reçu de toutes mains ; et l'homme de génie B***, qui a chanté tout le monde ; dis-moi, coquin, sont-ce des gueux que ces gens-là ? Eh bien ! tous ont été mes patrons, et plutôt trois fois qu'une. Quels titres as-tu à m'opposer, misérable ?

TROISIÈME LAMPION. — Si je voulais me vanter, je trouverais peut-être....

QUATRIÈME LAMPION, *toujours en colère*. — Depuis trente ans que je plane sur toi, ton obscurité n'a pu tromper ma vigilance. Je ne t'ai jamais aperçu à l'occasion d'un sacre ou d'un couronnement : je t'ai vu, en revanche, un certain 5 septembre.

TROISIÈME LAMPION. — Tu m'as vu ce jour-là ; tu étais donc présent ? Oui, en effet, je me souviens que tu figurais à la porte de M. de Cazes.

QUATRIÈME LAMPION, *rouge d'indignation.* — Et toi à celle d'un traiteur à 32 sous.

TROISIÈME LAMPION. — Les officiers en demi-solde, les employés réformés s'étaient cotisés pour m'avoir. Je leur fis honneur ; toi, qui t'enorgueillissais à la porte d'une Excellence, un solliciteur t'éteignit en crachant une malédiction.

QUATRIÈME LAMPION, *pâlissant de rage.* — A la garde ! au voleur ! à l'assassin ! Messieurs, soyez témoins que je suis insulté, calomnié... (*Un inspecteur de police et des gendarmes paraissent.*) Justice ! justice ! Monsieur l'inspecteur.

L'INSPECTEUR. — Comment êtes-vous ici ?

QUATRIÈME LAMPION, *fier.* — Par ordre !

L'INSPECTEUR. — Et vous ?

TROISIÈME LAMPION. — J'appartiens à la mère d'un amnistié politique.

La pluie termina la dispute. Une gouttière éteignit subitement le fastueux lampion ; celui que la reconnaissance avait allumé dura jusqu'au jour.

Mercredi, 8 novembre 1826.

CATÉCHISME JÉSUITIQUE

Qui es-tu ? — Chrétien, catholique romain. — Que veux-tu dire par là ? — Servant Dieu, le pape et les jésuites. — Quel est l'ennemi de la religion ? — Voltaire. — Qui est-ce ? —

Un impie, un infâme, un scélérat, un monstre abominable — Où est-il ? — En enfer. — Et ses ouvrages ? — Dans les mains des brebis égarées. — Quel remède opposer à ce débordement des mauvais livres ? — Le feu. — Que faire des éditions de Voltaire in-8 ? — Au feu. — Voltaire in-12 ? — Au feu. — Voltaire in-18 ? — Au feu ! au feu ! — Que sont les philosophes ? — Des chiens, des boucs, des fils de Satan. — Quel châtiment mérite le chrétien qui manque à ses devoirs ? — La damnation éternelle. — Comment les chrétiens doivent-ils se conduire ? — D'après les maximes des révérends Pères. — Qui nous délivrera de nos ennemis ? — Le feu. — *Amen!*

COUPS DE LANCETTE.

M. le prince de T..., qui était dernièrement à Marseille, puis à Nice, vient d'arriver à Paris. Depuis trente ans, monseigneur change de place; il est tantôt d'un côté, tantôt d'un autre.

⁎

M. le duc de R... et M. le général B.. ont fourni des notes historiques à sir Walter Scott pour l'histoire de Napoléon, à laquelle le romancier écossais travaille en ce moment.

⁎

M. Laurentie vient d'être victime d'une petite Saint-Barthélemy bureaucratique. Soyez donc insignifiant et nul !!..

⁎

L'Etoile prend la défense de Henri IV, que le *Courrier* a appelé protestant. Quelle injure !...

⁂

L'Etoile veut attaquer en diffamation le *Constitutionnel* qui a traité de *bigote* la cour de Louis XIV.

Bigote est pourtant une expression bien douce.

⁂

On parle d'une grande spéculation : quand on aura mis toutes les rues en passages, on mettra tous les passages en rues.

⁂

On se plaint à tort de la saleté de Paris, les quartiers les plus propres ont à peine deux pieds de boue.

⁂

M. Ben... porte sa croix ; d'honneur !

⁂

On a autorisé dernièrement la fondation d'une vingtaine de couvents de femmes ; l'établissement des Enfants trouvés ne désemplit pas.

ÉNIGME.

DIALOGUE ENTRE DEUX HOMONYMES.

Aussitôt que le jour a fait place à la nuit,
Brillante, j'apparais bien au delà des nues.
— Sortant dès qu'il fait noir, de mon obscur réduit,
Pâle et terne on me trouve à chaque coin des rues.
— Astre cher aux amours, aux voyageurs en mer
Je suis bien chère encor. — Moi, je coûte bien cher.
— Des mortels je reçois les vœux et les prières ;
 On me créa pour éclairer.
— Moi, pour éteindre les lumières.

Le mot de l'énigme est *Etoile*, nom du journal du soir qui, depuis, a fusionné avec la *Gazette de France*.

De 1826 à 1830, *Figaro*, c'était son droit, attaque tous les journaux de la droite; mais il s'acharne plus spécialement et avec bonheur contre les feuilles officieuses ou ministérielles, qui ne vivaient alors que de compromis de conscience assez tristes et de subventions on ne peut plus lourdes. *Tomber* les organes du ministère est la grosse besogne quotidienne du *Figaro*.

Ces journaux, il faut bien l'avouer, étaient alors passablement décriés, et leurs rédacteurs ne vivaient pas en odeur de sainteté. Le ministère lui-même avait semblé prendre à tâche de les discréditer. On se souvenait fort bien qu'en 1824 M. Corbière, alors ministre des affaires étrangères, n'avait pas dépensé moins de deux millions, sans compter les places et les sinécures données, pour éteindre un certain nombre de feuilles, qui, bien que royalistes, menaçaient son portefeuille. Le rôle des feuilles officieuses se bornait à toujours dire : *Amen*. On trouvait que ce n'était pas assez.

Tous les rédacteurs, d'ailleurs, avaient en perspective, pour le jour où ils seraient dégoûtés d'une polémique assez difficile, une *aurea mediocritas* hypothéquée sur le budget.

Lorsqu'on relit de sang-froid l'histoire de la Restauration, on est effrayé de toutes les bévues que la terreur de la presse fit commettre à son gouvernement.

Samedi, 25 novembre 1826.

CONCOURS PRÉPARATOIRE

Pour la rédaction en chef d'un journal semi-officiel.

La réunion a lieu au Jardin des Plantes, dans la salle des animaux sans vertèbres. M. le trésorier de l'amortissement de l'esprit public occupe la chaise rembourrée du surveillant de cette salle. Les assistants, au nombre de cinq, représentant la *Gazette*, le *Drapeau*, le *Journal de Paris*, l'*Etoile* et le *Pilote*, sont assis sur des caisses vidées depuis peu.

LE TRÉSORIER. — Messieurs, j'ai choisi à dessein ce local, vous m'entendez, pour vous entretenir d'un projet qui doit bientôt recevoir son exécution.

TOUS. — Quel est-il ?

LE TRÉSORIER. — Il s'agit d'un journal semi-officiel.

TOUS. — Je le ferai.

LE TRÉSORIER. — Je rends justice à votre zèle, mais, de grâce, du silence.

TOUS. — Ecoutons.

LE TRÉSORIER. — Quoiqu'il soit certain que les feuilles que vous rédigez n'aient nullement rempli les espérances qu'on en avait conçues...

TOUS. — Il faut être bien difficile.

LE TRÉSORIER. — Qu'on ne les lise plus...

TOUS. — Bah ! vous voulez rire.

LE TRÉSORIER. — Que tous les anciens abonnés les aient désertées...

TOUS. — Ce n'est pas notre faute.

LE TRÉSORIER. — Que je sois obligé de demander sans cesse de nouveaux fonds pour les alimenter...

TOUS. — Notre métier ne peut être fait gratuitement.

LE TRÉSORIER. — Enfin, tranchons le mot, qu'on doive être las de payer vos sornettes, vos sottises.....

M. G. DE *l'Étoile*. — Je répondrai au mot sottise.

M. B. DE *la Gazette*. — Je parlerai aussi à ce sujet.

LES AUTRES. — Aucun de nous ne laissera cela sans réponse; mais silence pour le moment.

LE TRÉSORIER. — Ce n'est pas moi qui le dis, c'est tout le monde; si vous m'interrompez toujours, je lèverai la séance.

TOUS. — Ecoutons.

(L'Etoile *grince des dents*.)

LE TRÉSORIER. — J'abrége; il s'agit de donner à une de vos feuilles la qualité de semi-officielle. Je suis embarrassé du choix, et quand je l'aurai fait, je serai encore plus embarrassé de le faire accepter, tant vous êtes discrédités...

TOUS, *marmottant*. — Faut-il endurer!...

LE TRÉSORIER. — Je suis néanmoins décidé à faire mes efforts, cela soulagera ma caisse d'autant, jusqu'à ce que je puisse...

TOUS, *avec effroi*. — Achevez!...

LE TRÉSORIER. — Je puisse vous voir prospérer.

TOUS. — A la bonne heure!

LE TRÉSORIER. — Voyons, examinons à qui la chose peut aller. Que chacun parle à son tour. Je vais commencer par celui qui coûte le plus cher, comme ayant le moins d'abonnés.

Allons, au plus léger à parler.

M. G. DU *Pilote*. — Monsieur le trésorier, il vous convient de me donner la préférence, parce que je parais le soir et n'ai pas de concurrence à redouter, l'*Etoile* n'en étant pas une.

M. de G., de l'Etoile, fait un bond sur sa caisse, et en retombant il la crève ; on le relève et on le contient.) Je n'ai d'ailleurs ni esprit (de parti, je veux dire), ni idées (fixes, s'entend), ni rédacteur, quoique je parle de tout.

LE TRÉSORIER. — Cela suffit, votre privilége me convient assez.

A vous, *Paris*, mon petit.

M. L. DU *Journal de Paris*. — Qui pourrait d'ailleurs me disputer la préférence ? J'ai la représentation qui convient au rôle que j'ambitionne ; je donne des audiences, j'ai même chez moi une manière d'huissier, et d'ailleurs ne sait-on pas que je communique librement avec l'hôtel de Rivoli, où je puis me rendre en un coulé, trois sauts et un entrechat ? Je vous dirai, au surplus, que je commence à me lasser de n'être que l'historien des fiacres et des commères ; j'aimerais assez me lancer dans la politique ministérielle, j'allais dire dans la haute politique. Je me crois appelé à jouer un grand rôle.

LE TRÉSORIER. — Mon petit, j'approuve cette émulation ; et ce désir de vous élever me prouve que vous ressemblez toujours, comme par le passé, à beaucoup d'inutilités de ma connaissance. Nous verrons ce que nous pourrons faire. A votre tour, monsieur sans tache.

LE BARON DU *Drapeau*. — Mon devancier vient de se donner lui-même l'exclusion. Il vous a avoué qu'il n'avait écrit, jusqu'à ce jour, que pour les classes populaires ; moi, je m'adresse toujours aux plus hautes capacités : il en faut effectivement beaucoup pour me comprendre, et c'est sous ce point de vue que je conviens à la chose ; car le vague dans lequel je laisse mes lecteurs peut faciliter, au besoin, les pas rétrogrades auxquels notre politique est accoutumée.

LE TRÉSORIER. — En effet, je ne vous comprends pas toujours, il est vrai que je vous lis très-rarement; mais comme il y a des gens assez courageux pour cela, je me ferai faire un rapport sur ce qui vous concerne. Ecoutons l'*Etoile*, qui paraît perdre patience.

M. G. DE *l'Étoile*. — Je trouve assez étonnant, Monsieur le trésorier, que vous, ou d'autres, ayez eu la pensée d'un journal semi-officiel, lorsque celui que je dirige est officiel bien plus encore que l'épais *Moniteur*. Je n'en veux pour preuve que l'envie de bâiller que l'on éprouve en me lisant. Au surplus, je suis assez content de mes maîtres pour ne pas vouloir m'en donner d'autres; ceux de mes confrères n'ont que l'exécution des pensées nées du cerveau des puissants dont je reçois l'impulsion : aussi ne me suis-je rendu à cette assemblée que pour vous faire sentir mon importance.

LE TRÉSORIER, *tout bas*. — Tels maîtres, tels valets; même insolence. (*Se retournant*.) Monsieur B., que direz-vous en faveur de votre *Gazette*?

M. B. DE *la Gazette*. — Rien, c'est tout ce que je puis dire. D'ailleurs, mes œuvres sont là pour répondre, et la *Minerve* peut attester que je sais prendre tous les tons. Ai-je besoin de me vanter, comme l'ont fait ces messieurs? Je ne suis pas nul comme le *Pilote*, niais comme le *Journal de Paris*, sans cesse sur des échasses, comme monsieur le baron, ou en délire comme l'*Etoile*.

TOUS LES AUTRES. — Allons, il ne se vante pas! l'on sait pourtant combien il est soporifique.

LE TRÉSORIER. — Messieurs, j'en sais assez. Je vais faire mon rapport, et chacun de vous peut compter sur mon impartialité.

COUPS DE LANCETTE.

On a trouvé M. Philarète blotti dans l'écritoire de M. de Jouy.

*_**

— Comment pense-t-on dans votre régiment ?
— On ne pense pas.
— A la bonne heure.

*_**

M. de Lamennais est enrhumé, Rome lui doit bien un chapeau, hein ?

*_**

M. Crosnier n'a encore été que de moitié dans tous les ouvrages qui ont été donnés au théâtre de la Porte-Saint-Martin depuis six mois.

Lundi, 4 décembre 1826.

CONCOURS PRÉPARATOIRE

Pour la rédaction en chef d'un journal semi-officiel.

(DEUXIÈME SÉANCE.)

La salle des animaux sans vertèbres étant encombrée par de nouvelles acquisitions récemment arrivées, la réunion a été indiquée dans celle des animaux ruminants. Avant l'ouverture de la séance, les chuchotements des conversations particulières, entendus de la pièce voisine, produisent une illusion complète. On croirait que les cadavres dont cette pièce est peuplée sont encore animés.

Le trésorier demande du silence. Chacun se place comme il peut. On remarque que le représentant du *Journal de Paris* grimpe lestement sur la girafe : A bas, s'écrie-t-on de toutes parts. Mais le trésorier, d'un geste, le retient à son poste.

LE TRÉSORIER. — Vous savez, Messieurs, quel est l'objet de la convocation ?

TOUS. — Vous nous l'avez dit et écrit.

LE TRÉSORIER. — Il est donc inutile que je vous le rappelle ?

TOUS. — Assurément. Allons au fait.

LE TRÉSORIER. — Le fait est, Messieurs, que l'on ne veut d'aucun de vous. (*L'émotion est vive.*)

TOUS. — Nous direz-vous au moins...

LE TRÉSORIER. — C'est ce que j'allais faire. L'établissement d'un journal semi-officiel ne doit point être en pure perte. On compte sur son contenu pour diriger l'opinion publique.

TOUS. — Et que faisons-nous chaque jour ?

LE TRÉSORIER. — Pour faire goûter tous les actes de l'autorité.

M. B. DE *la Gazette*. — J'y mets tout mon latin.

LE TRÉSORIER. — Pour vanter toutes les conceptions ministérielles.

M. L. DU *Journal de Paris*. — Je loue à tort et à travers.

LE TRÉSORIER. — On veut y trouver de la haute politique.

LE BARON DU *Drapeau*. — Je défie qu'on s'élève plus haut ; je me perds dans les nues.

LE TRÉSORIER. — Une bonne discussion sur les matières religieuses, sans emportement, ni hypocrisie trop apparente.

M. G. DE *l'Etoile*. — C'est ma manière, ce sont mes principes.

LE TRÉSORIER. — On demande enfin que, pour ne choquer aucune opinion, il entre dans cette rédaction un adroit mélange de toutes les idées ; mais en laissant dominer celles qui appartiennent au royalisme.

M. G. DU *Pilote*. — S'il faut du mélange à ne pas s'y reconnaître, je suis là, moi.

LE TRÉSORIER. — C'est exact, car on demande toujours ce que vous êtes, et ce que vous voulez. (*A part*.) J'en suis honteux. (*Haut*.) Vous voyez, Messieurs, ce que l'on exige ; rendez-vous justice. Au zèle, au dévoûment, que je ne vous conteste pas, est-il quelqu'un qui joigne ces connaissances, cette lucidité, cet aplomb, qui sont nécessaires pour une bonne rédaction ?

M. L. DU *Journal de Paris*. — Mon patron est content de moi : preuve que j'ai ce qu'il faut pour son journal, il me charge en outre des correspondances privées avec le *Courrier anglais*, correspondances un peu négligées, mais qui vont reprendre avec la session.

M. B. DE *la Gazette*. — Il est si content de vous, qu'il m'a préféré pour la rédaction de *l'Etoile*.

M. G. DE *l'Etoile*. — De *l'Etoile !* ah ! il ne la tient pas, ni vous non plus : elle est à gens plus puissants que lui, auxquels je ne lui conseille pas de se frotter. Prenez si vous voulez le *Pilote ;* ça ne tient à rien, et M. le trésorier vous dira qu'il est prêt à l'abandonner.

LE TRÉSORIER, *à part*. — Il a, ma foi, raison.

M. G. DU *Pilote*. — Doucement, Monsieur de l'*Etoile* ; j'ai eu trop de peine à ravoir mon *Pilote*, pour le céder comme cela ; j'ai mon marché, et il faudra bien qu'on le tienne, ou nous aurons du bruit.

M. LE BARON DU *Drapeau*. — A quoi servent tous ces propos, vous ne pouvez prétendre à un choix que vous rendriez ridicule.

TOUS. — Ridicule vous-même. Voyez ce Germain ! un étranger à idées mystérieuses, à style ampoulé, à prétentions insoutenables.

LE TRÉSORIER. — Messieurs, messieurs, du calme s'il vous plaît. A quoi bon tous ces emportements, quand je vous ai prévenus que l'on ne voulait d'aucun de vous.

M. B. DE *la Gazette*. — Quelle nécessité alors de nous réunir si loin de nos domiciles et de nous faire perdre un temps dont nous devons compte à nos abonnés.

LE TRÉSORIER. — Dites donc à ma caisse. Mais je vous vois trop animés pour écouter de sang-froid ce que j'étais chargé de vous apprendre ; ce sera pour un autre jour. Vous serez prévenus par lettres, et je ferai en sorte de trouver un local plus central, et où nous serons aussi en sûreté qu'ici. (*Il se lève et sort.*)

SAINTE-PÉLAGIE

ou

PLAINTES D'UN PRISONNIER,

Épitre au Préfet de police, par J. CASSAIGNE.

S'il est une circonstance dans la vie où l'on doive se livrer au commerce des Muses, c'est surtout dans la captivité...

M. Cassaigne a été condamné pour quelques vers trop hardis. Les verrous ne l'ont pas rendu plus timide. La liberté qu'il a perdue pour sa personne, il l'a gardée pour ses écrits. Etonné des rigueurs dont il est l'objet, il se demande quel est son crime.

> Ai-je, du spadassin dédaignant les faisceaux,
> Menacé d'un fleuret notre G..... des S.....?
> Ou bien, nouvel Amrou, traîné dans la poussière
> Ces bouquins précieux idoles de C.....?
> Ai-je montré Ch....., dans un pamphlet amer,
> Pour aller à Saint-Cloud atteint du mal de mer?

. . . .

COUPS DE LANCETTE.

Le ventre va mettre un crêpe à sa fourchette, *l'Almanach des gourmands* ne paraîtra pas cette année. M. de Périgord se ressentirait-il des suites d'une indigestion conquise aux dîners de M. Canning?

* *

— Que portez-vous donc là ? demandait-on à M. Salvandy, qui tenait une feuille à la main.

Et comme le rédacteur de l'ex-*Journal de l'Empire* a toujours la repartie brève, il répondit:

— *Des bâts.*

* *

On met au nombre des malheurs de l'Espagne l'*Alonzo* de M. N.-A. de Salvandy.

ÉPIGRAMME.

Le sous-préfet de Châteaudun
S'est fait jésuite et le confesse,
Il va jusqu'à s'en vanter. Est-ce
Qu'il n'aurait pas le sens commun?
Que le bon Dieu l'en récompense!
Mais, sans critiquer son dessein,
Avec *quatre barbes* (1), je pense,
Il serait meilleur capucin.

Dimanche, 24 décembre 1826.

ÉCRÉMAGE DES JOURNAUX DÉPENDANTS

Du 22 décembre.

.*. Quelque flexible que soit le talent, quelque grande que soit la docilité de M. de B., de la *Gazette*, il n'a pas encore su se plier à louer le discours de M. de Damas. Il y a trop peu de temps que la *Gazette* avait à applaudir des principes totalement différents.

.*. Le *Journal de Paris* était hier dans un de ses jours de jubilation. Il publiait l'état très étendu des jugements rendus pendant le mois de novembre par le tribunal de police. On y remarque quarante-sept condamnations pour projection d'eau sale sur les passants et dépôts d'ordure sur la voie publique.

.*. Quelqu'un qui connaîtrait bien la topographie du Portugal pourrait être employé utilement dans les bureaux de l'*Aristarque*, pour donner quelque vraisemblance aux bulle-

---

(1) Allusion à M. de Quatrebarbes.

tins de l'armée du marquis de Chaves, que l'on élabore dans cette officine.

∴ « Dans chaque phrase du discours de M. Canning perçait la taille de nos hommes d'Etat. Sa Seigneurie a le coup d'œil juste ; elle les a bien mesurés. » La *Quotidienne*, à qui nous empruntons cette citation, nous ferait presque regretter que nos ministres ne soient point choisis parmi les cent-suisses.

∴ « O vérité ! quelle est ta puissance avec les tièdes, qu'on appelle ministériels ! dit le baron du *Drapeau* ; il est impossible de rien faire de solide et de raisonnable. » Eh ! que vous dit-on chaque jour, MM. B. L. G. C. ?... et à vous-même, baron O ?

∴ Il faut voir avec quelle joie et en quels termes l'*Etoile* applaudit au délire qui s'est manifesté dans l'assemblée des catholiques d'Irlande quand on leur a annoncé la guerre.

∴ *Pilote*, quel est le bonhomme R. B. qui te fournit des pièces de gros calibre pour la guerre du Portugal ? Tu les désavoues ; prétends-tu par là donner à entendre qu'on te les impose ?

∴ M. Etienne, l'un des rédacteurs du *Constitutionnel*, est nommé arbitre dans la cause pendante entre les anciens et les nouveaux propriétaires du *Médiateur*. Est-ce une mystification ?

COUPS DE LANCETTE.

Le prince de T... assure que dans sa jeunesse il jouait la tragédie.

— Quels rôles ?
— J'ai joué les rois.

1827

ÉTRENNES DONT ON NE VEUT PAS.

Vous croyez peut-être que la politesse vous oblige à recevoir tout ce qu'on veut bien vous donner pour étrennes ; détrompez-vous. Il est vrai que, par le temps qui court, il y a beaucoup de gens qui tendent la main, il en est cependant qui la ferment. Exemple :

M. de V. a refusé sa démission.
M. de P., un brevet d'imprimeur.
M. de Ch., un portrait de Jean Bart.
Madame de Genlis, une copie de son acte de naissance.
M. de Royer, un académicien.
Mademoiselle Delp... G..., le poëme de la *Pucelle*.
M. Ancelot, des marrons glacés.
M. Feletz, une petite souricière.
M. Bénabcn, un cordon.
M. P..., un exemplaire du *Petit Carême*.
M. Jouy, un exemplaire de ses œuvres complètes.
Le *Pilote*, une boussole.
La *Gazette*, le bon sens.
L'*Opinion*, le livre de l'esprit.
La *Quotidienne*, une paire de lunettes.
Le *Médiateur*, le *Traité des reptiles*.
Figaro, les articles du *Mentor* et l'amitié du *Médiateur*

COUPS DE LANCETTE.

Le théâtre de M. Comte n'est pas le seul sur lequel jouent de tout petits acteurs.

*
* *

M. de C... est tellement occupé des affaires actuelles, qu'il ne dort plus guère que la nuit.

*
* *

M. le comte de Pey... a eu un violent cauchemar la nuit dernière : l'ombre de Gutenberg, inventeur de l'imprimerie, est venue le tirer par les pieds.

*
* *

Les propriétaires de journaux seront désormais contraints de porter sur leur dos une affiche qui indiquera leurs noms et prénoms, leur âge, leur domicile, l'heure à laquelle ils se lèvent et se couchent ordinairement.

*
* *

Toutes les cartes déposées chez M. de P., le premier janvier, étaient timbrées.

Le 12 décembre 1826, Charles X ouvrait la session des chambres de 1827. Le roi disait dans le discours d'usage :

« J'aurais désiré qu'il fût possible de ne pas s'occuper
« de la presse ; mais à mesure que la faculté de publier
« les écrits s'est développée, elle a produit de nouveaux
« abus, qui exigent des moyens de répression plus
« étendus et plus efficaces. Il était temps de faire cesser
« d'affligeants scandales et de préserver la liberté de la
« presse elle-même du danger de ses propres excès.

« Un projet vous sera soumis pour atteindre ce but. »

Ce passage du discours de la couronne produisit dans le public l'impression la plus défavorable; on s'attendait cependant à quelque chose de ce genre. Depuis deux ans le clergé, la congrégation, les missions, le parti religieux tout entier exerçaient sur le faible Charles X une terrible pression afin d'obtenir de lui une législation sévère contre la presse, une pénalité « qui détruisît l'hydre d'un seul coup. »

Charles X, mieux que personne, savait combien un tel acte serait impolitique. Pourtant on triompha, non de ses répugnances, mais de ses craintes.

Le lendemain du vote de l'adresse, 29 décembre 1826, M. de Peyronnet donnait satisfaction à la congrégation, qui avait fait sa fortune, et déposait sur le bureau de la Chambre ce projet de loi qui devait, à lui seul, occuper presque toute la session de 1827.

Le projet de loi sur la presse était à peine connu qu'une clameur immense s'éleva. Ce fut un haro universel. De toutes parts s'élevaient les plus véhémentes protestations.

Dans ce projet, en effet, la violence le dispute à l'absurde, et ses dispositions prouvent que M. de Peyronnet n'avait pas même une vague notion de la matière qu'il prétendait réglementer. D'un seul coup, il atteignait toutes les industries qui concourent à la fabrication du journal ou du livre, le brocheur était frappé comme l'auteur, l'imprimeur comme le libraire.

Le projet comprenait trois titres : les écrits périodiques, les écrits non périodiques, et enfin les peines. La disposition la moins défavorable du premier titre était l'assujettissement de tous les écrits de moins de cinq feuilles à un timbre de un franc pour la première feuille et de dix centimes pour les autres.

Tous les journaux et écrits périodiques se trouvaient frappés du timbre; « le nom des propriétaires devait être écrit en tête de chaque exemplaire; » enfin « aucune société relative à un journal ne pouvait être contractée qu'en nom collectif, et les associés ne pouvaient en aucun cas excéder le nombre cinq.

Le chapitre *des peines* brillait par son laconisme : des amendes de 2,000 à 20,000 francs, et la prison pour la moindre contravention ; il était à peu près impossible d'écrire cinq lignes sur n'importe qui ou n'importe quoi sans se trouver sous le coup de quelque disposition.

Ce projet parut si monstrueux, que, tandis que tous les corps de métier atteints signaient protestations sur protestations, tous les corps savants rédigèrent des pétitions. L'Académie elle-même, si docile au pouvoir de la Restauration, osa exposer ses doléances, dans une supplique au roi, supplique empreinte d'un dévoûment absolu.

En écoutant la lecture de ce projet, Casimir Périer s'écria avec force : « Vous supprimez l'imprimerie en France, et vous la transportez en Belgique au profit de l'étranger et des pays libres. » On ne pouvait mieux résumer l'opinion, et, dit M. de Vaulabelle, « le député de la gauche n'exagérait pas le résultat désastreux de l'œuvre de M. de Peyronnet. »

Chateaubriand avait qualifié cette loi de « *loi de Vandale;* » le public et les petits journaux lui donnèrent le nom de « *loi de justice et d'amour.* » C'était la paraphrase d'un article attribué à M. de Peyronnet, dans lequel ce ministre chantait les louanges des mesures qu'il venait de prendre, mesures, disait-il, « *justes, utiles, favorables et douces.* » La qualification donnée au projet par le public et les petits journaux a prévalu dans l'histoire, et le projet de M. de Peyronnet a conservé la qualification ironique de *loi d'amour.*

Le 14 février 1827, la discussion du projet s'ouvrit à la Chambre; il devait pendant toute la session passionner les députés comme il avait passionné le public. Jamais on ne vit si grande affluence d'orateurs. Chacun s'empressait de se faire inscrire, et telle était l'ardeur à retenir son tour de prendre la parole, que le jour de l'inscription, dès six heures du matin, les orateurs arrivaient à la Chambre, et qu'à sept heures la liste était à peu près complète.

Mais déjà, depuis le 1ᵉʳ janvier, la discussion était ouverte dans tous les journaux. Les feuilles de l'opposition, pas n'est besoin de le dire, repoussaient le projet de toutes leurs forces. *Figaro*, bien que *journal non politique*, avait été des premiers à commencer le feu. Déjà, dans son article d'étrennes, il décoche un trait à M. de Peyronnet; le 5 janvier, paraît son premier article. La *loi d'amour* va devenir sa grande affaire tant que durera la discussion.

Vendredi, 5 janvier 1827.

LES DEUX PRESSES.

DIALOGUE.

Le jour commence à paraître; la presse du *Figaro*, journal non politique, se repose à côté d'autres presses inactives, après avoir gémi pendant une grande partie de la journée. *Après avoir gémi*, vous entendez, lecteurs ; or, puisqu'une presse gémit, elle peut aussi parler. Ne soyez donc pas surpris si la presse du *Figaro*, pour attendre patiemment le retour du jour, se met à lier conversation avec sa voisine. Ecoutez donc :

LA PRESSE DU FIGARO. — Ouf !!! dites donc, voisine, vous qui dormez là-bas, que pensez-vous de tout ce qu'on dit depuis quelques jours ?

LA PRESSE VOISINE. — Ah ! ah ! c'est vous... Eh ! eh ! je dis que ça pourrait bien nous faire quitter la place. Et moi, qui suis arrivée d'hier seulement de l'imprimerie d'un journal politique, pour vous relayer, voisine !... dites donc, j'ai bien choisi le moment.

LA PRESSE DU FIGARO. — Est-ce que vous auriez imprimé le fameux projet ?

LA PRESSE VOISINE. — Parbleu ! oui, pour mes péchés ;... c'est ce qui m'a tellement démantibulé les reins, que l'on m'a fait transporter ici, comme qui dirait à l'hôpital. Si vous saviez, ma chère, quel mal ça m'a fait, surtout quand j'appuyais sur le chapitre du timbre... Faut-il qu'ils soient timbrés, ceux qui...

LA PRESSE DU FIGARO. — Chut !... voisine, vous allez me parler politique, ça me compromettrait.

LA PRESSE VOISINE. — Ne sommes-nous pas seules ?... Qui nous empêche de causer en liberté ? Dites donc, voisine, en liberté, le mot est bon.

LA PRESSE DU FIGARO. — Divin !... Moi qui vous parle, avant d'imprimer ce méchant *Figaro*, j'ai servi à plusieurs éditions de la Charte ; je mordais là-dessus en conscience, et je puis dire que je rendais joliment le caractère. Mais à la dernière édition, je ne sais si c'était la faute de l'éditeur ou de ses ouvriers; ce n'était plus la même chose, il y avait des articles entiers qui ne paraissaient plus.

LA PRESSE VOISINE. — Ça venait peut-être des remaniements?

LA PRESSE DU FIGARO. — Je l'ignore; dernièrement, j'imprimais un article qui racontait comment les Américains, pour une chose semblable...

LA PRESSE VOISINE. — Vous me faites trembler!... Depuis le temps que je sers, je les connais, ces gaillards d'imprimeurs, je sais ce que vaut la force de leurs poignets.

LA PRESSE DU FIGARO. — Vous prenez peut-être l'alarme pour rien.

LA PRESSE VOISINE. — Dieu vous entende!... mais la truffe a tant donné, cette année!...

LA PRESSE DU FIGARO. — Gare l'indigestion!...

LA PRESSE VOISINE. — J'entends venir quelqu'un!... Adieu; nous nous reverrons peut-être, un de ces jours, à Bruxelles.

PETITS JEUX INNOCENTS.

∴ Je vous vends mon corbillon. — Qu'y met-on? — Un bâillon.

∴ Si j'étais petit papier, que feriez-vous de moi? — Je vous ferais timbrer.

∴ Pigeon vole,... aigle vole... M. de P... vole...(*Une voix.*) Un gage! M. de P... n'est pas un aigle.

COUPS DE LANCETTE.

Odry trouve que M. le comte de Pey... a le regard *fisc.*

Quelles singulières gens que ces Français, disait M. Ben., aussitôt qu'on les dénonce, ils vous appellent mouchard.

AMENDEMENT. On pourra se servir, en toute liberté, des voyelles, mais il sera défendu d'user des consonnes.

Si l'on nous avait crevé les yeux, on n'aurait pas besoin de nous arracher la langue.

De quoi vous plaignez-vous, vous a-t-on défendu de penser ?

HYMNE AU TIMBRE.

Salut, ô noble timbre, source inépuisable d'impôts, qui alimentes les innombrables canaux du trésor de l'Etat, ou plutôt de ces messieurs. Admirable invention, plus utile et cent fois plus productive que celle de l'imprimerie ; sangsue insatiable, dont le cœur est à Paris et la piqûre dans toute la France. Salut !...

Et toi, illustre maître d'armes, qui chantas l'indifférence avec tant d'amour, pourras-tu ne pas sortir de ton caractère insouciant, lorsqu'il s'agira de célébrer ta plus chère idole ? Sans doute, ton cœur d'airain, qui résista aux charmes de Zelmire, ne sera pas insensible aux délices du timbre. Voilà enfin un sujet digne de tes inspirations ; toi qui manies la plume aussi bien que le fleuret, écris comme tu t'es battu, ou plutôt, ne te bats pas les flancs pour écrire.

Le timbre! à ce nom seul, notaires, avoués, avocats, ou, pour parler sans métaphores, tripoteurs, renards, babillards, je vous vois, le front prosterné jusqu'à terre. Tremblez à ce nom légal, vous tous qui hasardez le sous-seing privé; vous qui souscrivez des lettres de change, des billets à ordre, un papier de cinq centimes pourra vous coûter cher. Cela vaut pourtant bien les corvées, les droits de mainmorte, le fisc de nos aïeux; mais le timbre est un mot qui sonne plus agréablement aux oreilles.

. . . .

Jour à jamais célèbre, où il a été dit : Tout sera timbré! J'entends d'ici le son des belles pièces d'or tombant dans les cassettes ministérielles. O ventre! les beaux dîners qu'on te prépare pour fêter la victoire décisive remportée par l'ancien régime sur le nouveau!

Déjà, journaux, actes, billets payaient la dîme; déjà, mille ouvriers timbreurs des deux sexes, la plupart nobles ou émigrés, travaillaient sans relâche au bonheur public; c'est trop peu, on ne saurait donner trop d'extension aux entreprises utiles.

Amis, tout sera timbré, l'in-18 comme l'in-32, le papier Tellière comme le papier écolier; maisons, meubles, habits, châles, étoffes; on finira par tout timbrer, et nous aussi!...

COUPS DE LANCETTE.

On a dit autrefois : *Scipion l'Africain;* aujourd'hui, on dit: *M. de P. le Timbré.*

* *

Les devises que les confiseurs mettent dans les diablotins seront-elles soumises au timbre?

La réimpression de la Charte sera-t-elle soumise à l'impôt du timbre!

On assure que les dîners de M. P... sont annoncés par une cloche dont le timbre paraît charmant à l'oreille de ces messieurs.

— Excellence, que deviendront les imprimeurs?
— Ils se feront timbreurs.

La loi qui abolira l'imprimerie produira une fière impression.

Aphorisme. Toute la science du gouvernement est dans le timbre.

Mardi, 11 janvier 1827.

RÉPONSE

Aux questions de M. ODRY, le poëte, qui veut absolument savoir quel est le projet de l'oie.

Air : *Et j'en rends grâce à la nature.*

Tu demandes, ô grand Odry,
Quel est l'nouveau projet de l'oie?
Je veux que tu sois attendri
Par la réponse que j't'env oie

D'un' péronnelle l'on se rit
Quand elle barbotte et s'fourvoie
Tout en voulant faire d' l'esprit...
Voilà bien le projet de l'oie.

Sur les plus heureux écrivains,
Comm' sur les plus petits homm' de lettres,
Ell' prétend mett' ses vilain' mains,
Si l'on voulait bien le permettre ;
En les accablant de ses dons,
Il est naturel qu'elle croie
Changer les auteurs..... en dindons...
Voilà bien le projet de l'oie.

Depuis l'palais jusqu'au grenier,
On grimace, on tourn' la prunelle,
Tout, d'puis l'poëte jusqu'au chiffonnier,
Est mis d'dans par la péronnelle ;
Elle aura rempli son objet,
S'il faut qu'on se pende ou se noie
Pour échapper à son projet...
Voilà bien le projet de l'oie.

ENVOI ET CONSEIL.

Comm' dit c'littérateur brillant,
Le timbre est une barbarie ;
Ma vieill', ce n'est pas en riant
Que chacun ici-bas te l'crie ;
D'mande autre chos' pour t'amuser,
Car, entre deux siècl', à cœur joie,
Tu pourrais te faire écraser...
Ça n'serait plus le projet d'l'oie...

Mercredi, 10 janvier 1827.

LA TERREUR PANIQUE,

COMÉDIE EN TROIS ACTES.

SCÈNE DIX-SEPTIÈME.

L'IMPRIMEUR, LE JOURNALISTE.

L'IMPRIMEUR.

Non, Monsieur, je n'entends pas..... Je ne veux plus.....

LE JOURNALISTE.

Il s'agit bien de ce que vous voulez et de ce que vous n'entendez pas.

L'IMPRIMEUR.

C'est de la politique, Monsieur, c'est de la politique, et toute pure..... La marquise de Chaves....., c'est clair..... M. de Bonald....., c'est clair......, trop clair.

LE JOURNALISTE.

Mais vous devenez plaisant.

L'IMPRIMEUR.

C'est possible, depuis la Bigarrure jusqu'à la Lancette je ne vois plus que politique, et je commence à trembler.

LE JOURNALISTE.

Vous êtes comme Pourceaugnac, vous ne voyez que des seringues.

L'IMPRIMEUR.

Encore de la politique!.... Vous voyez bien, Monsieur, que je ne puis rien faire de vous, et par conséquent pour vous. Votre titre est si décidé; votre titre seul vous compromet! J'aime mieux imprimer des catéchismes; si vous consentiez à modérer votre fougue... Mais non! vous n'êtes pas assez politique pour cela.

LE JOURNALISTE.

Eh bien! mon cher, c'est le mot; si je faisais le rampant, le flatteur, je serais politique..., vous en conviendriez?

L'IMPRIMEUR.

Eh! eh!

LE JOURNALISTE.

Je serais alors punissable.

L'IMPRIMEUR.

Certainement. (*A part.*) Ah! çà, mais qu'est-ce qu'il dit là?

LE JOURNALISTE.

Donc, en employant le vert et le sec, je ne suis point politique, entendez-vous?

L'IMPRIMEUR.

Très-bien. (*A part.*) Ce chien d'homme-là embrouille toutes mes idées!

LE JOURNALISTE.

Donc, je ne serais pas politique si je parlais politique?

L'IMPRIMEUR.

C'est fort, mais c'est juste.

LE JOURNALISTE.

Imprimez cela pour demain.

L'IMPRIMEUR.

Et si vous alliez me faire faire une sottise, une brioche, une boulette?

LE JOURNALISTE.

Allez, la Charte ne le défend à perso nn

L'IMPRIMEUR.

La Charte, soit ; mais que dit M. de P*** ?

LE JOURNALISTE.

Il use de la liberté que lui laisse la Charte.

COUPS DE LANCETTE.

On avait espéré qu'une pétition, adressée à M. de P... par les ouvriers auxquels il prépare une ruine certaine, produirait quelque *impression* sur son esprit. Pas du tout, il a soutenu cette *épreuve* avec *caractère*, il a montré une grande *indifférence*; bref, il a fait le *petit romain*. Cependant, il vient de *brocher* quelques lignes d'une *justification* tellement *incorrecte*, qu'elle le fera *caser* parmi les *non-valeurs*.

⁎
⁎ ⁎

La Faculté de médecine a trouvé, dit-on, un nouveau moyen pour guérir le mal du *péroné*.

L'ANCIEN FIGARO.

Jeudi, 21 janvier 1827.

LES TIMBRÉS,

CHANSON NOUVELLE ENVOYÉE DE CHARENTON.

Air : *Sans timbre.*

Je suis timbré ! (bis)
C'est aujourd'hui le cri de guerre ;
Chacun tremble à ce mot sacré ;
Déjà j'entends chaque libraire
Dire, en étouffant de colère :
    Je suis timbré ! (bis)

Je suis timbré ! (bis)
Dit ce poëte avec franchise :
Mon Pégase à neuf est ferré ;
Si je rimais quelque sottise ?
Veuillez excuser ma bêtise...
    Je suis timbré ! (bis)

Je suis timbré ! (bis)
Malgré la cabale ennemie,
Je vais passer pour un lettré ;
Bientôt j'entre à l'Académie...
Recevez-moi, belle endormie...
    Je suis timbré ! (bis)

Je suis timbré ! (bis)
Dit ce coquin, que par sentence
Un fer brûlant a déchiré...
De parvenir j'ai l'assurance,
Car, pour plaire à son excellence,
    Je suis timbré ! (bis)

   Qu'ils soient timbrés! *(bis)*
Ce Voltaire et sa secte impie
Par qui nous fûmes dénigrés;
Honneur à l'escobarderie!
Sous le sceau de la barbarie...
   Qu'ils soient timbrés! *(bis)*

   Ils sont timbrés! *(bis)*
Bon P***, ceux qu'à table tu traites...
Pour complaire à ces désœuvrés,
Désormais les plats et les bêtes
Qui servent dans ces jours de fêtes
   Seront timbrés. *(bis)*

   Soyez timbrés! *(bis)*
Vous tous journaux *de la finance*,
Contre la presse conjurés;
Vous aurez plus d'esprit, je pense,
Quand les autres, par ordonnance,
   Seront timbrés. *(bis)*

COUPS DE LANCETTE.

L'article du *Moniteur* sur la loi de *justice* et d'*amour* rappelle ces vers de M. Victor Hugo :

  Que n'ai-je aussi des baisers qui dévorent,
   Des caresses qui font mourir!

*
**

On disait à M. Pi....
— Cela passera difficilement.
— Je digère tout, répondit-il, en tapant sur son ventre.

*
**

Péroné est un mot grec qui signifie : une agrafe, une chaîne.

*
* *

M. Villemain a calculé que, si la loi passait, chacune de ses pensées lui coûterait 2,000 fr. de timbre.

*
* *

M. le baron Dud., voyant un Anglais qui dans un moment de colère frappait un nègre de sa cravache :

— Allons, dit-il, c'est bien, on trouve encore quelques saines doctrines.

Dimanche, 14 janvier 1827.

LA LOI D'AMOUR

Air : *C'est l'amour, l'amour.*

C'est l'amour, l'amour, l'amour,
Qu'un Tartare
Omar nous déclare.
Pour nous, le timbre en ce jour,
C'est un cachet d'amour.

J'entends mille bouches unies
Répéter ce joyeux refrain,
La gaîté, la chanson bannies,
Rentrent sous un ciel plus serein.
Ivresse populaire,
Rare et touchant accord!
Quel pouvoir tutélaire
Cause un si doux transport?
C'est l'amour, l'amour, l'amour, etc.

Imprimeurs, commencez vos fêtes,
Du repos goûtez les plaisirs,
De pavots couronnez vos têtes,
Un dieu nous a fait ces loisirs.

Un dieu, de nos pensées
Eteignant le soleil,
Sur vos presses brisées
Vous invite au sommeil...
C'est l'amour, l'amour, l'amour, etc.

Dormez, innombrables familles ;
Le sommeil échappe à la faim.
Pères, laissez dormir vos filles,
Au réveil il faudra du pain !
    L'Espagne apostolique,
    A vos frais, mangera
    La soupe économique.
    Mais qui vous nourrira ?...
C'est l'amour, l'amour, l'amour, etc.

Chantez, brocheurs, pressiers, copistes,
Femmes qu'on réduit à zéro,
Auteurs, libraires, journalistes ;
Gloire à *Thymbræus Apollo!*
    De son pouvoir magique,
    O triomphe éclatant !
    Avec nous la Belgique
    Fait chorus en chantant :

C'est l'amour, l'amour, l'amour,
    Qu'un Tartare
    Omar nous déclare.
Pour nous, le timbre en ce jour,
C'est un cachet d'amour.

Lundi, 15 janvier 1827.

FIGARO.

Proprement vêtu, c'est-à-dire le diamant à la cravate, la répétition-Bréguet pendue en sautoir, descend d'un fort joli cabriolet avec l'air d'un capitaliste; puis, prenant une physionomie de circonstance, il monte sur une estrade et salue le public avec une orgueilleuse civilité.

Messieurs (*avec sentiment*), Mesdames, il y a un an aujourd'hui que fort de ma conscience, de mon zèle...

BASILE (*criant de dessous l'estrade*).

De nos talents !

FIGARO (*à part et donnant un coup de pied à Basile*).

Brutal! je t'apprendrai à me casser l'encensoir sous le nez.

BRIDOISON (*se montrant à son tour*).

Mon cher, po...int... de fau....au...sse... mo...o...o...destie ; tous nos confrè...res se di...i...sent leurs vé...vé...rités sans scru...pu...u...u...pule.

FIGARO (*bas à Bridoison*).

Au nom du ciel, seigneur Bridoison, taisez-vous ; vous allez me donner un ridicule. N'imitons pas, croyez-moi, ces comiques aristarques qui, s'essoufflant pour enfler avec peine les plus modestes pipeaux, croient bonnement emboucher l'héroïque trompette. Eh ! mon Dieu, personne aujourd'hui n'est dupe du plus misérable charlatanisme. Les croque-morts de la littérature ont beau répéter *que la suspension de leur feuille est un sacrifice fait à la liberté; que, pour se rendre plus dignes de la faveur toujours croissante du public, elles paraîtront moins souvent et à des prix plus élevés; que, pour contenter les bilieux, les mélancoliques et les sanguins, trois ou quatre têtes se réuniront sous un même bonnet*, etc., etc., et autres parades semblables; les moins habiles savent à quoi s'en tenir; les journaux ne sont pas comme les ventrus : ils ne meurent jamais d'excès de santé. (*S'adressant au public :*) Messieurs, je vous en supplie, ayez la complaisance de faire semblant de n'avoir rien entendu. J'avais donc l'honneur de vous dire, quand Basile m'a interrompu, qu'il y a un an aujourd'hui que j'ai consacré ma plume, ma lancette, un peu d'esprit, suffisamment de malice, assez de gaîté, beaucoup de franchise à vos menus plaisirs. (*Basile bâille avec bruit.*)

GRIPPE-SOLEIL, ANTONIO, L'ÉVEILLÉ, MARCELINE, SUZANNE.

A bas la cabale !

FIGARO (*avec emphase*).

Le Nil a vu sur ses rivages, etc., etc.

BRIDOISON.

Vraiment il parle bien.

BASILE (*criant*).

A bas la cabale !..

FIGARO (*continuant*).

Messieurs, je ne vous ferai pas de belles promesses; je ne vous dirai point que ma feuille est la seule... que ma feuille manquait dans la littérature... qu'elle est rédigée par des hommes du plus grand mérite, etc. Je vous répéterai ce que j'ai dit, il y a quelques années, à Mgr le comte Almaviva : *Mon intérêt vous répond de moi. Pesez tout dans cette balance...*

BASILE.

Je n'y tiens plus... Messieurs, ce n'est pas cela... *Bone Deus!* où en est l'éloquence!... Messieurs, la société, semblable à un serpent monstrueux qui, après avoir sucé le suc vénéneux des plantes de la philosophie, se recourbe en replis sur elle-même, toute prête à s'inoculer la rage des idées libérales....... *(Des sifflets se font entendre.)*
Qu'entends-je?

BI IDOISON.

C'est vo...otre serpent qui fai...saìt des si...si...iennes.

FIGARO (*s'avançant vers le public*).

Messieurs, je n'ai jamais été fier ni orgueilleux ; aussi ma bonne mère Marceline m'a-t-elle dit souvent : Tu feras ton chemin, mon garçon. Je me suis bien décidé à ne pas la faire mentir, et c'est pour cela, Messieurs, que je viens resserrer les liens qui attachent le journaliste reconnaissant au public généreux et connaisseur. Non-seulement, Messieurs, il sera dorénavant loisible de vous abonner à ma feuille pour une année, pour six mois, pour trois mois, pour un mois même, mais vous pourrez encore le faire (c'est particulièrement à vous que je m'adresse, estimables étrangers, studieux élèves, capricieuses petites maîtresses, rentiers économes, capitalistes prudents), vous pouvez encore le faire, dis-je, pour une, deux et trois semaines; oui, Messieurs, pour une semaine! et aux conditions qui sont exposées sur la première page de ma feuille.

BASILE.

La belle chute!

COUPS DE LANCETTE.

A l'instar des galériens condamnés à perpétuité, les journalistes seront marqués des lettres T. P : ce qui signifiera timbre perpétuel... ou autre encore.

* * *

Quelqu'un disait hier, en parlant de trois journaux fondus : — Ils forment une épée dont la garde est à Paris, rue de.... et la pointe, nulle part.

* * *

Le *Moniteur* fait de l'esprit ; ô scandale !...

* * *

M. de Jouy arrange Moïse ; qui arrangera M. de Jouy ?

* * *

On prétend que l'acteur Peronnet, de l'Odéon, vient de présenter une supplique à l'effet d'obtenir un changement de nom.

ÉPITAPHE.

Ci-gît un gros pilote, ignorant nautonier,
Qui, portant sur son bord Esculape et sa suite,
Sans carte et sans boussole, osa, tout le premier,
Du pays de l'Absurde aborder la limite.
Chez les ventrus jadis il fut bien accueilli ;
Sur la mer du Pathos il fit plus d'un voyage ;
Maintenant, sans argent et léger de bagage,
Il vogue incognito sur le fleuve d'Oubli.

COUPS DE LANCETTE.

Panem et circenses. Des truffes et des cordons.

<center> * *</center>*

— Quoi de nouveau, ce matin?

— Rien, qu'un opuscule dédié à huit richards, par M. de T..., ayant pour titre : *De l'indifférence en matière de soufflet*, avec cette épigraphe :

L'habitude fait tout.

Tous ces messieurs ont souscrit.

ÉPITAPHE.

Ci-gît monsieur de Montlosier,
Qui mourut comme un écolier,
Pour avoir pris de l'eau bénite
Sur le doigt d'un jésuite.

FICHES DE CONSOLATION.

N'être condamné qu'à dix ans de galères quand on a tout fait pour la perpétuité.

Perdre l'équilibre dans un escalier fort raide, se résigner à dégringoler six étages sur les reins et s'arrêter à l'entre-sol.

Voir un homme s'élancer sur vous, s'imaginer qu'il a un poignard dans la main, et ne recevoir qu'un soufflet.

Commander son deuil pour un oncle affligé de trois maladies et quatre médecins; total : sept. Apprendre sa résurrection miraculeuse, mais trouver l'emploi du costume, grâce à une apoplexie foudroyante qui vous enlève votre chère moitié.

Pour un gastronome convié à un énorme bifteck, s'apercevoir qu'on a perdu en précautions apéritives le temps que les amphitryons ont employé à jouer des mâchoires; mais arriver juste pour le thé avec lequel on vous sert la tartine de consolation.

Etre destitué deux mois avant les 30 ans de service qui vous donnent droit à la pension, vous croire frustré de toute espérance, et recevoir, un an après de S. Exc., une lettre fort honorable, avec une légère gratification.

Aux Français, s'attendant à voir paraître Monrose dans l'Olive, du *Grondeur*, apprendre qu'il est indisposé subitement, craindre que Faure le remplace, et voir paraître Armand Dailly.

Tenir d'un rapporteur officieux qu'un homme s'est glissé dans votre maison, trembler pour l'honneur conjugal, et le trouver couché avec votre fille.

D'après les chiffres d'une fausse liste de la loterie, penser qu'on n'avait pas eu un seul numéro sorti sur un terne sec, et trouver qu'il vous est sorti un ambe.

Voir le feu à votre bibliothèque, craindre que tout ne soit consumé, et sauver de l'incendie.... les œuvres de M. de Bonald.

Etre instruit de la banqueroute de votre agent de change, menacé de ne recevoir que cinq du cent, et en retirer sept et demi.

Acquérir la certitude que ce n'est pas votre meilleur ami qu'on a vu avec votre femme dans une loge grillée.

Napoléon, à Sainte-Hélène, disait en parlant des Bourbons : « Ils devaient, à leur rentrée en France, coucher dans mon lit, sans même en faire changer les draps. » C'eût été de bonne politique, en effet ; ni Louis XVIII, ni Charles X ne le comprirent. Tout changer fut, au contraire, leur rêve et leur espoir. Ils croyaient pouvoir ramener la France aux beaux jours de Louis XIV, et la faire d'un seul coup, par un acte de volonté souveraine, rétrograder d'un siècle.

Sous les moindres actes de la Restauration, perce sa haine contre les hommes et les institutions de la Révolution et de l'Empire ; aussi, était-ce faire sa cour et prendre le bon moyen pour arriver que d'attaquer le passé. Les petits ambitieux ne s'en firent pas faute et, la passion s'en mêlant, les efforts de la contre-révolution atteignirent les dernières limites de l'odieux et du grotesque.

L'un propose, sérieusement, d'en revenir pour les préfets, les maires, pour tous les fonctionnaires, en un mot, aux appellations en vigueur au temps de Henri IV ; l'autre propose, non moins sérieusement, de supprimer la guillotine, *instrument révolutionnaire et anarchique*, et d'en revenir, pour le dernier supplice, au gibet, infiniment plus monarchique et, à ce titre, cher à tous les hommes religieux et dévoués à la cause royale.

Tout ceci n'est que ridicule ; mais comment qualifier les persécutions de tous les jours ? A la vérité, le temps des cours prévôtales était passé, on ne versait plus de sang, mais toute une génération était sacrifiée. Aux uns, on enlevait les dignités acquises ; aux autres, les moyens d'existence ; à tous, on fermait toutes les carrières. Les plus maltraités furent les anciens soldats de

Napoléon, sans distinction de grade. On voulait épurer l'armée. Aussi, les officiers en demi-solde, qu'on retrouve mêlés à tous les complots, à toutes les conspirations, ont-ils puissamment contribué à la révolution de 1830.

COUPS DE LANCETTE.

A chaque titre que M. d'Ap... enlève à nos maréchaux, il s'écrie en s'essuyant le front : — Encore une victoire de gagnée !...

M. d'Appony ne veut plus que l'on dise : Un poulet à la Marengo.

PARODIE.

Etre des libertés l'effroi, la tyrannie,
Proscrire les talents, étouffer le génie,
Suspendre les travaux du libraire incertain
Aux sinistres accents de ta voix menaçante,
Voir succomber enfin la presse chancelante,
    Quel rêve!... et quel plus beau destin.

ÉPITAPHE.

Ci-gît un journaliste, écrivain sans talents,
    Qui ne dut son nom qu'à l'intrigue ;
Qui, de peur des mouchards, cria selon les temps :
    Vive le roi! vive la ligue!
Comme folliculaire il ne fit rien de bon.
Il gagna, pour mentir, un modique salaire ;
Auteur de mélodrame, il fit très-maigre chère,
Et vécut vingt-cinq ans sur un *Pied de mouton*.

A UN AMI.

Je t'aimais, comme on aime un ami du jeune âge,
Je t'estimais..., mais sur l'honneur
Je ne puis te voir davantage,
Tu reçois *le Médiateur*.

Lundi, 15 février 1827.

LE QUI

Qui, sur les bords de la Gironde,
Où le sort plaça son berceau,
De son insipide faconde
Ennuya jadis le barreau?

Qui, pour le malheur de la France,
Couvert de maintes dignités,
Garde, dit-on, son éloquence,
Pour endormir les députés?

Qui, dans une autre Alexandrie,
Rallumant la torche d'Omar,
Voudrait, d'un plus vaste incendie,
Charmer les enfants d'Escobar?

Ce n'est pas moi,
Ce n'est pas toi,
Ce n'est pas vous,
Ce n'est pas nous.

Mais si ce n'est ni moi, ni toi, ni vous, ni nous, c'est donc un *conte* ?

MUSÉE GROTESQUE

LIVRET D'EXPLICATION.

N° 1. — M. P..., toisant d'un air chagrin la bouche de Gargantua.

N° 787. — Lord Cochrane descendant de sa tortue à un relais, pendant qu'on lui selle une écrevisse.

N° 375. — Les trois cents Spartiates de la rue de Rivoli défendant l'entrée de la cuisine de Grignon.

N° 542. — Une caravane, rencontrée par des Arabes dans les déserts du Vaudeville.

N° 224. — La déclaration d'amour du monstre à la fiancée de Zametti qui cherche à s'échapper en criant au secours.

N° 545. — Diogène sortant de sa société des Bonnes-Lettres avec sa lanterne allumée, et examinant avec dédain la figure de tous ceux qui se pressent à la porte.

N° 621. — M. Ancelot démontrant la possibilité du miracle de saint Pierre en marchant sur la Seine, qui se gèle à mesure qu'il avance.

N° 172. — M. de Cuir-Bouilly se hissant sur la pointe du pied pour atteindre la stature de M. de Nonante-Cinq.

N° 2. — Cadmus semant les dents des Spartiates modernes et ne recueillant que des mâchoires.

N° 501. — Madame de G..., accroupie sur les degrés de Saint-Roch, et mangeant des pommes de terre frites sur le coin de son cachemire.

N° 444. — M. le baron d'Eck... taillant son drapeau pour s'en faire une chemise.

N° 425. — MM. El... et de T... faisant décider par un arbitre à qui des deux une calotte sied le mieux.

No 671. — Trait d'égoïsme. Le *Pilote* refusant un picotin à un de ses collègues destitué.

No 52. — Voltaire attaquant M. de Jouy en contrefaçon devant la police correctionnelle.

No 272. — M. d'App... se servant de maréchaux de France en guise de muscades et les escamotant, tandis qu'un paillasse, coiffé à la financière, lui sert de compère en soufflant sur des gobelets.

No 5348. — Le beau grenadier traçant des petits amours sur les panneaux de M. Fenaigle, pour suivre un cours de Mnémosine.

N° 1001. — Le maire de Perpignan faisant exécuter en effigie le carnaval sur la place de l'Hôtel-de-Ville.

COUPS DE LANCETTE.

L'auteur du *Pied de mouton*, ex-rédacteur du *Drapeau blanc*, va, dit-on, s'occuper d'un nouvel ouvrage, intitulé : le *Pied de nez*.

* *

Thémis a maintenant pour attributs un bâillon et un timbre.

* *

Découverte. L'imprimerie était une des sept plaies de l'Egypte.

* *

Bravo : fleur de rhétorique. — *Murmure* : réfutation. — *Clôture* : argument sans réplique.

La liberté est trop lourde, a dit M. de Cur... Il se rappelle peut-être le temps où il traînait le char de la déesse.

A chaque bêtise qu'il entend dire, M. de Saint-Ch... ôte son chapeau.

On parle beaucoup du ventre de M. de V..., mais on ne dit rien de ses entrailles.

M. Dudon, auquel s'adresse l'épigramme qui suit, avait cet avantage d'être une des « bêtes noires » de *Figaro*. Et véritablement, pour les coups de lancette, jamais homme ne présenta une plus large surface.

M. Dudon était un de ces hommes trop compromis pour pouvoir l'être davantage, comme tous les partis en traînent à la remorque; hommes de tous les dévoûments dangereux et bien payés, compères de tous les tours de passe-passe politiques. Serviteur à tout faire du ministère, on le mettait en avant dans toutes les questions scabreuses. Réussissait-on, tant mieux ; échouait-on, on le désavouait.

A la tribune il recevait sans sourciller toutes les bordées d'injures de tous les partis ; il eut presque autant à souffrir de l'extrême droite que de l'extrême gauche. Manuel l'appelait « un homme dangereux et compromettant pour son propre parti. » Le général Foy disait, en parlant de M. Dudon : « Il est des hommes dont la position est si malheureuse et si embarrassante, qu'ils ne peuvent monter à la tribune que pour débiter des calomnies. »

Figaro revient à chaque instant sur les malversations dont M. Dudon était accusé, malversations qu'il appelle d'un nom beaucoup plus vif. Le petit journal n'était pas le seul à rappeler les accidents de la vie publique de l'homme-écran du ministre. M. Dupont (de l'Eure) lui criait en pleine chambre : « Liquidez vos comptes et ne calomniez pas d'honnêtes gens ; » en pleine chambre encore, on lui jetait au visage cette rude apostrophe : « Je le déclare ici, je défie ouvertement M. Dudon de citer une seule transaction *véreuse* (et certes, il en·connaît beaucoup) à laquelle j'aie pris part. Je ne suis pas de ces hommes justement méprisés qui ont indignement abusé de leurs fonctions pour s'enrichir par des rapines et des *liquidations* scandaleuses, qui ont forcé les ministres du roi à les chasser de leur administration, et à proclamer leur infamie. »

Pour tout dire, « M. Dudon avait été, sous l'Empire, enfermé à Vincennes pour avoir déserté son poste, abandonné l'armée d'Espagne et répandu la terreur dont il était saisi sur toute la route qu'il avait parcourue. » A la chute de l'Empire, il fut tiré de prison par M. de Talleyrand et chargé d'enlever à Orléans le trésor particulier de l'Empereur. Il réussit ; il est vrai que l'histoire a qualifié de vol cette spoliation. Plus tard, il fut destitué par M. de Richelieu de la présidence de la commission de liquidation des créances étrangères.

C'est à ces deux aventures surtout qu'à tout moment il est fait allusion.

ÉPIGRAMME.

Lui, se vendre ; et quel prix voulez-vous qu'on l'achète
Sans craindre d'avoir fait la plus mauvaise emplette?
— Alors, il s'est donné. — Donné pour rien, pardon ;
Mais qui même à ce prix pourrait vouloir du don?

Mercredi, 21 février 1827.

NOUVEAU DIALOGUE DES MORTS

L'EXCELLENCE.

Quel bruit désagréable arrive à mon oreille! Dieu me pardonne! l'enfer aurait-il aussi des imprimeries? Oui, ce sont les gémissements d'une presse...

GUTTENBERG.

La belle invention! En vérité, j'ai mérité la reconnaissance des hommes...

L'EXCELLENCE.

Quelle sottise dites-vous là, Monsieur l'imprimeur?

GUTTENBERG.

Voilà une ombre qui arrive tout au moins en droite ligne du royaume des Topinambours.

L'EXCELLENCE.

Monsieur au bonnet de papier, voudriez-vous, s'il vous plaît, m'apprendre quel privilége vous avez pour vous servir de cet instrument diabolique?

GUTTENBERG.

Je vois que Monsieur n'est ici que d'hier. Nous autres trépassés, tout morts que nous sommes, nous aimons à faire encore ce que chacun de nous faisait sur la terre; j'use amplement de la permission, et j'imprime.

L'EXCELLENCE.

Un article du *Moniteur?* une note secrète?

GUTTENBERG.

Fi donc! Voltaire, Fénelon, Rousseau, Bossuet.

L'EXCELLENCE.

Tous ces auteurs-là sont à l'index, et je me verrai forcé de sévir contre vous. Rappelez-vous le texte de la loi : défense d'imprimer...

GUTTENBERG.

On devrait, au contraire, me délivrer un brevet d'invention.

L'EXCELLENCE.

Comment! vous seriez le mauvais génie qui a perdu, par l'excès des lumières, les hommes que vous vouliez éclairer par la *philosophie?*...

GUTTENBERG.

C'est un caractère de nouvelle date, je n'employais que le *cicéro*...

L'EXCELLENCE.

Un bavard qui s'escrimait contre les ministres dans la chambre des députés des *Romains*.

GUTTENBERG.

J'ai toujours affectionné l'*italique*.

L'EXCELLENCE.

Vous osez parler de l'usurpateur devant une Excellence! Vous êtes, je le vois, un imprimeur enragé, un républicain, un petit Romain...

GUTTENBERG.

Je fais beaucoup de cas de ce caractère... Mais, en vérité, je ne comprends rien à tout ce que vous dites. Qu'étiez-vous donc sur la terre ?

L'EXCELLENCE.

Je faisais des lois.

GUTTENBERG.

Si vous le voulez, j'imprimerai vos ouvrages ?

L'EXCELLENCE.

Insolent! vous me plaisantez, je crois; sachez que ce matin encore j'étais ministre...

GUTTENBERG.

Et ce soir vous voilà mort, par suite sans doute d'un jugement, d'un arrêt...

L'EXCELLENCE.

Non pas, nous ne mourons plus ainsi. Figurez-vous que j'avais aboli l'imprimerie, et, pour le plus grand bonheur de mes concitoyens, j'avais ruiné quelque cent mille familles...

GUTTENBERG.

Cent mille familles! Je devine la fin de l'anecdote, il n'a fallu qu'un désespoir...

L'EXCELLENCE.

Au contraire, j'aurais vécu longtemps encore si, à force de timbrer les autres...

GUTTENBERG.

Je comprends; mais, M. l'ex-Vandale, ma presse est, Dieu merci, à l'abri de vos arrêts. J'aperçois Astaroth qui vient vous lire votre sentence; écoutez.

ASTAROTH, *lisant.*

« La susdite ombre est condamnée à être apprenti imprimeur sous les ordres de Guttenberg... »

L'EXCELLENCE.

Apprenti vous-même.

ASTAROTH.

« Pendant deux mille ans. » A l'ouvrage, petit.

L'EXCELLENCE.

Si je reviens jamais de ce bas monde, je ferai pendre tous les imprimeurs.

GUTTENBERG.

On vous formera, mon enfant.

COUPS DE LANCETTE.

On a vu M. de Sal.. qui s'amusait à graver ces mots sur une pièce de quarante-huit : *Remède contre l'imprimerie.*

*
* *

M. Ouvrard a obtenu la permission de sortir de Sainte-Pélagie pour trois jours. Deux gendarmes et un huissier l'escorteront partout. C'est la liberté que M. de P..... promet aux imprimeurs.

⁎

On dit que depuis hier M. le comte de P..... se sent le timbre fêlé.

M. de Saint-Chamans, que *Figaro* appelle tantôt monsieur de C'est-charmant ou monsieur Tant-mieux, avait été un des plus chauds partisans, un des défenseurs les plus opiniâtres du projet de loi sur la presse. Ce surnom de Tant-mieux lui venait d'une phrase malencontreuse prononcée à la tribune : « Le projet de loi, » s'était-il écrié, « empêchera, dit-on, tout à la fois les bons et les mauvais livres, les bonnes et les mauvaises maximes; tant mieux. » (*Explosion de murmures.*) « Oui, Messieurs, » répète M. de Saint-Chamans avec plus de force, « tant mieux! tant mieux! tant mieux! Tous ceux qui *croient*, en politique comme en religion, doivent *croire* sur la parole seule de l'autorité légitime. »

Franchement une telle profession de foi valait bien quelques épigrammes.

M. de Sallaberry, dont il est question quelques lignes plus haut, était aussi fort partisan de la loi. C'est lui qui avait comparé l'imprimerie au *manioc*, d'où le surnom de M. Manioc que lui donnèrent les petits journaux de l'époque. C'est lui encore qui, dans le même discours, s'écriait avec véhémence : « Redoutons, Messieurs, le fléau de l'imprimerie, seule plaie dont Moïse oublia de frapper l'Egypte. » (*Interruptions et éclats de rire.*)

ÉPITAPHE.

Entêté, ridicule, ennuyeux,
Hélas! il gît ici, ce bon monsieur Tant-mieux,
Qui voulait que lui seul sût lire.
Quand ses graves discours faisaient pâmer de rire,
Tout fier de leur effet, il s'écriait : Tant mieux!
Je suis un fou : Tant mieux!
Un sot même . Tant mieux!
Tant mieux! tant mieux! tant mieux!
Enfin, ces mots lui plaisaient tant à dire,
Qu'à l'instant où la mort vint lui fermer les yeux,
Il bégayait encor : Tant mieux!

COUPS DE LANCETTE.

M. de C'est-charmant pense que les muselières nous conviendraient mieux encore que la censure.

⁂

On a vu l'autre jour un Cosaque du Don se dévouer pour sauver son maître qui allait se noyer. Ils ont du bon, ces Cosaques.

⁂

Le fameux « *tant-mieux* » de M. de Saint-Ch... est destiné à partager (sublime à part) la célébrité du *qu'il mourût!* et du *qu'en dis-tu?*

ÉPITAPHE.

J'ai vécu des produits de ma plume vénale;
J'ai vécu d'un journal par moi mis à l'encan;
De honte j'ai vécu; j'ai vécu de scandale;
J'ai vécu de la croix ; j'ai vécu du turban;

J'ai vécu, j'ai vécu, gazetier famélique,
Quatre-vingts ans passés... Mais je voulus, enfin,
Vivre un matin de l'estime publique,
Et le soir, j'étais mort de faim.

COUPS DE LANCETTE.

M. de V... assure que MM. de P... et Fren... sont des hommes d'un grand prix.

.*.

Mademoiselle Adel... disait : Si jamais je prenais un mari, ce serait M. de Laboë... que je voudrais, il vote toujours pour l'adoption.

.*.

M. Dud.. est tellement dévoué à son maître, qu'il irait partout, au seul commandement de celui-ci. Quand donc lui plaira-t-il de l'envoyer au diable ?

.*.

— Le mensonge déshonore.
— C'est possible, répondit M. de V..., mais ça n'ôte pas un portefeuille.

M. de Villèle, grâce à la façon hardie dont il avait mené les dernières élections, avait réussi à se constituer une imposante majorité. Il n'avait, il faut lui rendre cette justice, reculé devant aucun moyen. Il avait donné pleins pouvoirs aux préfets, en leur notifiant qu'ils répondaient « sur leurs places » du vote des électeurs de leur département. Cette notification eut les meilleurs résultats. Partout on employa l'intimidation; les destitutions des fonctionnaires *mal-pensants* étaient à l'ordre du jour. Dans certaines provinces, on eut recours à la gendarmerie. De son côté, le clergé agissait.

Donc le ministère eut sa majorité. La Chambre *introuvable* de 1815 était *retrouvée*.

On appela cette majorité les *Trois-Cents* de M. de Villèle; puis, par allusion aux trois cents combattants des Thermopyles, on les appela *les Spartiates*.

Les députés étaient admirablement choyés. M. de Villèle leur avait dit : « Vous êtes ici non pour discuter, mais pour voter. » Ils obéissaient, il fallait bien les en récompenser.

C'était alors le bon temps des dîners ministériels. Tous les députés bien pensants avaient, dit-on, leur rond de serviette chez MM. de Villèle et de Peyronnet. « On tenait, dit un petit journal, les députés par la gueule. » Un autre disait: « Quand on a la bouche pleine, on ne parle pas; » ou encore : « Un homme qui digère ne refuse rien. » Et le public riait.

Figaro fait chorus. Sans cesse il revient aux tables ministérielles; il énumère avec complaisance les truffes, les primeurs, les mets délicats servis aux Spartiates affamés. Il fait le compte des bouteilles bues; il voudrait avoir pris mesure de la taille des *Trois-Cents*, pour savoir s'ils ont beaucoup engraissé pendant la session. Pour les Spartiates, il réserve ses plus méchants quolibets, ses plus mordantes épigrammes. On dirait qu'il essaye de leur couper l'appétit. Il n'y réussit pas, et c'est d'un ton dolent qu'il s'écrie : « Leur appétit nous ruine. »

Il est vrai que cette majorité coûtait gros; grasse était la solde des Spartiates.

— Monsieur, demandait un jour Charles X, combien pensez-vous qu'il faille à un député pour vivre honorablement à Paris?

— Je pense, Sire, qu'avec six mille francs...

— Six mille francs! dites-vous, s'écria le roi, il en est auxquels je donne plus du double et qui se plaignent de mourir de faim.

Et le roi ne comptait ni les places ni les sinécures.

Il y a cependant à ceci une moralité assez bonne à méditer pour les gouvernements : c'est cette majorité si chèrement et si déloyalement obtenue qui renversa le ministère Villèle et prépara la chute de Charles X.

COUPS DE LANCETTE.

Samson n'en avait qu'une pour combattre ses ennemis ; beaucoup plus heureux, M. de V... en a trois cents.

*
* *

Ces messieurs veulent bien dire des absurdités, mais sans que le public en soit instruit : au moins voilà du respect pour le public.

ÉPIGRAMME

TRADUITE DE MARTIAL.

Pourquoi veux-tu, Truffus, pour un mot indiscret
   Couper la langue à ton esclave?
  Ne sais-tu pas que le peuple te brave,
    Et qu'il parle, quand il se tait?...

COUPS DE LANCETTE.

Dorénavant, tout écrivain qui n'aura pas 50,000 francs de rentes, sera un homme sans considération et sans talent. D'après cette nouvelle découverte, M. de Rothschild va se trouver le gros génie de l'époque.

*
* *

. . . . . « J'en appelle à votre conscience. . . . . . »
(*Silence universel.*)

*
* *

Les prières des agonisants sont à l'ordre du jour.

———

Samedi, 17 mars 1827.

LE DÉCALOGUE DU SPARTIATE.

1. Pour seul dieu tu reconnaîtras
 Celui qui te truffe amplement.
2. Dans les grands jours tu te tairas
 Par respect pour le rudiment.
3. Avec un tel tu voteras
 Par assis levé seulement.
4. Un tel, un tel applaudiras
 Par politesse purement.
5. Tandis qu'un tel tu siffleras
 Ainsi qu'un tel mêmement.
6. Leurs beaux discours réfuteras
 Par un loyal trépignement.
7. Eloquent point tu ne seras,
 Car c'est du luxe assurément.

8. Et comme un tel tu parleras
   Contre le bon sens sciemment.
9. Jamais tu ne t'aviseras
   D'avoir esprit ni jugement.
10. Jusqu'à la mort tu resteras
    Fidèle à ce commandement.

COUPS DE LANCETTE.

La Conciergerie est, de nos jours, tout près du Parnasse.

* *

Des joueurs bien connus ont perdu une partie de boules aux Champs-Elysées; ils demandent leur revanche dans le jardin du Luxembourg.

* *

Cependant, ils ne sont pas inviolables, puisqu'on peut les *empoigner*.

Il était assez audacieux, en ce moment, de rappeler aux Trois-Cents qu'ils n'étaient pas inviolables, — pour le peuple, est sous-entendu. — Quant au mot *empoigner*, c'est une allusion au fait bien connu de l'expulsion de la Chambre du député Manuel. Fort de son droit et de sa conscience, considérant la résistance comme un devoir, le célèbre orateur avait déclaré qu'il ne céderait qu'à la force. Il tint parole. La garde nationale, envoyée pour l'expulser, refusa d'obéir à l'ordre inique. On fit alors marcher la gendarmerie, sous les ordres du colonel Foucauld.

Trois fois le colonel somma Manuel de sortir, et comme il « refusait d'obtempérer : »

— Gendarmes, s'écria M. Foucauld, *empoignez-moi* M. Manuel.

Le mot est resté.

Jeudi, 22 mars 1827.

UN SPARTIATE ET SON FILS

LE SPARTIATE.

Mon fils, qu'est-ce que c'est que la Sparte moderne ?

LE PETIT.

On appelle ainsi une grande étendue de terrain qui produit des truffes et du vin de Champagne.

LE SPARTIATE.

Quelle est la capitale de ce royaume ?

LE PETIT.

Un grand hôtel avec des factionnaires à la porte.

LE SPARTIATE.

On a l'habitude d'employer le mot *patrie*; que veut-il dire?

LE PETIT.

Ce mot-là ne signifie rien.

LE SPARTIATE.

Quel est le meilleur gouvernement?

LE PETIT.

Celui sous lequel on fait les meilleurs dîners.

LE SPARTIATE.

Quel est l'homme le plus utile dans un État bien organisé?

LE PETIT.

Le chef de cuisine du ministre.

LE SPARTIATE.

Comment reconnaît-on le bon parti?

LE PETIT.

Aux opinions gastronomiques.

LE SPARTIATE.

Quel talent faut-il pour réussir?

LE PETIT.

Il ne faut qu'une mâchoire garnie de ses trente-deux dents et en activité.

LE SPARTIATE.

Comment sert-on le mieux son pays?

LE PETIT.

En le mangeant.

LE SPARTIATE.

Qui peut empêcher l'homme le plus habile de faire son chemin?

LE PETIT.

Un mauvais estomac.

LE SPARTIATE.

Qu'est-ce qu'une loi?

LE PETIT.

Un ragoût assaisonné aux truffes.

LE SPARTIATE.

Qu'est-ce qu'un homme qui a fait ses preuves ne doit jamais refuser ?

LE PETIT.

Une invitation à dîner.

LE SPARTIATE.

Où doivent se discuter les affaires importantes ?

LE PETIT.

Dans la salle à manger.

LE SPARTIATE.

Assez pour aujourd'hui ; vous savez votre leçon à merveille. Je suis satisfait. Dites à votre bonne de vous donner à déjeuner.

LE PETIT.

Je voudrais des truffes, papa.

LE SPARTIATE.

Quand vous serez plus grand... (*A part.*) Il n'y a plus d'enfants.

PENSÉES D'UN SPARTIATE.

* Les grandes pensées viennent de l'estomac.

* Tous les chefs-d'œuvre de nos grands écrivains ne valent pas la carte d'un restaurateur.

* Dis-moi ce que tu manges, je te dirai qui tu es.

* Le Tibre a des Césars ; la Seine a des Chevet.

* L'amitié est une sauce piquante qu'on mange à deux.

* La truffe ne vieillit pas.

* On imprime que, depuis 400 ans, on a dîné de tout temps.

* On a vu monsieur de C'est-charmant hausser les épaules; il se parlait à lui-même.

* Il est tout naturel que les ennemis de l'imprimerie en veuillent à certains académiciens, ils ont montré quelque caractère.

ÉPIGRAMME.

— A cent francs le journal! c'est la dernière enchère.
— J'en offre dix écus. — C'est peu. — J'en suis fâché.
— Voyez la marchandise... On ne peut vous surfaire.
— Allons! dix sous de plus, et pour finir l'affaire,
Je prends les rédacteurs par-dessus le marché.

COUPS DE LANCETTE.

Les épiciers préparent déjà des lampions.

*
* *

M. le prince de H... veut absolument que le mot schlague soit français.

*
* *

Mille garapines! ces chournalisdes sont bar drop méchants! disait un général français; on téfrait leur tonner sur les oncles!.....

*
* *

MANIÈRE DE FAIRE UN GÉNÉRAL.

Vous prenez un individu... le premier qui vous tombe sous la main... cependant n'allez pas le choisir dans la classe des *féroces*. Tâchez de le prendre spirituel..... imbécile, ce serait absolument la même chose. Le sujet sera d'avance suffisamment mortifié. Vous lui apprenez l'exercice..... du chrétien, c'est-à-dire son *pater*, son *ave*, son *credo* et son *meâ culpâ*, soit en latin, soit en grec, soit en anglais, soit en allemand ; il suffit que ce ne soit pas en français. Vous lui faites ensuite connaître tous les canons... qui se sont chantés et qui se chantent à Rome, depuis le pontificat de Grégoire Ier. Il doit aller, les yeux fermés, de la caserne à la paroisse, et de la paroisse à la caserne, car c'est indispensable s'il veut faire son chemin. Vous avez soin de lui jeter sur le dos un habit bleu brodé en feuilles de chêne et de laurier, c'est le symbole de sa gloire... à venir. Puis vous lui mettez deux belles épaulettes, vous l'attachez à un grand sabre, et..... il ne faut plus qu'un miracle pour le faire marcher.

Le 28 mars 1827 mourut, à l'âge de quatre-vingts ans, un homme qui, dit M. de Vaulabelle, « honorait à la fois son nom, le rang où il était né et la France, » le duc de La Rochefoucauld-Liancourt.

Dévoué aux Bourbons jusqu'à sacrifier pour eux sa vie et sa fortune, le duc de La Rochefoucauld eut ce rare honneur de déplaire au gouvernement de la Restauration. Nommé pair de France, il figurait dans la chambre héréditaire au nombre des membres de l'opposition, et prêtait ainsi à la cause libérale l'appui d'une belle vie et d'un grand nom.

Cela déplut à M. de Corbière, qui ne craignit pas de retirer brutalement au duc plusieurs fonctions *purement honorifiques* auxquelles son grand caractère l'avait naturellement désigné.

Le duc, malgré cette injure, resta fidèle à la cause de toute sa vie ; mais, tandis que cette injustice lui faisait une grande popularité, son attitude le brouillait irrévocablement avec la congrégation.

Ainsi que nous venons de le dire, le duc de La Rochefoucauld mourut le 28 mars. Il n'était pas rentré en grâce. Ses obsèques furent indiquées pour le 30. Au milieu de l'immense concours de personnes qu'elles attirèrent, on remarquait un assez grand nombre d'anciens élèves de l'Ecole des Arts et Métiers de Châlons, ecole dont le duc était fondateur.

Les élèves demandèrent à porter le cercueil de leur bienfaiteur, c'était un hommage public qu'ils voulaient rendre à sa mémoire. Les fils du défunt, les comtes Gaëtan et Alexandre de La Rochefoucauld, crurent devoir accorder cette demande. Tout alla bien jusqu'à l'église. Mais lorsque, la cérémonie terminée, les jeunes gens voulurent reprendre leur fardeau, un commissaire de police s'y opposa. Le cortége était alors dans la rue Saint-Honoré. Les élèves résistant aux ordres du commissaire, celui-ci requit l'aide de la troupe envoyée pour rendre au défunt les honneurs funèbres. Bientôt les baïonnettes, demeurées jusque-là au fourreau, furent mises au bout des fusils. A la vue des soldats, les assistants entourent les jeunes porteurs. On se mêle, on se heurte, une sorte de lutte s'engage, et bientôt le cercueil, échappant aux jeunes gens, glisse et tombe avec un bruit lugubre sur le pavé.

« L'épouvante s'empare des spectateurs, le vide se fait autour des soldats qui relèvent le cercueil à demi brisé, ramassent dans le ruisseau de la rue les insignes du défunt et son manteau de pair souillé de boue, et les placent sur le corbillard que le commissaire de police avait fait avancer. »

Telle avait été la violence du choc, que non-seulement la bière avait été brisée, mais encore une partie des membres s'étaient détachés du corps.

Cette violence atteignant jusque dans la mort un homme dont le seul crime avait été d'être indépendant, ce scandale sacrilége, cette profanation, firent jeter à Paris entier un cri d'indignation. Les journaux s'émurent, les deux Chambres ordonnèrent une enquête.

Eh bien! devant cette réprobation générale, M. de Corbière osa monter à la tribune, non pas pour blâmer les auteurs de cette coupable profanation, mais pour payer un tribut d'éloge aux agents qui avaient fait leur devoir.

Les articles du *Figaro,* si violents qu'ils soient, ne sont encore qu'un écho affaibli de l'opinion.

COUPS DE LANCETTE.

Comment respecteraient-ils les morts, est-ce qu'il n'est pas dans la nature des corbeaux de s'acharner après les cadavres?

*
* *

On va bâtir une citadelle au milieu du cimetière du Père La Chaise.

*
* *

Les employés aux pompes funèbres ne seront pris, désormais, que dans les régiments de ligne.

On avait fait, la veille de l'ouverture du Cirque, une répétition de l'*Attaque du convoi.*

On nous traîne dans la boue après notre mort ; c'est pour nous apprendre à vivre.

Quelqu'un nous assure avoir lu ces mots sur la même enseigne : *Fabrique de baïonnettes et Pompes funèbres.*

M. le prince de Ho... a pris un maître de langue française, pour apprendre seulement à dire : *En joue, feu !*

Il y a des gens qui, pour rendre les derniers honneurs aux mânes des personnages vertueux, voudraient rétablir le gibet de Montfaucon.

Il y a plus de honte à être debout dans certains salons qu'à tomber dans le ruisseau.

Dimanche, 5 avril 1827.

LE RUISSEAU ET LA BIÈRE.

DIALOGUE.

LE RUISSEAU.

Voilà qui commence bien ; les bons gendarmes n'y vont pas de main morte ; les coups pleuvent comme grêle ; baïonnettes d'entrer en danse. Messieurs les bourgeois, gare les éclaboussures.

LA BIÈRE, *roulant dans le ruisseau.*

Ciel ! quelle profanation !

LE RUISSEAU.

Dieu me pardonne, c'est un mort en grande tenue que j'ai reçu sur le dos.

LA BIÈRE.

Où suis-je ? couverte de boue et foulée aux pieds !

LE RUISSEAU.

Je croyais que c'était quelque agent de la police...

LA BIÈRE.

En effet, c'est bien là leur place ; aussi, Monsieur le ruisseau, je suis toute honteuse...

LE RUISSEAU.

Vraiment, il n'y a pas de quoi. Tous les jours, je vois des gens qui vous valent bien et qui n'y regardent pas de si près.

LA BIÈRE.

Vous ne savez pas qui je renferme ?

LE RUISSEAU.

Ce n'est probablement pas de ma connaissance, madame la dégoûtée...

LA BIÈRE.

Un honnête homme...

LE RUISSEAU.

Je ne vous entends pas.

LA BIÈRE.

Sa vie a été consacrée au bien ; sa mémoire est vénérée par tous ceux qui ont encore un peu d'âme.

LE RUISSEAU.

C'est sans doute quelque pauvre diable mort de faim.

LA BIÈRE.

Celui qui se trouve aujourd'hui dans un ruisseau, hier encore, par sa fortune, son rang, sa noblesse, ses vertus, ses talents, était un des citoyens les plus illustres.

LE RUISSEAU.

Sans doute il appartenait à la congrégation, avec laquelle j'ai beaucoup de rapports ?

LA BIÈRE.

Fi donc ! il aimait sa religion, sa patrie et son roi.

LE RUISSEAU.

A en juger par cet immense concours de monde qui l'escortait à son dernier hôtel, lorsque la force armée est venue mettre le holà, ce fut un ministre, un législateur ; aurait-il inventé le trois pour cent, promulgué une loi du sacrilége et autres gentillesses ?

LA BIÈRE.

Un silence religieux, interrompu par des sanglots, l'accompagnait jusqu'au moment où des cris d'indignation...

LE RUISSEAU.

Je me souviens, lorsque j'étais bien jeune, d'avoir été sali par les restes de Marat.... Les jours se suivent et ne se ressemblent pas.

LA BIÈRE.

As-tu remarqué qu'en tombant j'ai fait jaillir ton eau bourbeuse jusque sur le visage des misérables?

LE RUISSEAU.

Ils n'y ont pas pris garde. Moi-même, je suis saisi de respect et je crains de te toucher...

LA BIÈRE.

Adieu, deux croque-morts viennent de mon côté... ce ne sont plus ces nobles jeunes gens... O ciel! cette terrible leçon préviendra-t-elle un nouveau scandale?

LE RUISSEAU.

Adieu, Madame; je vous jure qu'il ne vous reste pas la moindre tache... Ah! je ne remarquais pas, du sang...

LA BIÈRE.

O mon maître !...

COUPS DE LANCETTE.

Quelqu'un a proposé d'établir une école de canonniers près de quelques cimetières : les tombes serviraient de cibles. Cette innovation ne peut manquer de trouver beaucoup d'approbateurs.

*
* *

Depuis qu'un mort illustre est tombé dans le ruisseau, MM. Ling... et Ben... sont fiers de se rouler dans la fange.

*
* *

On devrait bien créer une compagnie d'assurances pour les pompes funèbres.

Il nous faut revenir maintenant à la *loi d'amour et de justice*, à cette loi que M. Royer-Collard comparait à une loi de suspects largement conçue, qui mettait la France entière en prison sous la garde des ministres.

Le projet de M. de Peyronnet avait été adopté par la Chambre des députés, en dépit des énergiques efforts des deux oppositions royaliste et libérale. Il avait été adopté à une majorité de 233 voix contre 134 (12 mars).

Sept jours plus tard, le ministre portait son malencontreux projet à la Chambre des pairs. Mais là il rencontra une résistance inattendue. L'attitude de la commission d'examen lui faisant prévoir une éclatante défaite, il remit le projet « à des temps meilleurs, » et, le 17 avril, il monta à la tribune pour lire une ordonnance qui retirait le projet.

A cette nouvelle, l'allégresse éclata par toute la France. A Paris, ce fut un indescriptible enthousiasme. La ville entière se trouva illuminée comme par enchantement. « Nos ministres ont besoin de lumières, » disait-on, « éclairons-les. » Des colonnes d'ouvriers imprimeurs parcouraient les rues; ils criaient : Vive le roi! vive la Chambre des pairs! vive la liberté de la presse!

Les journaux de l'opposition libérale entonnèrent l'hymne du triomphe. Le terrible projet avait disparu tout à coup; ils espéraient que son auteur ne tarderait pas à le suivre, et ils disaient tout haut leurs espérances.

COUPS D'ENCENSOIR.

On a vu hier une foule de presses qui riaient comme des petites folles. Cette gaîté leur allait à ravir.

*
* *

C'est pour rire que M. C'est-charmant a dit que le Français était un animal féroce.

*
* *

M. de P.... signe avec la meilleure grâce du monde.

ÉPITAPHE.

Objet de haine et de colère,
Ci-gît un malheureux projet,
Lequel avait, dit-on, pour père
Ce bon monsieur de Draconnet.
C'est lui qui lui donna naissance,
C'est lui qui, par son assistance,
Le fit, un moment, respirer,
Et quand enfin la mort barbare
Eut frappé cet enfant si rare,
Il se chargea de l'enterrer.

BIGARRURE.

Hier, tout Paris semblait en feu; on n'a guère pu remarquer que les maisons qui n'étaient point illuminées, et encore ne faut-il accuser personne de tiédeur, car on n'était pas préparé à la fête que le Roi vient de donner à la France; bien des gens n'ont pu trouver à acheter des lampions.

L'ordre le plus parfait a régné partout.

A PROPOS.

Un projet proposé
Nous mit dans la souffrance.
Un projet amendé
Fit naître l'espérance.
Un projet retiré
Répand la joie en France.

COUPS DE LANCETTE.

Tout Paris était brillant de lumières; à Montrouge, on s'est couché sans chandelle.

．·．

Il suffit d'une simple revue pour s'apercevoir de tous les défauts de la *loi d'amour*.

．·．

M. de V... ne sort plus le soir; l'odeur des lampions l'incommode.

．·．

M. de P.... aurait dû se retirer en même temps.

．·．

L'enfant est enterré : bravo !— le papa reste. O Azaïs!

．·．

Lampion et sifflet sont maintenant synonymes.

．·．

On assure que M. de P.... va rendre l'âme. Il va donc rendre son portefeuille; on dit qu'elle en est inséparable.

On ne dit plus railler, persiffler un homme, on dit : le *lampionner*.

DIALOGUE

A

Ces cris, ces lampions et leurs flammes sinistres
Ont jeté dans mon âme un prophétique effroi.
Tout est perdu, sans doute?

B

Oui, tout pour les ministres,
Mais tout est gagné pour le roi.

COUPS DE LANCETTE.

Toute la France s'illumine, ce n'est pas assez de sept éteignoirs pour tant de lumières.

Cette pauvre *Etoile* ne parle que de lampions et d'illuminations ; il paraît qu'on lui a fait voir trente-six mille chandelles.

PETIT DIALOGUE.

— Qu'est-ce que le ministère ?
— Un éteignoir.
— La Charte ?

— Un lampion.
— Le peuple?
— Un pétard.

———

Chaque année, le 12 avril, anniversaire de la rentrée de Charles X à Paris en 1814, la garde nationale faisait seule le service des Tuileries et était passée en revue par le roi. Cette année (1827), le 12 tombait un jeudi saint; la revue fut donc remise au lundi de Pâques, 16 avril. Dès le matin de ce jour, des détachements de toutes les légions arrivèrent aux Tuileries pour le service exceptionnel ; dans l'après-midi, le roi, suivi du Dauphin, les passa en revue. Il y eut un tel enthousiasme, on cria : Vive le roi! avec une telle unanimité, que Charles X sembla regretter de n'être pas entouré de la garde nationale tout entière.

Les gens qui entouraient le roi saisirent cette idée. Ils affirmèrent au roi qu'ils étaient en mesure de répondre des bons sentiments de toutes les légions, et, séance tenante, il fut décidé que, le dimanche 29 avril, Charles X passerait en revue toute la garde nationale de Paris, réunie au Champ de Mars.

Cette décision prise, annoncée par les journaux, ceux mêmé qui l'avaient conseillée furent pris de doutes et de craintes. Mais il n'y avait plus à y revenir. Les ministres surtout, dont on n'avait pas pris conseil, ne cachaient pas leurs appréhensions.

Au jour dit, vingt mille hommes étaient rangés devant l'École Militaire. Les tristes prévisions des pessimistes ne furent pas réalisées, tout se passa convenablement. Peut-être y eut-il plus de cris de *vive la*

Charte! que de cris de *vive le Roi!* mais, en somme, de l'avis même de Charles X, la journée fut bonne.

Mais, après la revue, un événement arriva qu'on n'avait pas prévu. Il y eut des manifestations bruyantes contre les ministres. Des bataillons entiers de gardes nationaux s'arrêtèrent devant les ministères et, là, « firent entendre les cris mille fois répétés de *vive la liberté de la presse! à bas les jésuites! à bas les ministres!* A ces clameurs se mêlaient aussi les cris de *à bas Peyronnet! à bas Villèle!*

Les ministres virent dans ces manifestations un attentat à leur dignité, ils résolurent de se venger. Ils persuadèrent au roi que la majesté de la couronne était compromise; bref, ils identifièrent si bien leurs intérêts et leur orgueil offensé avec les intérêts et la gloire de la monarchie, que, le soir même, on rédigea une ordonnance de licenciement. Tous les postes furent changés; la garde nationale était dissoute.

Il était dit que ce malheureux gouvernement marcherait de faute en faute et briserait l'un après l'autre tous ses appuis. En se privant de la garde nationale, ce corps si essentiellement modérateur, il s'ôtait, pour les jours néfastes, toute chance d'intermédiaire, tout espoir de transaction. Voilà pour l'avenir. Pour le présent, chaque citoyen se crut atteint dans sa dignité, et la garde nationale, qui avait donné à la famille régnante tant de marques de sympathie, passa en masse à l'opposition.

COUPS DE LANCETTE.

Il y a des gens qui ne veulent laisser entrer demain, au Champ-de-Mars, que les personnes qui auront un bâillon dans la bouche.

En passant près du château de Rivoli, les tambours de la garde nationale battront la retraite.

On assure qu'ils vont partir enfin tous les sept : ce ne sont pas des gens de revue.

L'*Etoile* nous dira probablement aussi que le soleil du 29 était un faux soleil.

Les directeurs de spectacles ont rayé de leurs répertoires : *Une nuit de la garde nationale.*

On vendait hier la complainte de la garde nationale. On ne lui fait pas moins d'honneur qu'à tous les autres condamnés.

Malgré la colère de 24,000 hommes contre sept, ceux-ci sont parvenus à les désarmer. — Ce que c'est que les bons procédés.

On ne dit pas que les musiciens de la garde nationale aient exécuté l'air de *la Victoire est à nous.*

Sept personnes, à Paris, ont pensé que la journée d'hier serait orageuse, et n'ont pas mis le nez dehors.

※

On peut dire, moralement parlant, qu'ils ont été traînés sur la claie par l'opinion publique.

※

Hier, des millions de cris de : Vive le roi ! ont prouvé à certains détracteurs que la reconnaissance est une vertu nationale.

ÉPIGRAMME.

Notre garde civique a reçu son congé,
Mais un beau grenadier, oublié par mégarde,
Veut, dit-on, faire encor son service obligé.
Espérons que bientôt il descendra la garde.

COUPS DE LANCETTE.

Nous étions vingt mille à jouer l'écarté contre sept; nous avions quatre points de chaque côté, un des sept a tourné le roi, et nous avons perdu la partie.

※

La meilleure rime à ministre est sinistre.

※

La garde meurt et... les ministres restent.

※

On vient de publier une biographie de tous les bons ministres de France. Cet ouvrage n'est pas long.

On ne dit plus : *Revue, augmentée et corrigée*, mais *revue et licenciée*.

Il y a sept loges vacantes à Charenton. Allons, messieurs...

Ces messieurs conviendront au moins qu'ils ne nous gouvernent pas gratis.

Vendredi, 11 mai 1827.

DIALOGUE ENTRE DEUX HABITS.

PREMIER HABIT.

Loin de moi, vil roturier!... Que viens-tu faire en ces lieux ?

DEUXIÈME HABIT.

Moisir à tes côtés, confrère.

PREMIER HABIT.

Quoi! l'habit d'un vilain et l'habit d'un noble attachés au même croc! Quelle honte!

DEUXIÈME HABIT.

Il n'y a pas de noblesse qui tienne, mon ancien; ici, tous les habits sont égaux, et les vers ne font aucune distinction.

PREMIER HABIT.

Oses-tu bien te comparer à moi, misérable elbeuf?

DEUXIÈME HABIT.

De quelle étoffe es-tu donc, pour te montrer si fier?.... A la poudre, jadis blanche, qui te couvre, à la crasse épaisse qui cache toutes tes coutures, je parierais presque que tu as appartenu à quelque tête à perruque?

PREMIER HABIT.

Ces galons d'or et d'argent, sous lesquels se cachent encore mes coutures, ne t'apprennent-ils pas assez quel fut jadis mon rang dans le monde?

DEUXIÈME HABIT.

Je n'y vois que les insignes d'une ridicule livrée.

PREMIER HABIT.

Je fus, tour à tour, l'habit d'un jacobin, d'un chambellan et d'un ventru.

DEUXIÈME HABIT.

C'est-à-dire que tu as changé de forme et de couleurs, suivant la circonstance. Enfin, pour trancher le mot, tu n'es qu'un habit retourné...

PREMIER HABIT.

Mais toi, qui es-tu?

DEUXIÈME HABIT.

Je fus pendant longtemps l'honneur de la France. Hélas! hier encore, chacun me regardait avec respect.

PREMIER HABIT.

Ne serais-tu pas un de ces habits séditieux qu'on vient de licencier? Je crois te reconnaître à ton uniforme.

DEUXIÈME HABIT.

Précisément.

PREMIER HABIT.

C'est cela ; et en passant sa garde-robe en revue, ton maître, en homme prudent, t'as mis à la réforme. Encore, si comme moi tu avais des titres ?

DEUXIÈME HABIT.

Eh ! n'en ai-je pas à la gloire !

PREMIER HABIT.

Où les as-tu gagnés ?

DEUXIÈME HABIT.

A la barrière de Clichy !

PREMIER HABIT.

Et moi, dans l'antichambre des ministres.

DEUXIÈME HABIT.

Il paraît que tu as du service, car tu es furieusement râpé ?

PREMIER HABIT.

Pas tant que toi, mon petit ami ; tu es troué en plusieurs endroits.

DEUXIÈME HABIT.

Ce sont d'honorables cicatrices !

PREMIER HABIT.

Parbleu ! et moi aussi, je porte des cicatrices !

DEUXIÈME HABIT.

Oui, dans le dos... c'est juste, quand on se sauve...

PREMIER HABIT.

On m'a vu plus d'une fois exposé au feu de mainte batterie.....

DEUXIÈME HABIT.

Dé cuisine, tu veux dire?... car les taches de graisse qu'on aperçoit sur toute ta personne le prouvent assez.. ; ce sont les seuls chevrons qui servent à marquer tes années de service... à la table de nos grands seigneurs s'entend.

PREMIER HABIT.

Insolent!... je ne sais qui me retient... si ce n'était ce porte-manteau!...

DEUXIÈME HABIT.

Allons, ne t'emporte pas..... ou va secouer tes vers plus loin....

PREMIER HABIT.

Heureusement que voici deux honnêtes chalands qui, en m'achetant, vont me délivrer de ton ennuyeuse société.

DEUXIÈME HABIT.

Que feraient-ils de toi?... tu n'es bon maintenant qu'à revêtir le jocrisse de quelque escamoteur!

PREMIER HABIT.

Penserais-tu par hasard que c'est de toi qu'ils viennent faire emplette?... ne sais-tu pas que te voilà condamné à languir chez le fripier...

DEUXIÈME HABIT.

Patience, j'en sortirai peut-être plus tôt que tu ne crois!

COUPS DE LANCETTE.

Quand nous fera-t-on une *opération*, pour nous délivrer des sept plaies qui nous rongent ?

*
* *

Il y a des gens qui regardent une charge de cavalerie comme une potion calmante.

ALLOCUTION MARTIALE

D'UN GUERRIER SOI-DISANT FRANÇAIS.

Prafes militaires, ché afre à fous endredenir té fos exbloits querriers pour les bressent, les bassé et les fitir. Fous afez azommé cet honnête monsir qui édait mort et que nous afons clorieusement roulé tans le poue. Che fous endredientrai encore de ce pon monsir de Reck.., qui afre été chifflé comme ein chéçuite par cet betites bolissonnes, qui afoir li lé Chan-Chaques et lé Foltaire, que sti pon monsir Quillon n'avre pas prilé toute. Cte prafe monsir Reck..... qui était ein tuer de chans, afec bermission té la vagulté, s'en allait toute pêtement dans sa capriolete afec ein betit accompagnement de pons gentarmes, quand, sir lé bont Sainte-Migel, les betites bolissonnes lui fouloir faire brendre ein pain éburadoire. Lui qui avre bas cette vandaisie s'en être allé à la bolice, où sti monsir Reck... il était sir dé drouver des amis.

Pentant ce demps-là, les pons chantarmes boursuifaient les betites bolissonnes jusque tans le nachement afec tes crands goups de sapre, à l'imidazion te vos exbloits à Presth. Poucre té chien ! saberlotte, camarates ! nous ne avre pas été là ! Cette avaire qui se bassait tans l'eau a été firiesement chaude, héréissement qu'il n'y afait pas peaucoup te gemin bour aller à la Morgue, lé pataille abrès huit heures il était finite, barce que la nuit afoir rentu les étudiants plus tifficîles à drouver qu'ein lococriphe.

Foilà, gamarades, ce que je afre à fous tire; cette betite succès a falu touple bortion aux prafes chantarmes qui ont diré le sapre. Aux armes ! que la régombense enflamme fotre gourache : Montrouche brébare la botage.

COUP DE LANCETTE.

M. de C... prépare un ouvrage qui portera ce titre : *Des coups de sabre*, et de leur influence sur l'instruction de la jeunesse.

LES GENDARMES.

Air : *Moi je flâne.*

  Des gendarmes!   (*bis*)
Qu'on apaise mes alarmes!
  Des gendarmes!   (*bis*)
J'en mourrais, je croi,
  D'effroi.

Depuis nos saints mandements,
Nos lois et notre ordonnance,
Partout on déclame en France
Contre nous et nos trois cents.
Etouffons leurs cris sinistres!
Quand le roi garde pour lui
Leur amour... que les ministres
Conservent pour eux celui
  Des gendarmes, etc.

Dans la poche des vilains,
Monsieur Law, que je révère,
Pendant son beau ministère,
Jadis puisait à deux mains.

Et d'un déficit frivole
On accuse mon budget!
Pour leur couper la parole,
Vite, mettons au complet
    Des gendarmes, etc.

L'autre jour j'ai cru, ma foi,
Forcer la gauche au silence
En assurant que la France
Avait grand besoin de moi.
Mais cette race endurcie
Raisonne au lieu d'obéir,
Et parle encor de patrie...
Ah! c'est à n'y plus tenir.
    Des gendarmes, etc.

Partout de mauvais propos
Sur P... et sur sa milice;
Point d'égards pour ma police,
De lecteurs pour mes journaux.
De leurs lois, quand je m'écarte,
Un orateur factieux
Me crie aussitôt : la Charte!
Cela devient ennuyeux.
    Des gendarmes, etc.

Pour encourager les arts,
Pour surveiller la science,
J'ai choisi par conscience
Vidocq et ses bons mouchards.
Si nos écoles rebelles
Allaient montrer de l'humeur,
Ce sont de jeunes cervelles,
Prenons-les par la douceur. .
    Des gendarmes, etc.

En dépit de mon savoir,
De mon talent (je m'en flatte),
Paris et la France ingrate
Maudissent notre pouvoir.

Mais à ce Paris que j'aime,
Malgré plus d'un vilain tour,
Pour montrer aujourd'hui même
Ma justice et notre amour...

 Des gendarmes!   (bis)
Qu'on apaise mes alarmes!
 Des gendarmes!   (bis)
J'en mourrais, je croi,
  D'effroi.

COUP DE LANCETTE.

On est étonné que M. de Cl..... T..... n'ait pas parlé sur la poudre ; ce qu'il y a de sûr, c'est qu'il ne l'a pas inventée.

CONVERSATION A HUIS-CLOS

ENTRE LE VENTRE ET LA CONSCIENCE.

LA CONSCIENCE. — Dormez-vous, monsieur le Ventre ?

LE VENTRE. — Non, mais je digère en silence.

LA CONSCIENCE. — Causons un peu.

LE VENTRE. — Il vous convient bien, madame la Conscience, d'élever aujourd'hui la voix, depuis plus de dix mois que vous vous taisez !

LA CONSCIENCE. — Dites donc que depuis six mois vous riez si fort, qu'il ne vous a pas été possible de m'entendre.

LE VENTRE. — Le beau plaisir, d'écouter les sons de votre voix rauque !

LA CONSCIENCE. — Ma voix vous déplaît, je le sais, vous craignez des reproches !

Le ventre. — Des reproches de ta part, misérable Conscience ! c'est bien à une paresseuse comme toi de blâmer la conduite d'un personnage aussi courageux que je le suis. Sais-tu que j'ai failli crever plus d'une fois au service de M. le baron ?

La conscience. — Oui ! je vous conseille de vous vanter de vos exploits ; ils ont été bien utiles à notre maître commun.

Le ventre. — Eh ! s'il n'avait suivi que tes instructions, serait-il aujourd'hui l'un des plus éminents personnages du département ?...

La conscience. — Il eût marché droit.

Le ventre. — A pied, comme un pauvre diable : je le fais aller en voiture.

La conscience. — Sa maison serait encore le modèle de l'heureuse obscurité.

Le ventre. — Et son brillant hôtel serait encore à bâtir.

La conscience. — Ah ! s'il m'eût écouté, comme je serais belle encore !

Le ventre. — Égoïste ! tu parles pour toi ; ne te fâche donc pas si j'ai cherché à m'arrondir.

La conscience. — A mes dépens.

Le ventre. — Tu voulais bien me faire tort, pour te parer !

La conscience. — Plus j'étais pure, et plus je le rendais heureux.

Le ventre. — Plus je suis gros, et plus il avance dans la carrière des honneurs.

La conscience. — Va, on vit toujours mal en te prenant pour guide.

Le ventre. — On meurt de faim en se nourrissant de ta viande creuse.

La conscience. — Tu es un mauvais conseiller.

Le ventre. — Et toi, une détestable cuisinière.

LA BOUCHE. — A l'ordre ! j'ai tenu la balance pendant la discussion, et je donne ma voix au Ventre. Ainsi, Conscience, tais-toi.

COUPS DE LANCETTE.

Ces messieurs méritent le cordon, monseigneur l'accorde.

⁎⁎⁎

Il y a des cordons-bleus qui ont rougi.

⁎⁎⁎

On les a mis au bleu, c'est au vert qu'il fallait les mettre.

⁎⁎⁎

M. de Cumulando est devenu très-riche en visitant les pauvres.

Jusqu'au jour où nous sommes arrivés, — 16 juin 1827, — la vignette du *Figaro* représentait le héros de Beaumarchais un genou à terre et prenant des notes. Aujourd'hui, la vignette change, un nouveau personnage paraît. Figaro est debout et, d'une batte qu'il tient à la main, il menace Basile. Une épigraphe explique l'intention : « Ah ! Basile, mon mignon, si jamais volée de bois vert!.... »

Mettre ainsi en scène Basile avec son costume traditionnel, était certes un coup de maître pour la popularité. Mais quelle audace !... La rédaction, qui prévoit un danger, court au-devant de toutes les accusations, et, dans l'article qui suit, ravissant d'esprit et de finesse, explique le changement survenu tout à coup.

BASILE ET FIGARO

FIGARO (*se relevant*).

Allons! debout, les insectes ne rampent plus, ils volent; levons-nous pour les atteindre; leur nature qui les attire vers la terre, les empêchera bien de s'élever à la hauteur de l'homme libre.

BASILE (*arrivant*).

Ah! coquin de Figaro! Eh! que vois-je? il a changé de position.

FIGARO.

Pourquoi non? Ma vocation n'est-elle pas d'arracher le masque aux gens de ton espèce, à quelque étage qu'ils soient logés? Comme je t'ai suivi dans toutes tes bassesses, je te suivrai dans toutes tes transfigurations.

BASILE.

Tu n'es pas au bout de tes courses.

FIGARO.

Aussi ai-je acheté un cabriolet pour courir plus vite.

BASILE.

Figaro, tu cours après le chaland, car tu fais réparer ta maison : plus un magasin change d'enseigne, moins il prospère.

FIGARO.

Ne devais-je pas te manifester ma reconnaissance pour toutes les sottises que tu me mets à même d'offrir quotidiennement au public?

BASILE.

Ma figure t'a donc paru quelque chose de bien neuf à présenter à tes lecteurs?

FIGARO.

Je leur rends service; lithographier les imposteurs, c'est mettre un fanal sur l'écueil.

BASILE.

Encore si c'était mon visage, ma tournure... Non, tu as voulu commettre une impiété, te jouer avec les choses saintes; car cette vignette représente....

FIGARO.

Basile.

BASILE.

Elle représente Tartufe.

FIGARO.

C'est chicaner sur les mots.

BASILE.

Sois tranquille, MM. Devéria, Thompson et toi, vous pouvez compter sur.....

FIGARO.

Quelque petite dénonciation pour t'avoir fait ressemblant.

BASILE.

Oh !.... ressemblant... Quand m'as-tu vu si penaud?

FIGARO.

Quand, au milieu du parterre de l'Odéon, tu fus obligé d'applaudir à la première représentation de l'*Homme habile*, sous peine de laisser tes oreilles dans la salle.

BASILE.

La pièce me plaisait.

FIGARO.

Tu avais cette figure lorsqu'un de tes bons amis se fit condamner aux dépens pour avoir attaqué en diffamation certain rédacteur qui ne l'avait désigné que par ta profession.

BASILE.

On n'aime pas à se voir écorché dans la peau d'un confrère; et puis, l'esprit de corps...

FIGARO.

Enfin, tu n'es jamais moins laid que cela lorsque tu apprends qu'un honnête homme prospère, qu'un fripon est tombé, qu'un traître fait banqueroute, qu'un absolutiste est censuré et qu'un intolérant reçoit sur les ongles. Te voilà, lorsqu'un tribunal déclare que des traits malins ne sont point des crimes; lorsqu'un ministre, que tu croyais à bas, apprend que tu le calomniais déjà chez son successeur supposé. Oui, tu es ressemblant, on t'a peint le jour où Royer-Collard fut admis à l'Académie et le soir où Paris vainquit les ombres de la nuit par des milliers d'illuminations.

BASILE.

Ah! drôle! jacobin! athée! scélérat! voleur! hérétique!....

FIGARO (*le menaçant*).

Ah! Basile, mon mignon, si jamais volée de bois vert.....

COUPS DE LANCETTE

M. de V. se croit plus grand que la girafe.

***

M. de P. veut armer la main de la justice d'une paire de ciseaux.

***

M. de T. réclame les deux derniers volumes d'un roman intitulé : *les Trois Soufflets* ; il n'en a reçu qu'un.

***

Les élèves de M. Récamier aiment mieux aller en prison qu'à son cours.

***

MM. les gendarmes n'aiment pas les trottoirs, cela n'est pas commode pour les chevaux.

LE JOURNALISTE EMBARRASSÉ.

Malgré toutes ses précautions oratoires, Figaro ne put maintenir Basile sur sa vignette. Ordre lui fut donné de retirer « cette impiété. » Comment faire ? s'obstiner ? c'était risquer l'existence du journal avec quatre-vingt-dix-neuf chances contre soi. S'avouer vaincu ? c'était dur. Il y eut des hésitations, et, en attendant d'avoir trouvé un faux-fuyant ou pris un parti, *Figaro* n'imagina rien de mieux que de laisser en blanc la place de sa vignette. Ce jour-là, il débuta par un article d'allusions devenues obscures, dont le titre était : *le Journaliste embarrassé*, et qui commençait ainsi :

Allons, Figaro ! toujours plus fort que les circonstances, taille ta plume, bats-toi les flancs et fais un bon article........

. . . .

Basile n'avait été en scène que dix jours. Pendant trois numéros encore, l'entête du journal reste en blanc. Enfin, ne trouvant aucun joint, *Figaro* se décide à en revenir à son ancienne gravure; il chasse Basile, « jusqu'à des jours meilleurs. »

BASILE CHASSÉ

J'ai donc résolu de lui donner son compte; mais généreusement, il lui est encore redû de l'arriéré en coups de bâton; je ne le lui payerai pas...

COUP DE LANCETTE.

On parle d'un mendiant bohémien qui demandait dernièrement l'aumône, dans les rues de Prague, à coups de canon. Nous avons déjà vu beaucoup de mendiants aussi hardis que celui-là.

TABLETTES

PERDUES AU CAFÉ DES VARIÉTÉS.

— Ces journalistes croit pouvoir faire un ouvrage dramatique parce qu'ils ont de l'esprit! ils ne save pas seulement avaler un petit verre d'eau-de-vie!

— Notre pièce d'hier est enfoncé; c'est égal : j'enverrai deux cents billets au chef de cabale, et je prandrai un abonnements au *Mentor*.

— Mademoiselle C*** n'a pas voulé allée à la répétitions; j'ai parlé au directeur, il a fallu qu'elle y aille.

— La somme que m'a rapporté mon dernier vaudevilles n'est pas assez conséquente.

— Dire au caissier du théâtre de m'avancer cinquante franc sur la piesse en répétition.

— Il faut absolument que nous cherchions à évinser ce blantèque de journaliste qui veut se familiarizé avec les membres du comité.

— Faire recopier le vaudeville qui a été ressu à correxion; ajouter un couplet de factures, et faire un raccords à la quatrième seine; ils n'y verrons que du feu.

— On a refusé ce matin une piesse d'un auteur inconnue; il y a de bonne idée; tâcher de m'en rappeler pour les insérer dans mon J***.

— B*** a fait ce matin un bon calembourt au café Dév...; ça ferat le trait de mon vaudeville finale.

— Econduire le jeune auteur qui m'a consultée sur sa piesse; lui faire accroire qu'elle ne présente pas d'élémant de suxès. Dire au piocheur de faire un scénarios là dessu.

— Relire attantivement le trêté des participe, à cause de ces maudit journalistes. Et répondre à la lettre que m'a écrit le directeur.

COUPS DE LANCETTE.

M. Pellet a déposé deux exemplaires de son *Cours d'orthographe usuelle* au café des Variétés.

*
* *

« Les imprimeurs devraient bien savoir l'orthographe, » disait un vaudevilliste bien connu.

⁂

— Quelque chose que fassent les journalistes, disait un vaudevilliste, j'aurai toujours l'avantage sur eux.
— Je crois bien, lui répondit-on, vous faites des pièces, et ils sont obligés de les écouter.

⁂

On demandait à M*** pourquoi il n'exposait pas au Louvre, puisque les vaudevilles sont des objets d'industrie.

⁂

Par jugement du tribunal de police correctionnelle, il est convenu que les vers d'un opéra valent quelque chose. MM. B. S. J. R. seront contents d'apprendre cette nouvelle.

⁂

On me reproche de ne pas savoir le français, disait M. B...; eh! mon Dieu! Cicéron ne le savait pas plus que moi.

⁂

Un vaudevilliste qui sait l'orthographe est persuadé qu'un journal a voulu faire son portrait en publiant un article intitulé : *Le vin et le lait.*

Dimanche, 12 août 1827.

DÉSAUGIERS.

Quand il vint, personne ne chantait plus en France; c'était partout la terreur et le silence, c'était une stupeur générale au milieu de laquelle notre gaieté s'était perdue comme tout le reste. Naguère si vif, si animé, si emporté dans ses plaisirs, le Parisien ne savait plus que trembler; et quand il entendit la voix du chansonnier créant de joyeux refrains, il recula, étonné de cet enchantement nouveau pour lui.

Car, en vérité, les chants de Désaugiers furent dès l'abord tous empreints de la franchise de son âme. Plein d'insouciance et de verve, il ne vit la vie qu'à travers un prisme couleur de rose. Poëte du plaisir, il chanta comme Horace le vin, les fleurs, les femmes, l'amitié, et tous les dons que les dieux ont faits aux hommes pour leur faciliter l'existence.

Comme Horace, il s'éleva dans une époque atroce; comme lui, il servit merveilleusement la nation lorsque, de sang-froid, elle voulut revenir à son caractère primitif. Telle est la destinée des empires; après tant de bouleversements et l'interversion de la terre, il se fait que la main d'un poëte, une main faible et timide, se trouve toute-puissante pour faire avancer le char de la civilisation encombré dans des ruines.

Aussi, Désaugiers aura la seule récompense digne du poëte; il prendra place parmi les élus de la nation. Il vivra dans la mémoire tant qu'il y aura de la grâce chez nos femmes, de l'esprit parmi notre jeunesse; tant que les vers d'Anacréon seront regardés comme le résultat le plus heureux de la philosophie de tous les siècles.

Mais aujourd'hui ses amis pleurent sur sa tombe; la beauté a quitté ses guirlandes de fleurs; Thalie, éplorée, regarde ses blessures récentes. Hélas! depuis la mort de Panard, elle n'avait jamais ressenti une perte plus irréparable et plus cruelle!

Adieu, adieu, l'auteur de tant de charmants refrains! de

tant d'ouvrages délicieux! adieu l'esprit, la verve, la gaieté, la franchise, le Vaudeville n'est plus !!!

. . . .
« Bon Désaugiers, avec philosophie,
« Même en mourant, dit-on, tu conservais
« Ce calme heureux que n'altéraient jamais
« Les douleurs de ce mal qui consumait ta vie.
« Vas te placer sur l'Hélicon,
« Asile du génie et du talent modeste. »
Et nous, pleurons sa mort... Mais Béranger nous reste.
Consolez-vous, amis de la chanson.

Les jours meilleurs prévus par *Figaro* sont venus; les obstacles ont été levés. De nouveau Basile reparaît sur la vignette, tenu en respect par le bâton du barbier. Il y restera cette fois jusqu'au dernier jour.

Mercredi, 7 novembre 1827.

LE RETOUR DE BASILE.

BASILE, *à la porte de Figaro, battant la semelle et soufflant dans ses doigts.*

Diantre soit de l'événement! Moi qui comptais me chauffer tout l'hiver avec les rognures!... Mettre ainsi un pauvre homme à la porte! Il faut que je vive... Je sais bien que tout le monde n'en voit pas la nécessité... Allons Basile, mon ami, changeons de gamme; faisons comme l'abbé Pellegrin.. Je ne me montrerai pas exigeant. Voilà ma pétition en deux mots: Le coin le plus éloigné du feu, les miettes de la table; et puis ce que je demanderai, ce qu'on me donnera, avec ce que je prendrai. Voilà tout ce qu'il me faut ; j'en serai quitte pour quelques coups de lancette, mais le froid pique plus que cela : on peut mourir de faim, mais on ne meurt pas de honte. Frappons. (*Il frappe.*)

FIGARO.

Entrez ! Bienvenu, qui arrive aujourd'hui...

BASILE.

Allons, c'est encourageant. (*Il entre.*)

FIGARO.

Comment ! c'est toi, misérable ?

BASILE.

Je suis content de toi ; on voit que tu reconnais tes amis, même après leur disgrâce.

FIGARO.

Est-ce encore une mauvaise nouvelle que tu viens m'apporter ?

BASILE, *jetant sur la table une paire de ciseaux brisés* (1).

Hélas ! oui, bien mauvaise !

FIGARO.

Voilà un bien heureux malheur ! Et que veux-tu que je fasse de cela ?

BASILE.

Deux lancettes, en aiguisant les morceaux ; c'est encore un assez joli cadeau, car ils sont d'une trempe excellente : tu dois en savoir quelque chose.

---

(1) Les ciseaux de la censure qui venait d'être supprimée.

FIGARO.

Coquin! il serait donc vrai? tu étais...

BASILE, *tombant aux pieds de Figaro.*

Ah! mon ami, tu ne sais pas ce que c'est que la faim!

FIGARO.

Qui te défendait de vivre en honnête homme?

BASILE.

On fait si maigre chère!

FIGARO.

Te voilà pourtant bien plat.

BASILE.

Bien volé...

FIGARO.

J'entends... ne profite jamais.

BASILE.

Au contraire... profite toujours ; mais il ne faut pas qu'on vous coupe la digestion si brusquement.

FIGARO.

Ah! ça, tu comptes t'en aller sur-le-champ?

BASILE.

Pas si bête! Je viens reprendre mon emploi.

FIGARO.

Tu as bien de l'audace!

BASILE.

C'est le mérite de ceux qui n'en ont pas d'autre. D'ailleurs, tu penses bien que j'ai profité de ma position : je sais une foule de choses divertissantes et curieuses; j'étais à la bonne source. Tiens (*tirant de sa poche plusieurs rognures de papier*), voilà ce que toi ni tes confrères n'avez pu dire. Ecoute : On vient de mettre en vente l'*Histoire des Favorites des rois de France*, par M. de Châteauneuf. Tu sens qu'il ne faut pas mettre l'immoralité au rabais, afin que l'ouvrier puisse l'apprendre à bon marché.

FIGARO.

Comment ! des mœurs, Basile ?

BASILE.

Oh ! non : affaire d'argent ; j'en ai cinq exemplaires. Tiens ! et cette Bigarrure, devions-nous permettre qu'elle fût connue ? « Un vieillard privé de sa raison et en butte aux outrages des polissons de Marseille ; ils le poursuivent dans les rues, l'entourent et le questionnent, puis accueillent ses réponses avec les éclats d'un rire ironique. Ce malheureux dont les habits sont en lambeaux, fut un des chimistes les plus distingués de la France : il dirigeait à dix-neuf ans une de nos premières manufactures. Couronné dans plusieurs académies, il est auteur de plusieurs mémoires traduits dans toutes les langues. L'Académie de Lyon a dit de lui qu'il avait créé la langue des sciences ; il est frère de M. Quatremère de Quincy, et, comme tel, membre de l'Académie des sciences... » Sans doute, il y avait du bon dans la publicité de cette infamie ; mais l'amour du prochain se révolte...

FIGARO.

Comment ! de l'humanité. Basile ?

BASILE.

Point... point, affaire de scandale. Maintenant, regarde ceci, *Procès de Contrafatto*. C'était une plaie trop douloureuse pour les âmes qui ont de la piété.

FIGARO.

Comment ! de la religion, Basile ?

BASILE.

Tu n'y es pas, cela me touchait personnellement. Affaire de costume. Tu vois bien que si j'ai empêché le mérite de parvenir, si j'ai tenu secrète l'apparition d'un bon livre, si j'ai exploité le silence au profit de quelques intrigants et même de quelques fripons, il y avait au fond de tout cela de ces arguments...

FIGARO.

C'est juste, mais écoute : j'ai une excellente idée.

BASILE.

Voyons.

FIGARO.

Il faut que je commence par une bonne action.

BASILE.

Envers moi ?

FIGARO.

Envers toi : je t'attache...

BASILE.

A la rédaction du journal ?

FIGARO.

Au pilori ; je te mets en tête de ma feuille, et chaque matin... Ah ! Basile, mon mignon, si jamais volée de bois vert !

COUPS DE LANCETTE.

Maintenant que je triomphe, a dit le maréchal S... à ses valets, déposez vos.... cierges!

* *

Paris n'est plus qu'un faubourg de Montrouge.

ÉPITAPHE.

Ci-gît un maréchal de dévote mémoire,
Qui lisait son bréviaire avant d'aller au feu ;
Pour monter aux honneurs on dit qu'il crut en Dieu,
Et qu'on lui paya cher cette œuvre méritoire.
Pour mourir en chrétien, ce héros circoncis
Se fit ensevelir dans un sarreau de serge,
   Puis il entra tout droit en paradis
     A cheval sur un cierge.

Depuis le commencement de cette année 1827, M. Villèle sentait le pouvoir lui échapper. Bien des fois déjà sa position avait été menacée, mais jamais aussi sérieusement. Toujours quelque compromis l'avait sauvé. Il est vrai que, pour se maintenir, il n'avait reculé devant rien. Depuis longtemps il avait fait litière de ses convictions et de ses principes. Lui, qui se flattait de gouverner, il n'avait jamais fait qu'obéir à la pression du parti le plus fort. Sa carrière ministérielle ne fut qu'un long sacrifice à sa dévorante ambition.

Mais, à la fin de la session de 1827, il comprit au vide qui se faisait autour de lui que l'heure de sa chute était proche. Il récapitula les défaites du ministère et fut épouvanté. Un ambitieux, cependant, ne rend pas les armes sans combat ; M. de Villèle se résolut à frapper un grand coup, à oser. L'heure des concessions était passée ; toutes les combinaisons, toutes les tentatives étaient usées ; un coup d'État pouvait seul lui conserver le portefeuille. Mais ce qui, dans sa pensée, devait le sauver le perdit. Lui-même hâta sa ruine en précipitant les événements.

Six mois avaient suffi au ministère pour perdre sa majorité dans la Chambre élective ; la Chambre des pairs résistait en face.

M. de Villèle entreprit de briser ces deux oppositions. D'un seul coup, *soixante-seize* pairs furent nommés. Cette fournée devait rendre la majorité aux ministres du roi. Le même jour, une autre ordonnance prononçait la dissolution de la Chambre et convoquait les colléges électoraux pour nommer de nouveaux députés.

Protégé par la censure, — retirée par ordonnance du même jour, — M. de Villèle avait eu le temps de préparer les départements, ses agents intriguaient partout, il se croyait sûr des élections.

Les événements allaient tromper son attente.

COUPS DE LANCETTE.

On a beau agrandir la chambre, elle sera toujours moins large que leur conscience.

⁎

On annonce que M. Comte part pour les départements. Il va donner des leçons d'escamotage.

M. de V. ne voit dans les élections qu'un jeu de cartes.

L'anecdote et les *coups de lancette* qui suivent sont une allusion à ce fameux *Cabinet noir*, qui empêcha tant de gens de dormir sous la Restauration. Violer le secret des lettres, et ouvertement encore, semblait chose toute naturelle.

ANECDOTE.

Un monsieur de la poste, un jour, par ignorance,
D'une lettre rompit le mobile cachet,
Pour voir, assurait-il, si les bourgeois de France
  Avaient pour lui quelque secret.
Il fut pris sur le fait. Le cas était pendable ;
 Rien ne pouvait excuser le coupable :
Le peuple le plaignait. « Cessez, dit un intrus,
  Ne plaignez pas ce roi des drôles,
  Il a d'assez bonnes épaules
  Pour porter deux lettres de plus.

COUPS DE LANCETTE.

Ils espèrent gagner la partie avec les valets.

On espère que M. de V.. n'arrivera jamais à la majorité.

Ils brisent le cachet des lettres pour revenir aux lettres de cachet.

ÉPITAPHE

DE STELLA MESSALINA, DE CHAMBER-BASSE,

Décédée le 6 novembre 1827.

> D'un ministre corrupteur
> Ci-gît la prostituée,
> Bien et duement polluée
> Par un vil entreteneur.
> Hélas! des mœurs les plus pures
> Brilla sa minorité;
> Mais dans sa majorité
> On ne trouva que souillures!
> *Chamber-basse* fut son nom,
> Basse, autant que se peut faire,
> Fille de corruption,
> Elle eut les traits de sa mère.

COUPS DE LANCETTE.

MM. Vil..., Corb.... et Peyr.... ne tiennent plus qu'à un fil; c'est le sort de tous les pantins.

.*.

Que les ministres se sauvent, et la France est sauvée.

Dans l'opinion de M. de Villèle, la brusque dissolution de la Chambre et la convocation immédiate des colléges électoraux devaient assurer la nomination des hommes présentés par le ministère et lui rendre ainsi la majorité nécessaire. L'administration avait pu dresser à loisir et d'avance toutes ses batteries; l'opposition, prise au dépourvu, ne devait pas avoir le temps de se reconnaître et de se concerter. Ce fut la dernière erreur de M. de Villèle.

Ces mesures inattendues, hautement qualifiées d'embûches indignes, irritèrent profondément le corps électoral. L'indignation fit taire les scrupules et les dissentiments. Toutes les oppositions se donnèrent la main, toutes les opinions se rallièrent contre un ministère abhorré, dont on ne voulait plus à aucun prix. Les préfets essayèrent de renouveler les fraudes et les violences de 1824; peines perdues, leurs complices mêmes les abandonnèrent et les trahirent, entraînés par l'irrésistible courant de l'opinion. On devinait la défaite avant le combat.

A Paris, les huit candidats de l'opposition furent acclamés plutôt que nommés par une immense majorité. Le ministère ne fut ni surpris ni effrayé de ce résultat, il l'avait prévu. Restaient les départements, qui pouvaient tout sauver encore, le cabinet y comptait, mais que pouvait entraîner l'exemple de la capitale. Pour avoir plus facilement raison des départements, on résolut de les frapper d'épouvante. Le spectre de la Révolution, ressource suprême des tyrannies dans l'embarras, fut tiré de la boîte aux accessoires gouvernementaux, et c'est dans le sang que tomba le ministère Villèle.

La victoire remportée à Paris par l'opposition était à peine connue, que la ville s'illumina comme par enchantement. C'était le dimanche 28 novembre 1827.

Le lendemain, lundi matin, les journaux ministériels, en enregistrant la défaite du cabinet, parlèrent en termes amers de l'allégresse publique et prédirent les plus terribles événements. « Nous allons voir la Révolution à l'œuvre, » disaient-ils. Le soir même, leurs prédictions se réalisaient.

Le lundi soir, en effet, les illuminations furent plus brillantes que la veille, surtout dans les quartiers Saint-Denis et Saint-Martin. Là, par conséquent, se portait la foule. On criait, on tirait des pétards ; mais, en somme, tout se passait le plus tranquillement du monde.

Il était déjà neuf heures du soir, les lumières s'éteignaient, la foule se retirait lentement, lorsque tout à coup éclata une de ces émeutes sans émeutiers comme savait, au besoin, en organiser la police. Une soixantaine d'individus à mines hétéroclites, qui firent subitement irruption dans la rue Saint-Martin, donnèrent le signal des désordres. Ils brisaient à coups de pierres les vitres des maisons dont les illuminations s'étaient éteintes. Bientôt, ces violences ne leur suffirent plus : aidés de quelques désœuvrés et d'un assez grand nombre d'enfants, ils renversèrent les voitures que le hasard amenait dans cette direction et commencèrent des barricades. Les curieux, épouvantés, cherchaient à fuir ; ils ne pouvaient ; de tous côtés la rue était interceptée. Cependant, pas un agent de police ne paraissait, pas un gendarme ; les postes voisins laissaient faire.

A onze heures seulement, la force publique donna signe de vie. Les faux émeutiers étaient loin. Il n'y eut, de la part de la foule, aucune provocation. Quelques cris de : A bas les gendarmes ! poussés par des gamins, se firent seuls entendre. La troupe tira cependant, sans sommation, puis chargea. Il y eut des morts et des blessés. Quelques malheureux furent tués aux fenêtres, d'autres sabrés, tandis qu'éperdus ils s'enfuyaient par les rues latérales. A une heure, on entendait encore des feux de peloton.

Le lendemain, chose incroyable, les mêmes scènes se renouvelèrent. La police n'avait pris aucune mesure, elle n'avait même pas fait déblayer les rues Saint-Martin et Saint-Denis; les essais de barricades étaient toujours debout. Toute la journée, la circulation des voitures fut interrompue.

Puis, le soir, mardi, dès sept heures, les mêmes individus recommencèrent leurs attaques. Comme la veille, la police était absente. Les habitants de la rue demandèrent main-forte aux postes voisins; les postes refusèrent de sortir, ils avaient des ordres. Les bourgeois, alors, essayèrent de rétablir l'ordre eux-mêmes. Ils arrêtèrent quelques-uns des misérables et les conduisirent au poste; on les relâcha presque aussitôt.

Les barricades, cependant, allaient leur train. L'une d'elles, vis-à-vis du passage du Grand-Cerf, s'élevait presque à la hauteur d'un premier étage. Cette fois, les perturbateurs allèrent jusqu'à maltraiter quelques boutiquiers. Leur besogne faite, les misérables se retirèrent; puis, comme la veille, la troupe arriva de trois côtés à la fois. Les soldats ne trouvaient aucune résistance, n'importe, ils faisaient feu; les gendarmes sabraient. Jusqu'à une heure fort avancée de la nuit, la tuerie continua dans un rayon assez étendu. Il y eut des morts, un grand nombre de blessés.

Le lendemain, à Paris, la consternation fut grande, l'indignation plus grande encore. La capitale se leva en masse pour accuser la police, complice du ministère. Des plaintes furent déposées, la cour évoqua l'instruction. Mais, après trois mois d'enquête, le parquet fut obligé de rendre une ordonnance de non-lieu. C'était à la police de signaler les coupables, de les trouver; le pouvait-elle? Il resta prouvé qu'on avait tiré sur des citoyens inoffensifs, qu'on avait sabré des curieux et des passants : voilà tout.

Si, comme tout le fait croire, le ministère n'avait pas reculé devant un crime abominable, le crime ne lui servit de rien. Les électeurs des départements furent épouvantés, c'est vrai ; l'opposition fut moins forte, mais elle conserva encore une majorité de plus de cinquante voix. C'était la chute du Cabinet, les ministres le comprirent. Le 26 décembre, les journaux annoncèrent le départ de M. de Villèle pour la Bretagne.

Mardi, 20 novembre 1827.

BIGARRURES.

Tout Paris a été illuminé hier; l'allégresse était au comble : les pétards éclataient de tous côtés, les feux de joie se multipliaient à l'infini; les rues Saint-Denis et Saint-Martin étaient resplendissantes de lumières. La présence inutile d'une cinquantaine de gendarmes à cheval a seule troublé cette grande fête de famille. En vain les priait-on de marcher au pas; un vieil officier, placé sur le flanc du détachement, a commandé à sa troupe de partir au grand trot, et, brandissant son sabre, on l'a entendu s'écrier : « Frappez ! frappez-les ! »

Cette scène de désordre avait lieu dans la rue Saint-Denis au coin de la rue Mauconseil.

Mercredi, 21 novembre 1827.

BIGARRURES

Dans la déplorable soirée d'avant-hier, M. Duvillard, officier de gendarmerie, de service au théâtre Feydeau, s'est permis d'éteindre à coups de pied quelques lampions placés à la porte du libraire Jehenne. M. Duvillard obtiendra sans doute une bonne note chez M. Franchet (1) pour cet acte de *courage* et de *patriotisme*.

COUPS DE LANCETTE.

La rue Saint-Denis va, dit-on, prendre le nom de rue des Boucheries.

*

Quand la foule ne veut pas se retirer, on la somme.

*

Autrefois il y avait guet à pied, guet à cheval; aujourd'hui, il y a guet-apens.

*

On n'a tué personne; on a seulement envoyé quelques prévenus devant leur juge naturel.

(1) M. Franchet-Despérey était directeur général de la police.

Jeudi, 22 novembre 1827.

L'AVEUGLE ET SON FILS.

L'AVEUGLE.

Viens par ici, mon enfant ; j'entends des cris de joie. Il y a bien longtemps que les accents de l'ivresse populaire ne sont parvenus à mes oreilles.

L'ENFANT.

Oh ! papa, si tu pouvais voir combien les maisons sont brillantes ! Neuf heures du soir viennent de sonner, et l'on se croirait au milieu d'un beau jour.

L'AVEUGLE.

J'ai souvenance que dans mon jeune temps les habitations des citoyens étaient souvent ornées de semblables lumières ; mais ce n'était pas toujours une preuve d'allégresse.

L'ENFANT.

Je sais ce que tu veux dire ; mais alors on n'apercevait qu'aux premiers étages la lueur vacillante de quelques lampions ; les grands hôtels seulement étaient éblouissants de clarté, tandis qu'aujourd'hui un cordon de feu brille aux lucarnes de toutes les mansardes.

L'AVEUGLE.

Aux mansardes mêmes ! c'est une fête nationale ; le pauvre n'illumine pas par ordre. Avançons.

L'ENFANT.

Entends-tu le bruit des pétards ?

L'AVEUGLE.

On les a prohibés. Et comment des hommes qui devraient jouir paisiblement d'un bienfait ou d'une conquête.....

L'ENFANT.

Ce ne sont pas des hommes, papa, ce sont des enfants comme moi, qui, voyant leurs pères heureux, veulent aussi prouver leur allégresse. Nous n'avons pas la voix assez forte ; un pétard, cela fait du bruit !

L'AVEUGLE.

Cela peut faire du mal, et l'on se croirait en droit de réprimer fortement la joie du peuple pour un léger accident causé par des têtes sans cervelle : peut-être même profiterait-on de l'imprudence de quelques inexpérimentés pour mêler à eux des gens qui auraient une vengeance à exercer, des haines à assouvir.

L'ENFANT.

Tu as raison, mon père, car je viens de voir passer près de nous une foule d'hommes en guenilles qui viennent de lancer leurs fusées dans les vitres des maisons voisines. Entends-tu le bruit des carreaux que l'on casse ?

L'AVEUGLE.

Il y a des lois ; les malfaiteurs seront punis.

L'ENFANT.

Cependant, mon père, ils viennent de se ranger pour laisser passer une patrouille, et celle-ci ne leur dit rien.

L'AVEUGLE.

Le peuple ne se réjouit pas souvent, on ne veut pas troubler ses plaisirs.

L'ENFANT.

Ah ! mon Dieu, papa, combien de soldats viennent au loin.

L'AVEUGLE.

N'aie pas peur, mon enfant ; on a besoin souvent de déployer l'appareil militaire quand la foule est grande. Mais ces armes, que tu as le bonheur de voir briller, n'ont été tirées que pour défendre les citoyens, on ne veut que les protéger : ce sont les ennemis de l'ordre qui doivent seuls trembler, puisque ces soldats qui s'avancent vers nous ont mission de veiller à ce qu'il ne nous soit fait aucun mal.

L'ENFANT.

Mais quel bruit viens-je d'entendre ? on dirait une décharge de mousqueterie.

L'AVEUGLE.

Ce sont les pétards dont tu parlais tout à l'heure.

L'ENFANT.

Je ne me trompe pas, une balle vient de siffler à mon oreille.

L'AVEUGLE.

Enfant, ne reconnais-tu pas le bruit que fait une fusée en s'échappant des mains de celui qui l'allume ?

(Le même sifflement retentit une seconde fois aux oreilles de l'aveugle ; il étendit la main vers son fils pour le rassurer ; l'enfant n'était plus à ses côtés, il gisait sur le pavé.)

COUPS DE LANCETTE.

— Il y a donc eu beaucoup de personnes tuées hier ? demandait mademoiselle Duch... à un gendarme qui se trouvait dans les coulisses le lendemain du désastre de la rue Saint-Denis.

— Mais non, répondit le naïf militaire ; pas trop.

⁂

C'est comme parrain des 76 que M. Vil... a fait distribuer des dragées au peuple.

⁂

M. Vil... fait quelques corrections au calendrier, il vient de changer le jour des Morts.

CORRESPONDANCE MILITAIRE

JEAN PICHU A SES PARENTS.

Jeudi, 29 novembre 1827.

Respectables parents,

I n'y a qu'un mois et un jour que je sui-t-au service, et l'on vient déjà de m'lancer au feu. Attention!... J'vas vous narrer la chose. V'là qu'à dix heures du soir not' coronel mont' sur son grand cheval de bataille. « Fantassins...., qui dit.... i n's'agit pas d'ça : la patrie est en danger ; i faut nous mett'en route. » Moi, j'étai-t-en train d'jouer à *breling-chiquet* ; j'plante la partie là, et je cour-t-aux armes. Nous défilons tous en silence, tambour battant, le long d'not'faubourg, et nous faisons, une pause au coin d'la rue St-Denis, qui ce jour-là était tout illuminée d'lampions comme un volcan. Alors j'apercevons çà et là pas mal de *péquins* (sauf vot' respect), qui avaient l'air de t'nir conciliabule... A c'te vue, le ventr' commence à me *grouiller*... mais, à mesure que nous avançons, v'là les *péquins* qui *fouinent*... ça me donne du courage. Une échelle barre not'marche triomphante; all' nous sert à monter à l'assaut... oui; mais on fait d'la résistance... Pour lors, not' coronel, qui n' s'embête pas dans les feux d'file, nous crie: En joue... feu!... Moi, j'tire!... pass'que, voyez-vous, mes bons parents, l'soldat est un état à part; nous sommes tous des automates, comm' dit not' coronel, qui d'vons toujours obéir sans préambule. Après cett' petite charge, nous nous précipitons sur les fuyards à travers les lampions. Au détour d'une rue, moi, j'vois un bergeois en retard... j'veux l'empoigner.... Pan! i m'donne un soufflet soigné, et s'sauve en m'appelant blanc-bec, dont j'ai la joue encore tout' rouge. V'là pour le premier jour. Le lend'main, c'est à r'commencer. Je r'çois un éclat de pétard sur l'œil gauche, et pour changer j'ai la figure toute noire. L'troisième jour, même manége; mais i n'y avait plus personne. Stapendant, on me place t'en faction pendant quatre heures d'horloge, ousque j'attrapai un rhume de cerveau; j'battis la semelle avec un brave marchand de marrons en plein vent, qui m'permit d'prendre un air de feu à son fourneau. J'y brûlai un pan de ma nouvelle uniforme. J'croyais qu'à l'odeur du roussi mon coronel allait m'fourrer aux z'haricots... au contraire, i m'fit carporal sur le champ de bataille. Bref, je suis présent'ment à l'hôpital pour guérir ma chienne de catarrhe. Envoyez-moi de la bonn' réglisse vivement.

Adieu, papa, maman; je suit en toussant votre fils bien-aimé.

JEAN PICHU, fantassin.

COUPS DE LANCETTE.

La *Gazette* parle de liberté comme une prostituée de pudeur.

*
* *

Au lieu de décorer les gendarmes et de casser les boutiques, on ferait mieux de décorer les boutiques et de casser les gendarmes.

*
* *

On a vu M. Piet assis sur les ruines du pot-au-feu ministériel, *ces deux grands débris se consolaient entre eux.*

*
* *

La nuit dernière, M. V... a senti un bourgeois de la rue Saint-Denis qui le tirait par les pieds.

JOURNÉE D'UN BON GENDARME.

« Le premier devoir d'un bon gendarme qui veut devenir brigadier est d'aller à la messe, de même que le premier devoir d'un employé supérieur des postes est d'*inspecter* les lettres, et celui de M. Piet d'avoir un chef de cuisine. Je me lève donc frais et dispos; je passe mon costume de ville, ma redingote bleue, je mets ma cravate et mes bottes à éperons; je prends ma grosse canne à pommeau d'ébène, je me mets en route... me voilà à l'église.

« Je me place d'ordinaire là où je vois le plus de monde; mais je laisse chanter les prêtres et dire la messe aux bonnes âmes qui m'entourent : ce n'est pas pour cela que je suis venu. Je regarde, j'observe, j'écoute, ce serait une bonne fortune pour moi si je pouvais mettre M. Franchet sur la trace d'un bon sacrilége!... Je serais brigadier demain.

« Rien à faire à l'église. Parcourons quelques quartiers de la capitale. Diable! qu'est-ce qu'on chante là-bas ? *Les Bons Gendarmes!*... Quelle audace! Si j'attrape cet Odry, qui est sans doute un des rédacteurs du *Constitutionnel*, il passera un vilain quart d'heure. Quelle est donc cette rumeur chez ce libraire? Ah! j'y suis, on saisit des *in*-32. Bien! saisissez toujours. J'en saisis moi-même plusieurs exemplaires. Cela montera ma bibliothèque. »

Le bon gendarme continua ses travaux philanthropiques. Dix-sept exploits signalèrent sa matinée; et midi sonnait à peine qu'il était déjà de retour à la caserne, le menton enfoncé dans sa cravate, agitant sa grosse canne, et sifflant la marche de *Robin des bois* avec autant de plaisir qu'un étudiant sifflerait Quatremère de Quincy.

Enfin il fallut endosser la livrée guerrière. Le regard oblique de l'observateur fit place à l'air farouche d'un apprenti maréchal de France à 2 fr. 50 c. par jour. Ainsi costumé, il quitte sa caserne et reprend ses courses avec la ferme résolution de remplir sa mission avec conscience, afin d'être nommé brigadier.

« Oh! oh! voilà qu'on crie au voleur! à l'assassin! c'est mon affaire. J'empoigne l'individu, je le tiens ferme. Mais on se presse là-bas... qu'est-ce donc? C'est un élève en droit qui s'est échappé de Sainte-Pélagie. Un élève en droit! Vite, je lâche mon assassin, et je cours après l'étudiant. Je parie que ce mauvais sujet aura écrit contre le ministre ou contre les gendarmes. Si je l'attrape, je suis brigadier. »

L'étudiant courait plus vite et disparut.

Désolé de sa mésaventure, notre héros, après une longue promenade, finit par découvrir un simple perturbateur, et le conduisit au corps de garde. Il ne devint pas brigadier.

FEUILLE VOLANTE

enVOLÉE d'un VOLume sur la VOLonté

Par M. Dud***.

« Il ne faut jamais s'arrêter dans son *vol*. »

Prenons notre *vol*ée en riant du *vol*can *vol*tairien et ré*vol*utionnaire dont *vol*ontiers les malé*vol*es font peur aux *vol*uptueux. Qu'espère ce *vol*can ou plutôt ce camp *vol*ant de *vol*tigeurs *vol*ages, fri*vol*es et faux, *vol*ontaires, par ses é*vol*utions contre une ferme *vol*onté qui peut dans son *vol* chasser ces *vol*atiles dans une *vol*ière ?

Mais ces *vol*ereaux, par leur *vol*ubilité, pourront *vol*atiliser les esprits, et la ré*vol*te naître de cette *vol*atilisation. Il faut *vol*ontairement paraître affaiblir son *vol*, *vol*eter même, et, par d'adroites circon*vol*utions, s'emparer des béné*vol*es ; puis faire *vol*te-face, et nous avons la *vol*e ; car les *vol*tigeurs ne pourront con*vol*er à d'autres ré*vol*utions.

La *vol*onté ferme a fait *vol*er jusqu'à nous les noms de Scé*vol*e et de l'hôte des *Vol*sques. Nous *vol*erons aussi ; et après sept ans ré*vol*us de travaux *vol*umineux, un char nous fera *vol*er à nos *vol*uptueuses demeures, où, grâce aux biens qui nous seront dé*vol*us, nous nous reposerons d'un long *vol* en *vol*tigeant autour des *vol*ages en ba*vol*et.

Soyons *vol*ontaires ; mais si les fri*vol*es révoltés, élevant *vol*onté contre *vol*, faisaient en*vol*er nos espérances, en*vol*ons-nous avec elles avant qu'ils ne nous rattrapent au *vol*.

Passant des adorateurs de *Vol*ianus aux anciens croyants de *Vol*a, et poussé par *Vol*turne jusqu'aux autels de *Vol*utma ; voguant sur le *Vol*turnon en parcourant la *Vol*binie, bien fourré dans notre *vol*vi, nous attendrons, pour *vol*ter et re*vol*er près de nos pénates, le temps où *Vol*taire et la ré*vol*ution ne rendront plus des esprits fri*vol*es et *vol*atilisés semblables aux malheureux atteints du *vol*vulus.

COUPS DE LANCETTE.

Suivant M. de Clerm... Tonn..., on ferait d'excellentes bourres avec la Charte.

*
* *

Enfin M. de Peyr... vient de rendre justice à quelqu'un, il s'est donné sa démission.

*
* *

Les démissions deviennent à la mode en Angleterre ; E. Vil... devrait bien imiter les modes anglaises.

CIRCULAIRE SECRÈTE

TROUVÉE PAR UN INDIVIDU QUI VENAIT DE PRENDRE SON PASSEPORT

Nascuntur mouchards, fiunt gendarmes.

A tous les intéressés qui ces présentes liront, salut.

Faisons savoir que les aspirants mouchards qui pullulent autour de nous d'une manière étourdissante (et, par cela, nous mettent à même d'être plus difficiles sur le choix), qu'ils doivent se dispenser de s'inscrire sur les rangs, s'ils n'ont pas les vertus morales et les qualités physiques requises par le présent cahier des charges :

Art. 1er. Il faut qu'un mouchard soit bête, parce qu'un homme d'esprit ajoute toujours quelque chose dans ses rapports.

2. Qu'il soit sans pitié, parce que son père peut être républicain.

3. Qu'il soit discret, parce qu'il connaît toutes les bévues administratives.

4. Il devra boire comme un Suisse, mais garder le sang-froid d'un Italien. *In vino veritas.*

5. Il est de toute nécessité qu'il soit lâche : car la peur donne des jambes, et un poltron est moins exposé qu'un autre à laisser saisir sur lui sa carte d'électeur.

6. Il importe qu'il n'ait pas de religion, pour mieux surveiller la conduite des impies dans les églises.

7. Il est de rigueur qu'il soit escroc, pour ne pas faire rougir ses camarades. Il ne serait pas mal qu'il sortît du bagne.

8. Il lui est enjoint de ne pas faire de cuirs dans un salon et de ne parler que l'argot dans un cabaret.

9. Ses oreilles doivent être aussi étendues que l'esprit de César, pour entendre de quatre côtés à la fois.

10. Son omoplate doit être revêtue d'une épiderme fortement trempée, parce que les cuirasses de papier gris sont chères : l'administration a renoncé à en fournir.

11. On exigera des certificats authentiques d'une campagne sous le fameux Lebon, de trois ans de service sous Savary; et une attestation en règle de sa présence à Nîmes en 1815.

12. Il ne peut être affilié à aucune congrégation, parce que son temps est trop précieux.

Nota. S'il a toutes les qualités requises, il sera reçu à cinquante sous par jour. On lui paiera les coups de bâton à part et à la douzaine, et il aura des gratifications pour les avaries.

1828

COUPS DE LANCETTE.

Monseigneur a fait augmenter la garnison de Paris : est-ce pour donner des étrennes aux habitants de la rue Saint Denis ?

.˙.

Malgré le jour de l'an, M. de Peyr... reste déconfit.

TÉLÉGRAPHE DE MONTROUGE

— Mingrat est calme dans sa prison.

— On espère que les électeurs du Jura opteront pour Sa Grandeur.

— On dit Contrafatto bien malade.

— L'empoisonneur Royer a été marqué ; il a conservé toute sa tête pendant l'exécution.

— Un avocat général d'Amiens refuse de poursuivre les écrits clandestins sortis des presses du baron de Villebois, s'ils ne sont dénoncés à Bourges, à Lyon et à Paris.

— Les agraviados qui habitent Toulouse ont reçu l'ordre de quitter cette ville.

— Les catholiques de la paroisse de Saint-Sauveur, à Gand,

seront appelés à l'office au son de trois cloches, au lieu d'avoir le chagrin de n'en entendre qu'une.

— Le père don Pablo Abbella vient d'être sacré évêque *in partibus* de Thibériopolis.

— Ferdinand VII prend le titre de chanoine de la cathédrale de Barcelone. Il a reçu trois années d'avance de son traitement et quarante mille francs en sus. Le jour de sa nomination, il a assisté au *Te Deum* et à l'embarquement des agraviados pour les galères de la côte d'Afrique.

— N'ayant pu empêcher qu'un bâtiment à vapeur, parti de Batavia, vînt mouiller à Singapore, on a eu soin de faire croire aux indigènes de ce port que le diable faisait marcher le bâtiment.

— On entretient toujours dans l'esprit du peuple des idées de sorcellerie. Un jeune garçon de ferme, aidé d'un vagabond, a abusé de la confiance d'un mari pour violer sa femme, sous prétexte de chasser le démon dont elle était possédée. Le tribunal de Laval a condamné les imposteurs.

— On ne compte que 4,206 enfants déposés à l'hospice de la Maternité.

— On continue à mettre en vigueur, à Francfort, la loi nouvelle qui ne permet que quinze mariages par an sur mille familles juives.

— Grande distribution de croix de la Légion d'honneur aux fonctionnaires qui ont fait preuve de zèle lors des élections du Nord.

— Pas de gratifications cette année aux commis du ministère des finances : elles avaient été données aux électeurs.

COUPS DE LANCETTE.

Je suis ici contre la volonté du peuple, s'est écrié M. de Vil..., et j'y resterai par la force des baïonnettes.

⁂

M. de Corb... a été fouillé à la barrière de Rennes ; pour la première fois, il n'avait pas fait la fraude.

⁂

M. de Peyronnet a manqué faire une chute pour commencer la nouvelle année ; nous la lui souhaitons bonne.

⁂

On dit que M. de Corbière n'est plus malade ; il est toujours bien bas.

⁂

M. Martignac est ministre de l'intérieur, espérons que tout finira par des chansons.

⁂

On dit que M. de Peyron.... se retire avec des millions ; nous avions toujours cru que c'était un pauvre homme.

⁂

On dit que M. de Clerm..... Ton..... bourre tout le monde, depuis qu'il ne fait plus fusiller personne.

⁂

On dit que, dans le nouveau ministère, il y a déjà des chefs de division.

⁂

Le ministère n'est franc qu'à demi, il sera dissous.

M. de Vatisménil est nommé député de la Corse ; c'est bien pour son âge, on dit qu'il n'a que trente-huit ans.

Les élections auraient porté de mauvais fruits, si on les jugeait sur l'écorce.

M. de Vatimesnil, étranger dans son pays, a été réduit à se faire nommer en pays étranger.

Montrouge est pour la France la barrière du trône.

M. le duc de Wellington a l'ouïe dure, c'est peut-être qu'autrefois on lui a frotté les oreilles.

Il y avait des gendarmes au mariage de mademoiselle Laf... : voilà qui est bien ministériel.

Deux académiciens sont, dit-on, nommés censeurs ; est-ce que l'Académie s'ennuierait d'être honnête ?

L'année dernière, on comptait sur l'ineptie des députés ; aujourd'hui, on craint leur adresse.

Qu'on dise que les jésuites ne se fourrent pas partout, il y en a même aux galères.

M. le duc de Raguse est en procès avec son cuisinier ; est-ce qu'il serait jaloux de ses lauriers?

Le chef de brigade Coco a partagé la disgrâce de M. Franchet : il aura une recette particulière.

On désirerait savoir quel commerce fait M. de Saint-C......

Samedi, 2 février 1828.

LA PARTIE DE CARTES

VILL. — Allons, Peyr, et vous, d'Herm, faisons une petite partie de cartes. Il faut bien maintenant que nous occupions notre temps à quelque chose.

DUD., *s'élançant vers la table*. — D'abord, je prends... les cartes. Que jouons-nous ?

PEYR. — L'honneur.

DUD. — C'est amusant ! jouer toute une soirée sans pouvoir gagner ni perdre.

VILL. — Je suis de votre avis ; il faut rendre la partie intéressante. Je suis fort pour l'intérêt... Mais quel jeu choisissons-nous ? le boston ?

DUD. — A la bonne heure, on y fait des levées.

CORB. — Oui ; mais de tous côtés on entend prononcer le mot de *misère*... ça donne des idées qui empêchent de dormir.

DEL., *d'un ton imposant*. — Enfin, messieurs, c'est un jeu séditieux.

TOUS. — Séditieux!

DEL. — On y parle d'indépendance.

PEYR. — C'est vrai, messieurs ; revenons donc aux doux et naïfs plaisirs de nos ancêtres, *jouons* le mariage.

VILL. — C'est un jeu divin : on peut y coter ses points, si on en fait. Où est l'heureux temps où je tournais et retournais le roi comme je voulais.

CORB. — Vous n'en cachiez pas moins bien votre jeu. (*Ils se placent et ils jouent tous successivement.*)

PI. — Ce diable de Vill, comme il a rempli ses poches ! il nous a tous gagnés.

VILL. — J'en ai gagné bien d'autres.

PI. — Grâce à mes brioches.

D'HERM. — Grâce à mes écoles.

CORB. — Quant à toutes les écoles, si vous m'aviez écouté...

PEYR. — Ah! ouais! parlez-moi du piquet : on y fait des tierces, même contre des cartes supérieures.

DUD. — Et l'écarté ? c'est ça un jeu charmant ; on peut y faire des voles !

PI. — Oui, c'est charmant ; surtout quand on a la fourchette.

Jeudi, 7 février 1828.

UNE HEURE AVANT LE LEVER DU RIDEAU (1).

Tous les acteurs sont prêts, la pièce est sue, dans une heure on va commencer. Tandis que le public attend avec impatience le lever du rideau, les individus qui doivent con-

(1) Est-il besoin de dire que la comédie dont veut parler *Figaro* est la session législative ?

courir à l'ensemble de la représentation sont diversement occupés. Ceux-ci, s'imaginant que le comble de l'art est dans la manière de se présenter en scène, s'étudient devant une glace à prendre de nobles poses: ils feront d'excellents mimes : l'emploi des personnages muets est assez tombé en discrédit pour qu'il ne conduise plus aux subventions.

Ceux-là pensent que toute la magie du débit est dans la variété des inflexions de la voix ; ils s'écoutent rendre des sons et, fiers de quelques intonations assourdissantes, ils ne s'aperçoivent pas qu'ils ne sont autre chose que des instruments à vent.

Nous sommes dans les coulisses; je veux vous conduire au milieu de chacun de ces groupes.

Le premier n'est pas nombreux ; mais ceux qui le composent doivent faire trembler pour le sort futur du drame : ils ont stipendié les misérables qui peuplent nos parterres pour murmurer contre les artistes les plus remarquables. Ils n'ont d'autre but que d'empêcher l'effet d'une belle scène : par exemple, celle où un vengeur de la patrie accuse publiquement un traître, et brave les poignards de quelques scélérats en traînant le misérable devant les magistrats qui doivent le punir.

Le groupe le plus voisin est formé d'autres acteurs à qui l'usage a donné le nom d'*utilités*, ne sachant comment désigner leur nullité. Moins hardis que ceux que nous venons de voir, mais non moins dangereux, ils ont promis aux ennemis des premiers sujets de la troupe d'interrompre maladroitement une réplique sublime, de se faire siffler même, pour que le bruit pût couvrir la voix d'un des héros ou détourner l'attention publique d'une situation hardie ou d'une partie intéressante de l'exposition.

Par ici nous apercevons quelques débutants, qui se sont

glissés par intrigue dans la société dramatique : le désir de porter l'habit de théâtre leur a donné de l'audace; mais, au lever du rideau, les spectateurs sauront bien reconnaître la fraude. Gare aux huées lorsqu'ils paraîtront!

Plus loin, et c'est là que doivent se porter nos regards, sont les principaux personnages de la pièce. Sans étudier leurs poses, ils en ont trouvé d'admirables ; car ils se sont pénétrés de leurs rôles. Ils essaient quelques passages de l'ouvrage qu'ils vont représenter, et, sans avoir cherché des inflexions de voix, leur débit fait tressaillir, enflamme, inspire l'admiration. Ils ont demandé leurs inspirations à de nobles sentiments ; ils n'ont cherché qu'à traduire l'expression de la vérité.

Dans une heure le rideau sera levé ; dans une heure un drame vraiment national aura commencé. Quelques malveillants sans doute troubleront cette représentation ; l'ensemble aura peut-être à souffrir de l'ineptie de quelques acteurs, des dispositions coupables de quelques autres, de petites jalousies, de grandes passions ; de vils intrigants tendront à neutraliser les efforts des premiers sujets : mais un nouveau système administratif n'accordera plus de *feux* aux comédiens nuls ou malintentionnés, pour les consoler du mépris et de la vengeance publique ; la cabale ne sera plus grassement rétribuée pour applaudir à l'incapacité impudente et insulter au public qui paye.

Allons, courage! qu'une noble émulation tourne au profit de tous! Méritez un succès; car, si la représentation n'était pas satisfaisante, il faudrait craindre un déficit à la caisse.

COUPS DE LANCETTE.

Le corpulent Déc... se croit d'un grand poids à la guerre ; ce n'est qu'une grosse charge.

**
* **

M. de Martignac a dit à un fonctionnaire de la Corse : « Pour vous conduire ainsi dans les élections, il fallait que vous fussiez sous-préfet. »

Depuis longtemps on attaquait M. de Vaulchier, directeur général de l'administration des postes, sur le *cabinet noir,* nom donné au local dans lequel on décachète les lettres, soit au départ, soit à l'arrivée. Organisé par Louis XIV, il avait toujours été maintenu sous tous les régimes et, sous Charles X, il était devenu un des grands moyens d'espionnage de la congrégation. Voici les détails qui furent officiellement donnés dans la séance du 3 mai :

« Le cabinet était le laboratoire d'un comité de vingt-
« deux membres ; ils profitaient des ténèbres pour se
« rendre, à des heures convenues, dans cet odieux re-
« paire, et n'en sortaient qu'avec les plus grandes pré-
« cautions pour se dérober aux regards du public.
« 30,000 fr. par mois, pris sur les fonds d'un ministère,
« servaient à solder ces vils employés. Dans la nuit du
« 31 janvier dernier (1827), le comité a été dissous. »
(*Mémoires secrets*, 1828.)

Si triste que fût la cause du cabinet noir, M. Marcassus de Puymaurin essaya de la défendre. Toute sa logique consistait à dire que, puisqu'il avait existé, il devait être maintenu ; qu'au surplus, le gouvernement n'employait ce moyen de connaître les manœuvres de ses ennemis que pour le grand bien du peuple et la plus grande gloire de la religion.

— Parlez un peu moins de religion et de morale, lui répondit M. Daussant, et n'amollissez pas les cachets.

L'administration des postes a reçu l'ordre de fournir le nom des employés du cabinet noir. M. Roger n'est pas blanc.

**

Lorsque toutes les maisons des jésuites seront à vendre, nous aurons une chambre à louer.

**

Quand M. Genoude imprime, ses presses gémissent.

ÉPIGRAMME.

Bon ! Récam... guérir, c'est une gasconnade,
Il a l'esprit dévot, mais n'a pas l'esprit sain ;
Et si Montrouge est si malade,
C'est qu'il l'a pris pour médecin.

COUPS DE LANCETTE.

M. Pantoufle vient de faire une chanson-circulaire sur l'air : *Je suis libraire.*

**

On conseille à M. Gen.... de ne plus imprimer ; il s'affiche.

***

La congrégation va pendre la crémaillère plus loin ; c'est chez nous qu'elle devrait être pendue.

***

M. Pantoufle, parce qu'il a imprimé quelques livres, veut qu'on l'élise.

***

Quand M. Pardessus discute une question de droit, il fait presque toujours une école.

***

Chacun dit : Où diable M. Pantoufle s'est-il fourré ?

***

Un honnête homme s'est fâché hier parce qu'on l'appelait *préfet*.

***

Quoi qu'en dise Sganarelle, il est évident que le cœur n'est pas à droite.

***

Il n'y a que deux académiciens qui aient pris M. de Pongerville pour *Lucrèce*.

***

Extérieurement, M. de Martig... laisse maltraiter les préfets, mais il les caresse dans son intérieur.

Dimanche, 24 février 1828.

L'INFIRME

OU LA GAUCHE ET LA DROITE.

La gauche est pleine de vigueur, de force et d'adresse ; elle écarte en se jouant tous les obstacles qu'on oppose à la marche du corps dont elle fait partie, et ce qu'on lui confie, elle le tient avec fermeté.

La droite se soulève avec peine : ses mouvements rétrogrades semblent indiquer qu'elle veut tout amener à elle, et cependant elle ne peut rien retenir ; et à quelque emploi qu'on veuille la destiner, sa maladresse est telle qu'elle ne peut rien toucher sans briser ou salir.

La gauche, habituée aux plus rudes travaux, a la chaleur de la vie ; la droite est glacée : c'est un membre paralysé.

L'infirme, persuadé qu'il fallait renoncer à compter sur la droite, a demandé à la gauche des moyens de subsistance, de fortune et de bonheur. Quant au membre paralysé, se contentant de le considérer comme un contre-poids nécessaire pour le maintenir en équilibre, il a remercié Dieu de ne pas le rendre impotent des deux mains.

Comme il est dans la nature des êtres inutiles de nuire pour se venger de leur nullité, la droite a contracté un tic insupportable qui la fait se jeter sur la gauche pour l'embarrasser dans ses travaux ; cependant plus d'une fois elle s'est blessée en voulant arrêter le membre laborieux. Mais ces blessures ne sont pas de salutaires avertissements pour elle, la droite est privée de sensibilité.

Lorsque l'infirme veut méditer les pages du *Contrat social*, la gauche tourne les feuillets et la droite vient fermer le livre.

L'infirme a-t-il à réclamer contre l'arbitraire, la gauche l'aide à instruire la puissance inviolable, des méfaits du pouvoir violateur des lois ; mais la droite, fidèle à son tic, vient répandre l'encrier sur le papier pour effacer les caractères.

Que la gauche cherche à corriger des arbres naissants des inclinaisons vicieuses, quand elle les étaye pour les redresser, la droite, par son mouvement, s'efforce de leur imprimer une pénible courbure.

Ces obstacles, que la droite oppose aux actions de la gauche, ont forcé celle-ci d'être prompte dans ses mouvements, de servir avec vivacité le corps du pauvre infirme, et d'édifier assez solidement pour que le tic de la droite ne puisse détruire son ouvrage.

Ainsi de ces deux mains, celle que la nature avait placée pour servir le corps, le nourrir, l'entretenir, veiller à ses besoins, n'est qu'un membre inutile qui absorbe une partie de la nourriture de l'infirme, sans rendre en travail ce qu'elle dérobe en substance au membre laborieux.

Les besoins de l'individu dont elle fait partie ont multiplié les facultés de la main gauche : elle est devenue forte et puissante pour que le corps ne pérît pas par la faiblesse et la nullité de sa sœur. La nécessité de neutraliser les mouvements nuisibles de la droite ont obligé la gauche à prendre une bonne direction, à frapper juste et à ne pas jouer avec le précieux dépôt qu'on a pu lui remettre.

On conclut, en voyant la différente destinée de ces deux mains, que la droite a besoin d'être enchaînée ; qu'elle était créée pour le repos, puisqu'elle ne peut agir sans nuire au corps. Quant à la gauche, la liberté lui est nécessaire. Des étourdis ont pu donner autrefois à l'infirme le dangereux conseil de souffrir l'amputation d'un membre qu'il nourrit à rien faire ; l'expérience, bien meilleur conseiller, lui a prouvé qu'on ne survivait pas toujours à une violente opération; et bien que presque toujours la droite ait contrarié les bons mouvements de la gauche, elle a servi aussi, en venant la frapper, à lui rappeler la ligne qu'elle doit suivre pour se maintenir ferme et vigoureuse dans le cas où elle croirait pouvoir ou faiblir, ou s'égarer.

COUPS DE LANCETTE.

M. de Curzay vient de mettre dans son jardin un petit comité directeur pour effrayer les moineaux.

*
* *

Le premier coup de cloche que donnera M. Royer-Collard annoncera l'enterrement des jésuites.

Lors de la vérification des pouvoirs, la validité de l'élection de M. Syryès de Mayrinhac fut vivement contestée; elle fut maintenue, bien que l'on acquit la preuve de la présence au scrutin de quarante faux électeurs.

M. Syrr.. de Marinade pense qu'on a eu tort de ne pas appeler deux ou trois cents gendarmes, pour surveiller le scrutin.

*
* *

A force de parler, M. de Labourd..... a manqué de voix.

Le 3 février, on procéda à l'élection du président de la Chambre. M. Royer-Collard fut élu. Il remplaçait au fauteuil l'éternel M. Ravez, qui ne se consola jamais de cet échec. La Chambre y gagnait un président impartial; mais l'opposition constitutionnelle y perdait son plus illustre orateur.

MM. Barthélemy et Méry vont supprimer ces vers de la *Villéliade* :

..... Ravez à l'œil de feu,
Eternel président, bardé d'un cordon bleu.

*
* *

La *Gazette* est toute rouge, on dit que c'est un reste du sang de novembre.

*
* *

Le ministère ne paraîtra jamais plus habile que lorsqu'il sera tout à fait gauche.

*
* *

On a supprimé la madone de *la Muette de Portici*; est-ce que la morale défend qu'il y ait une vierge à l'Opéra?

*
* *

Si l'on chasse les mendiants, à quoi serviront les aumôniers ?

*
* *

M. de Fouc... ne sait que répondre à la justice ; il aimerait mieux l'empoigner.

*
* *

M. de Fouc... pourrait bien être empoigné.

M. Dud. vient de partir; il s'est dérobé lui-même à la reconnaissance de ses amis.

M. de Fouc... ne saisit pas l'occasion aux cheveux, il l'empoigne.

En quittant la Préfecture de police, M. Delavau s'est ménagé une entrée dans les prisons.

M. de Chabrol a obtenu le cordon bleu; un homme qui se noie s'accroche à tout.

La *Quotidienne* annonce que la Charte va être renversée en Portugal; quel dommage que ce ne soit pas en France, n'est-ce pas, bonne vieille?

Dans la salle où don Miguel a prêté serment à la constitution, on remarquait un fort beau tableau; le sujet était : *le Baiser de Judas*.

Montant à la tribune, M. Syryès de Mayrinhac se servit du mot *conséquent* comme synonyme de *considérable*. A ce mot il dut sa célébrité. C'est lui qui avait dit : «L'agriculture produit trop.» On ne pouvait mettre de plus mauvais français au service d'une plus mauvaise cause. Ce mot *conséquent* fit pendant longtemps les délices de tous les journaux grands et petits.

M. Syryès de Mayrinhac n'est pas un orateur CONSÉ-QUENT.

⁂

Il y a longtemps que M. Mayrinhac fait des fautes de Français.

⁂

Un illustre personnage vient d'inventer une nouvelle théorie du serment.

⁂

M. de Vaulchier a lu à la Chambre un discours écrit; cela prouve qu'il connaît toutes ses lettres.

⁂

Un écolier qui dirait : *une somme conséquente* serait renvoyé de tous les colléges.

⁂

La *Quotidienne* fait, à son tour, l'apologie des fusillades de la rue Saint-Denis :

> L'on revient toujours
> A ses premiers amours.

⁂

Demain, séance extraordinaire, cour des Fontaines. M. Syryès de Mayrinhac montrera sa langue.

⁂

Il paraît que don Miguel pense qu'il ne faut jurer de rien.

⁂

M. de Chabrol a défendu l'administration des jeux ; il est vrai qu'elle va sur des roulettes.

« Avec la presse telle qu'elle est constituée, disait Charles X, nous ne pouvons jamais *faire le bien.* » De quel bien entendait parler le roi? La congrégation se chargeait de l'apprendre à ceux qui le demandaient. On n'arrivait au portefeuille qu'avec son *projet de loi sur la presse* en poche; M. de Martignac avait le sien. Le 14 avril, il fut déposé sur le bureau de l'Assemblée. La nouveau projet était presque entièrement emprunté aux amendements introduits par la Chambre des pairs dans le célèbre projet de loi de *justice et d'amour* de M. de Peyronnet. Libéral en apparence, il fut accueilli avec faveur. Plus tard, une lecture attentive y fit découvrir des précautions et des exigences qui diminuaient singulièrement les faveurs accordées.

Le nouveau projet rétablissait la liberté de publication et supprimait la *censure facultative* et les procès de tendance; mais un cautionnement considérable était imposé à tous les écrits périodiques, politiques ou non. Il était fixé à 10,000 fr. de rentes pour les journaux quotidiens.

Cette mesure devait tuer nombre de journaux littéraires. Elle contribua au succès du *Figaro*, assez riche pour déposer le cautionnement demandé.

Cette loi fut adoptée le 14 juillet, après cinq jours de discussion, à la majorité de 139 voix contre 71.

En lisant le projet de loi sur les journaux, M. de Peyronnet a retrouvé quelques souvenirs de ses premières amours.

**

En lisant le projet de loi de M. de Portalis, M. de Peyronnet a cru qu'il nous faisait encore la loi.

Le gouvernement portugais veut faire un emprunt au gouvernement espagnol; ce sont deux mendiants qui changeront de besace.

***

M. de Portalis a voulu attendre le retour des fleurs pour nous dépouiller de nos feuilles.

***

Les grands journaux n'osent pas défendre les journaux littéraires ; ils sont politiques.

***

Quand nous écrirons un secret à quelqu'un, nous ne confierons pas la lettre à M. de Puymaurin.

***

MM. les employés du cabinet noir ont fait fortune, si on les a payés au cachet.

***

Quand on veut mettre une lettre à la poste, on regarde si M. Marcassus n'est pas là.

***

M. Genoude veut qu'on ferme tous les théâtres, pour jouer tout seul la comédie.

***

Les odalisques se font préparer des robes à la russe.

***

Les jésuites ne veulent pas que M. de Chateaubriand soit envoyé à Rome, ils craignent le génie du christianisme.

∴

La loi d'amour et celle de M. de Portalis viennent d'être mises en rapport ; à l'avenir, on ne pourra point avoir d'esprit à moins de deux cent mille francs.

∴

La loi de la presse est une terrible personnalité contre le ministère.

INFAMIE DE LA GAZETTE.

Voici l'article qu'on lisait hier dans la *Gazette* :
« Nous savions depuis plusieurs mois que l'administration qui a dans ses attributions la censure des pièces de théâtre, avait ouvert la scène aux passions révolutionnaires et livré les principes et les idées monarchiques aux grossières insultes d'un public égaré par l'esprit de faction. Nous savions que, dans nos grands théâtres, on avait permis des ouvrages corrupteurs où la morale n'est pas moins outragée que les gouvernements ; qu'on avait autorisé, dans des pièces nouvelles, des allusions qui flattaient les préventions que le journalisme a proposées, qui fortifiaient les calomnies qu'il a répandues ; nous savions que dans les petits spectacles on avait vu Odry, chamarré d'ordres étrangers, parodier une réception de commandeur, et Brunet fouler aux pieds un grand cordon auquel il ne manquait que la couleur pour rappeler les insignes des plus hauts dignitaires de l'État ; nous savions que tous les lazzis, toutes les farces ignobles des tréteaux de nos boulevards, étaient dirigés contre les distinctions sociales, contre les idées

d'ordre et de pouvoir, contre la religion, attaquée comme autrefois sous le nom d'hypocrisie; nous savions enfin que le ministre qui dirige la censure des théâtres avait permis qu'on insultât un de ses prédécesseurs, non-seulement par des allusions indirectes, mais par des couplets grossièrement injurieux (1) ; mais nous ne savions pas qu'on aurait porté l'oubli de tous les devoirs jusqu'à ouvrir aux allusions insolentes des pamphlétaires et des spectateurs des boulevards, un sanctuaire où ne doivent pénétrer que nos hommages, nos respects, nos sentiments d'amour et de reconnaissance; un sanctuaire que tous les membres de l'administration, depuis le ministre jusqu'au dernier employé, doivent défendre contre les hardiesses impies de l'esprit de faction.

« Ce n'est pas sans une profonde indignation que nous avons vu dans un journal intitulé : *le Moniteur des théâtres*, et qui donne le programme de tous les spectacles du jour, l'annonce suivante d'une pièce qu'on joue tous les soirs aux Variétés :

LES IMMORTELS

Revue mêlée de couplets

PERSONNAGES.

Sempiternel (le roi).	MM. Brunet.
Déficit, son ministre.	Odry.

« Nous ne connaissons point cette pièce; mais le journal qui publie ce programme est sous nos yeux. Comment un pareil

---

(1) Voici à peu près le trait d'un de ces couplets :

Un ministre qu'on destitue,
Dit qu'il n'a voulu que le bien ;
Comédien ! comédien !

ouvrage a-t-il été autorisé? Où sommes-nous ? Où nous conduit-on ?

« Vile prostituée du dernier pouvoir, on voit que la *Gazette*, dans une dernière saturnale, insulte de la manière la plus révoltante la personne sacrée du roi. Jusques à quand, monsieur Genoude, aurons-nous à essuyer vos lâches et odieuses calomnies? Écrivain dégradé, sorti de la fange et que la fange réclame encore un instant, *pulvis es et in pulverem reverteris*. »

COUPS DE LANCETTE.

On parle d'une partie de quatre coins entre la Russie, la Turquie, l'Angleterre et la France ; on devine quel sera le rôle de l'Autriche.

Nos ministres sont très-embarrassés, relativement à l'Angleterre.

Le Grand Turc s'amuse à fumer en chantant :

> Tu ne l'auras pas,
> Nicolas.

On trouve que M. de Martignac a déjà un air bien déplorable.

Mahmoud maigrit, on ne lui voit plus que les os, il voudrait bien reprendre sa Grèce.

M. de Martignac a été vaincu par un habile adversaire, c'est Constant.

Samedi, 24 mai 1828.

COUP DE CISEAUX.

C'est par respect, sans doute, pour l'éloquence parlementaire que les comédiens français suppriment maintenant, dans *les Deux cousines*, une partie de la scène où, Laure conseillant à sa mère de quitter l'état de marchande, madame Dupré lui répond :

                         Donner congé
Dès aujourd'hui ! pendant l'absence de ton père !...
Cela ne se peut pas, vois-tu ? c'est une affaire...
Beaucoup trop conséquente, et vraiment je craindrais...
              LAURE (*à part*).
Conséquente ! Ah ! grand Dieu !
        (*S'approchant de sa mère.*)
                      Cela n'est pas français,
Ma mère, dites donc une affaire importante.

A la bonne heure ! mais on prétend que madame Dupré va poursuivre l'honorable membre en restitution.

MŒURS DU TEMPS.

SOCIÉTÉ ACTUELLE DE LA COUR.

« .... Tout est grave aux Tuileries en présence des vertus qui en ferment l'accès à la frivolité. Cinq ou six dames, douze à quinze ducs, se font remarquer dans le salon. Les convenances n'y permettent pas les entretiens dont la politique serait l'objet. On n'y traite pas de questions scientifiques; la littérature ne leur est guère préférée. Des paroles affectueuses, quelques compliments, des anecdotes qu'amène naturellement le spectacle d'une ville telle que Paris, conduisent cette imposante assemblée jusqu'au moment où l'horloge donne le signal du départ en sonnant onze heures.

« Au milieu de cette pièce, le roi joue au whist. Sa vieillesse ne lui a fait perdre ni cette politesse exquise que la cou· admira toujours en lui, ni ce caractère aimable et facile, qui lui a conservé les mêmes liaisons dans les différentes vicissitudes d'une vie fort agitée.

« Semblable à la duchesse de Bourgogne, qui aimait à bannir de la cour du grand roi le sérieux que les querelles dogmatiques y répandaient, la sémillante duchesse de Berry voudrait communiquer un peu de sa gaîté à cette réunion parfois monotone.

« Cette petite société qui se réunit chaque soir chez le roi, et lui offre l'élite de la fidélité, compose maintenant la cour. Toute la noblesse française brillait autrefois à Versailles ; mais les motifs de radiation sous le Directoire, mais la soumission au Consulat, mais l'encens prodigué au chef de l'Empire, n'ont laissé qu'à un très-petit nombre de persévérants dans la carrière de la légitimité, le droit d'approcher journellement de Charles X.

« Un publiciste anglais attribue la solitude du palais des Tuileries à la profonde piété des membres actuels de la famille royale. Telle est, d'après ses observations, la cause qui a communiqué tant de gravité au plus auguste des cercles. Les plus nombreuses réunions se composent à peine d'une vingtaine d'individus, presque tous attachés par des bienfait à la famille royale.

« Parmi les femmes qui ont l'honneur d'être invitées, trois ou quatre fois la semaine, au jeu du roi, quelques-unes se plaignent en rentrant chez elles de l'ennui qu'on éprouve au château ; mais qu'elles réfléchissent, comme le dit très-bien la *Revue britannique*, à ce que deviendraient leurs propres salons, si les conversations y étaient circonscrites dans le cercle de la chasse et des petites chances d'une partie de cartes. Madame la duchesse d'Angoulême est la seule personne qui, de temps en temps, parle de politique. Comme elle lit les discours prononcés dans la Chambre des pairs, elle demande quelquefois à une des personnes présentes son avis sur tels ou tels discours de pairs libéraux. Par une basse condescendance pour les opinions qu'on lui suppose, on se plaît à lui répondre : *Le discours est mauvais ;* cette princesse ne se montre pas sensible à ce genre de flatterie, elle répond assez rdinairement : *Vous vous trompez, Monsieur, le discours est très-bon.*

« Aux Tuileries, comme dans toutes les cours, ceux qui pensent le moins bien, ou qui affectent de penser le plus mal, sont les courtisans. Il n'y a que l'humeur facile et la bonne grâce de Charles X qui puissent tempérer un peu la gravité de ces cercles.

« On ne s'adressait point à Napoléon sans l'appeler *Votre Majesté ;* Louis XVIII pensa que cette qualification avait été profanée : l'étiquette prescrivit dès lors de parler au roi à la troisième personne. Cet usage s'est maintenu sous son successeur; et, pour répondre à Charles X, on s'exprime ainsi : *Le roi me faisait l'honneur de me dire*, etc. »

COUPS DE LANCETTE.

On trouve que M. de Martignac est bien sujet à caution.

Nicolas veut prouver qu'un petit Russe vaut bien un grand Turc.

Les odalisques ont promis de n'avoir pas peur des Cosaques.

Extrait de la séance d'hier. — *M. de Laboulaye* : Messieurs, les bonnes lois restent et les mauvais ministres passent.

Voix à gauche : Les mauvais ministes ne passent déjà pas si vite.

M. de Martignac veut qu'à l'avenir les gens de lettres soient des moutons ; il n'aime que les épigrammes d'agneau.

Les ministres ne sont pas comme les jours, ils se suivent et se ressemblent.

M. de Peyronnet va faire, enfin, connaissance avec la justice (1).

(1) Allusion à une proposition faite à la Chambre pour la mise en accusation du ministère Villèle, « pour crimes de concussion et de trahison. » Cette proposition, prise en considération, donna lieu à un débat orageux. Les anciens ministres l'échappèrent belle. Ils durent leur salut à M. de Martignac, qui tint la promesse faite au roi d'empêcher toute poursuite contre le cabinet qu'il remplaçait. En échange on lui avait permis d'arrêter l'envahissement de l'intérêt religieux sur les choses de la politique. On lui retira vite cette permission.

Dans la dernière édition d'Horace, imprimée à Constantinople, on a supprimé l'ode :

> O rus, quando te aspiciam...

Séminaire vient de *semen;* cela signifie mauvaise graine.

Une foule d'évêques arrivent depuis quelques jours par le chemin de la révolte.

La congrégation est furieuse depuis qu'un auguste personnage a dit : « Mes amis, plus de jésuites. »

Le maréchal S.... commence à juger prudent de souffler son cierge.

Les évêques jouent gros jeu ; ils pourraient bien perdre leurs bénéfices.

Samedi, 14 juin 1828.

CHRONIQUE DE L'AN......

Or, mes amis, oyez tous mon histoire :
Plus ne dirai les gestes surprenants
Des paladins, fils chéris de la gloire,
Des damoisels, modèles des amants ;
Mais vous ferai le narré véritable
D'un fabliau, sur un cas trop fameux !...
Aucuns auteurs le disent déplorable,
Et suis tenté de l'appeler comme eux,

L'ANCIEN FIGARO.

En un jardin de superbe apparence,
Il paraîtrait qu'on avait transplanté
Deux arbrisseaux que l'on appelle en France,
L'un *Industrie*, et l'autre *Liberté!*
Ils grandissaient à l'abri de l'orage,
Poussant déjà des rejets vigoureux,
Et protégeant d'un fraternel ombrage
Les arts, le trône, et la lyre et ses jeux.
C'était fort bien, mais comme la nature,
A dit quelqu'un, a besoin de culture,
Pour bien soigner l'arbre à la noble fleur
On s'avisa d'appeler un seigneur.

Or, ce seigneur, nous dit une vieille chronique,
Mauvais gardien et d'humeur despotique,
Point ne sarcla, n'arrosa, n'émonda;
A droite, à gauche, en brutal il coupa;
Peu de rameaux aux arbres il laissa;
Encore, dit-on, qu'aux feuilles pâlissantes
Dont il parait leurs troncs déshonorés,
Il attacha des bêtes malfaisantes
Qui les perçaient de leurs dards acérés.
Ces bêtes-là, je crois qu'en son vieux style,
Mon écrivain les appelle censeurs.
« Ce sont, dit-il, animaux destructeurs;
Race méchante, illégale et servile;
Noirs vermisseaux, de venin saturés,
Nés de la boue et de boue entourés,
Monstres rongeant tout ce qui porte trace
De vérité, d'élégance, de grâce,
Et salissant de leur poison impur
Ce que leur dent rencontre de trop dur. »

Qu'arriva-t-il? L'homme aux méchantes bêtes
Fut renvoyé, mais renvoyé trop tard.
Un autre vint aussitôt son départ,
Ayant en main des armes toutes prêtes

Et promettant... Las! il ne donna rien;
Si n'est pourtant un fameux protocole
Qu'on applaudit et qu'on crut sur parole :
Tant son auteur avait l'air bon chrétien.
« Mes chers amis, disait-il, l'âme émue,
Plus n'ayez peur pour vos arbres chéris :
J'en prendrai soin : je vois ce qui les tue,
Ce sont ces vers... Race affreuse, péris!
Ne faut-il pas qu'à la fin tu recueilles
Le juste prix de tes noirs attentats...
Mort aux censeurs!... » Il dit, étend le bras,
Frappe un grand coup... Mais qu'advint-il?... Hélas!
Avec les vers il fit tomber les feuilles !

COUPS DE LANCETTE.

Les ministres se plaignent de la Chambre; ils eussent préféré des injures à de mauvais traitements.

*
* *

Quoi qu'en ait dit avant-hier M. de Vaulchier, il vaut encore mieux mettre des effets au Mont-de-Piété qu'à la poste.

Mardi, 22 juillet 1828.

FIGARO SANS LANCETTE.

On ne l'a pas désarmé...

Mais, en vérité, je vous le demande, est-il bien généreux à lui de piquer de pauvres diables qui sont par terre?

Vous croyez donc que les méchants, les intrigants, les insolents et tant de sottes gens sur lesquels vous frappez si fort, sont guéris du besoin de faire le mal, de la soif de l'ambition, de la mauvaise habitude d'insulter à ce qu'ils ne peuvent détruire ?

Eh ! non, mille fois non. Je crois mon pays tout aussi peuplé de sots et d'hommes à conscience élastique qu'il l'était naguère ; mais quand ces derniers ne trouvent pas chaland pour leur marchandise, et que les autres n'ont plus l'espoir d'être estimés au-dessus de leur propre valeur, c'est-à-dire quand tout ce qu'il y a de bas, de vil et de nul est à peu près réduit à rien, *Figaro*, qui se sent du courage, mais non pas un mauvais cœur, fait rentrer sa lancette dans sa bourse de vétérinaire, en attendant le jour où ses victimes relèveront la tête comme pour lui demander encore quelque piqûre.

Et voilà *Figaro* qui va cesser d'être piquant.

Vous pourriez trouver le jeu de mots joli, s'il venait de vous ; mais, moi, je vous le donne pour détestable. J'aurais voulu trouver quelque autre expression qui rendît mieux votre pensée, afin de vous priver du calembour : il est fait ; pardonnez-le-moi, et je poursuis.

Quand nous étions sans cesse en butte aux petites vengeances d'une administration ridiculement tyrannique, il y avait peut-être quelque peu d'honneur à frapper les vainqueurs avec les chaînes qu'ils nous donnaient eux-mêmes ; peut-être n'était-il pas non plus trop indigne d'un caractère estimable de faire mourir la censure du mépris que, grâce à nous, elle s'inspirait à elle-même. Mais où est cette déplorable administration ? De combien il faudrait regarder au-dessous de soi pour apercevoir ce qui reste de cette censure ! Il est beau de se mesurer contre des forces supérieures, il est honorable même d'être vaincu après une résistance vigoureuse ; mais à quoi bon de combattre des moulins à vent au repos ! Le héros de la Manche attendait que les ailes tournassent afin de les pourfendre.

Ainsi, c'est chose convenue, nous vous laisserons en repos, pauvres diables encore tout saignants des blessures que vous vous attirâtes! Et, tournant nos regards vers les théâtres qui tombent, vers la littérature qui languit, nous ne piquerons plus que pour exciter de jeunes talents à entrer dans la bonne route, que pour faire sortir de leur long sommeil des auteurs endormis sur leurs lauriers.

Mais vous, que votre défaite met à l'abri de nos coups, songez que nous ne laisserons pas rouiller l'arme qui vous effraya tant de fois; c'est fraîchement aiguisée que nous la remettons en poche. Mais *Figaro*, toujours fidèle à sa mission, veillera sur vos faits et gestes, et souvenez-vous qu'il est prêt à se remettre seul en campagne dès qu'il vous reverra, en tête de nouvelles troupes, prêts à faire le siége de nos libertés.

Figaro, bon ennemi, épargne le sot ou le méchant à terre, le méprise à genoux, mais, debout, le frappe toujours.

Pendant quelques semaines, en effet, *Figaro* s'abstient. Le ministère Martignac donnait alors des espérances. Mais bientôt les illusions s'évanouissent, et le barbier reprend sa lancette plus acérée que jamais.

Vendredi, 1er août 1828.

FIGARO A SES LECTEURS.

Trois jours après leur mort, les jésuites ressusciteront en la personne d'Escobar-Portalis. Qui croirait qu'en termes de droit six mois signifient quinze jours, et que ce seul délai soit accordé aux journaux pour fournir le cautionnement? C'est cependant ce qui résulte d'une ordonnance insérée avant-hier dans le *Bulletin des Lois* et hier dans la partie officielle du *Moniteur*. *Figaro* pourrait demander à la justice justice de la justice de M. le ministre de la justice : peut-être, ayant mille fois raison, ne lui donnerait-on pas cent fois tort ; il préfère, et tous seront, je crois, de son avis, remplir les formalités dans l'espace de temps dévolu. Bien que le domaine de la politique lui soit désormais ouvert, il se bornera à graviter tant bien que mal dans son ancienne sphère, il ne changera rien à son format et aux conditions de la souscription.

Vendredi, 8 août 1828.

LE CAUTIONNEMENT VERSÉ.

LE COMTE, FIGARO.

Le comte. Tu as l'air soucieux, *Figaro?*
Figaro. J'ai sujet de l'être ; lisez.

(*Le comte lit.*)

CERTIFICAT DE CAUTIONNEMENT DE JOURNAL

« Je, soussigné, maître des requêtes, directeur du contentieux des finances, remplissant les fonctions d'agent judiciaire du trésor royal, certifie que les propriétaires du journal intitulé : *Figaro*, publié à Paris, ont fourni dans mes mains, et en exécution de l'article 2 de la loi du 18 juillet 1828, un cautionnement de six mille francs de rente trois pour cent. inscrite au Grand-Livre de la dette publique.

« En foi de quoi j'ai délivré le présent certificat.

« Paris, le sept août 1828.

« *Signé* : DELAIRE. »

Eh bien! *Figaro*, bénis donc la providence ministérielle : un champ plus vaste se déroule devant tes pas; tu peux marcher dans ta force et dans ta liberté!

— Ma foi, Monseigneur, je ne dois pas être fier d'une patente de bavard politique qu'on me force d'acheter le pistolet sur la gorge.

— C'est un passeport pour aller à la fortune.

— Je n'aime pas qu'on vide mon escarcelle sous prétexte qu'elle n'est pas assez pleine. Plaisante spéculation que celle qui commence par me dévaliser pour m'enrichir!

— Plains-toi, je te conseille; te voilà arrivé de plein saut à l'émancipation de l'homme fait.

— Je n'avais pas besoin de permission pour m'émanciper.

— On t'ouvre le monde pensant.

— C'est pour tuer la plaisanterie qu'on a élargi la politique. La plaisanterie est une balle élastique qui rebondit sur toutes les intelligences; la politique spéculative, une nuée qui passe au-dessus de bien des têtes.

— Tu n'es jamais content. Tu criais que tu étais à l'étroit...

— Maintenant, je suis trop au large. Je veux un habit à ma taille. Le premier me blessait, celui-ci m'embarrasse; l'un m'ôtait tout mouvement, l'autre est capable de me faire tomber à chaque pas. Je suis forcé de faire la dépense du costume : mais du diable si je le mets.

— Te voilà donc traîné à la remorque du siècle, toi qui ne cessais de crier : En avant!

— Sans doute, mais chacun à son poste. Pendant que les gros faiseurs, les aristocrates du journalisme, s'amuseront royalement à courre le cerf, j'attendrai les lièvres au trébuchet : cela convient mieux à ma paresse et à mon génie.

— Mais, sot que tu es, on t'a délivré ton port d'armes; il faut en user.

— C'est parce qu'on m'y invite que je m'y refuse; je crains les ministres, même quand ils nous font des présents.

— Où vois-tu le piége?

— Dans la livrée de penseur que l'on me jette. C'est un guet-apens! J'amusais; on veut me rendre ennuyeux. On me fait la courte échelle pour que je sorte de mon piédestal. Le mauvais plaisant fait plus de blessures mortelles que le grave dissertateur. On ne veut que m'interdire cauteleusement la verve du premier rôle, en m'offrant la gloire du second. C'est une défense indirecte, une flatterie jésuitique pour me donner de l'amour-propre et changer mon allure d'étourdi en manière de pédagogue. On veut discréditer la malice en permettant le génie.

— *Figaro* faire fi du génie! Voilà du neuf! c'est battre sa nourrice et renier son père!

— Eh! mon Dieu, j'ai de l'amour-propre! Cela n'est pas permis à tout le monde : d'accord; mais j'ai aussi du bon sens : la main habituée à effleurer l'épiderme avec la lancette sera gauche pour manier la massue. Je piquais, j'estropierai : c'est ce qu'on demande; on veut que j'assomme l'abonné au lieu de lui donner le spectacle de l'acuponcture ministérielle.

— Que feras-tu donc?

— Ce que j'ai déjà fait. Je reste au poste que l'on me veut faire déserter, sous prétexte de paix générale, et de là je continue la guerre à coups d'épingle contre ceux qui ne m'ont permis de les peindre à la tribune que pour que je ne fisse pas leur caricature en robe de chambre.

— Mais tu es un être inexplicable : on te ferme les portes du salon, tu les brises; on te les ouvre, tu recules.

— Je préfère l'escalier dérobé. J'aime la liberté, mais en contrebande ; j'ai droit à la récolte, mais je veux lui conserver l'apparence du fruit défendu. Je suis fils d'Ève.

— Et le plus obstiné de tous.

— Je puis moissonner dans le ridicule, et vous voulez que j'aille glaner dans les turpitudes !

— Ainsi, tu dédaignes les hautes destinées auxquelles tu pouvais atteindre ?

— Je persiste à croire qu'on veut décréditer la plaisanterie, tuer l'épigramme : je veux les faire fleurir l'une et l'autre, en dépit de tout ; et, à ce propos, sachez que Bazile m'a révélé le secret de la confession. Ma mère lui a dit : « Ah ! qu'on a mal fait de ne pas défendre l'infidélité sous peine de mort ; ce serait alors la plus douce chose du monde. »

ÉPIGRAMME SUR LES JÉSUITES.

A L'OCCASION DE L'ORDONNANCE QUI LEUR PRESCRIT UNIQUEMENT DE DÉCLARER QU'ILS N'APPARTIENNENT A AUCUNE SOCIÉTÉ POSSIBLE EN FRANCE.

Les descendants de Loyola,
A Rome, contre nous avaient porté leurs plaintes.
Un saint homme d'abord est touché de leurs craintes,
Mais bientôt à leurs cris sa voix met le holà :
— Quoi ! leur dit-il, vous fuyez les poursuites
De ces Français qu'un mot fléchirait aisément !
Lâches !... vous reculez devant un faux serment ?
Vous n'êtes point de vrais jésuites.

COUP DE LANCETTE.

M. de Martignac avait promis de semer de fleurs le chemin des gens de lettres, il s'est contenté de donner une giroflée à cinq feuilles.

LA FEUILLE MORTE.

De ta presse démanchée,
Pauvre feuille détachée,
Où vas-tu? — Je n'en sais rien.
L'ordonnance paternelle
A brisé la loi cruelle
Qui me servait de soutien.
Mon gérant, qui perd haleine,
Sans espoir en son placet,
Depuis ce jour me promène,
De la police au domaine,
Et du trésor au parquet.
Je vais où vont en silence
La *Gazette* de Franchet,
Les couplets d'une excellence
Et les feuilles du budget.

TABLETTES D'UN FLANEUR.

En vertu de quelle loi les apothicaires aveuglent-ils les passants au moyen de leurs verres de couleurs?

La police, qui veille à ce que les marchands n'encombrent pas la voie publique, ne pourrait-elle leur défendre de gêner la circulation par des tentes trop basses?

L'administration des contributions indirectes ne peut-elle

se dispenser de faire vendre son tabac par des épiciers, et d'obliger les honnêtes gens, priseurs ou fumeurs, à lutter périodiquement contre les cuisinières et les paquets de chandelles ?

On demande si les gardiens du jardin des Tuileries sont des militaires en livrée ou des valets en uniforme.

ÉPIGRAMMES.

Comme un héros, le mouchard a ses gloires.
Monsieur Vidocq, de lui-même content,
  Ose publier ses mémoires.
Franchet et Delavau n'en feraient pas autant.

*
* *

Dites-nous donc, chevaliers d'industrie,
Qui marchez le front haut, plus fier que le sultan,
Combien fait-on d'honneur, de talent, de génie,
  Avec une aune de ruban ?

*
* *

  Malgré les feux de la saison,
A l'Ambigu, qui ne récolte guère,
Nous promettons une heureuse moisson :
L'herbe, déjà, pousse dans son parterre.

COUPS DE LANCETTE.

Un poète de circonstance a composé des couplets en l'honneur du ministère sur l'air des *Trembleurs*.

« Vous avez fait beaucoup de mal dans un département, monsieur le préfet, eh bien! allez dans un autre. » C'est agréable pour l'autre.

ADIEUX AUX JÉSUITES.

> Colporteurs de faux *oremus*,
> Martyrs au nez croche ou camus,
> Vos soupirs, vos *clamabimus*
> Et le fameux *non possumus*,
> Qu'on traduit par *non volumus*,
> Ne nous ont pas beaucoup émus.
> Quand vous nous dites : *eximus*,
> Nous répondons : *exaudimus*.
> C'est de l'*ex fulgure fumus*
> *Moritur ridiculus mus*.

La Restauration, qui avait pris à tâche de faire la popularité de tous ses adversaires, n'avait garde d'oublier Béranger. Les précédents procès du chansonnier avaient été autant de triomphes pour l'opposition ; peu importe, on lui en intenta un nouveau. Et pourquoi ? Pour la chanson de *l'Ange gardien*. Toute la culpabilité reposait sur une interprétation. Il est vrai qu'on lui reprochait aussi *le Sacre de Charles le Simple, les Infiniment petits* et *la Gérontocratie*.

M. de Champanhet, avocat du roi, prononça le réquisitoire.

En dépit de la courageuse éloquence de son défenseur, Me Barthe, Béranger fut condamné à neuf mois de prison et à dix mille francs d'amende.

Cette condamnation si sévère ne satisfit pas pourtant le parti ultra-monarchique, qu'indignaient les ovations dont le poète était l'objet. Des souscriptions s'organisaient au grand jour pour payer les dix mille francs.

« Quelle folie ! avait dit un grand seigneur, un petit écu d'amende et vingt ans de basse-fosse : voilà comment on devait punir ce rimailleur. »

Jeudi, 11 décembre 1828.

BÉRANGER CONDAMNÉ.

La scène est dans un café.

L'EX-VIDAME DE MONTMORILLON.

J'en arrive, mon cher ami, le félon sera puni.

L'EX-BAILLI D'ÉPÉE DE TOULOUSE.

Bah ! ils ont osé ? c'est, ma foi, bien heureux ! Je croyais la magistrature corrompue par le ministère. Il paraît....

LE VIDAME.

Les bonnes doctrines reprennent leur empire ; les journaux officiels crient contre le citoyen Marchais, secrétaire du club, dont les faits ont renversé notre pauvre Villèle ; nos meilleurs préfets restent, et le jacobin de Béranger est condamné.

LE BAILLI.

A la bonne heure donc ! Le ciel nous devait cette joie... Garçon ! du café... Et à quoi l'ont-ils condamné ? A rien, je parie ; ils sont si mous. Ils ont peur des journaux.

LE VIDAME.

Ils n'ont pas voulu encourir le blâme des honnêtes gens, et Béranger en a pour neuf mois.

LE BAILLI.

Neuf mois de prison! quel bonheur! Garçon! un verre d'eau-de-vie... De l'amende, point?

LE VIDAME.

Si fait : *dix mille francs.*

LE BAILLI.

Pas plus? Ce n'est guère, vraiment. Le comité directeur va payer ça tout de suite. J'aurais voulu qu'on le condamnât à dix millions; ça aurait fait un fonds pour l'indemnité du clergé : mon frère a gros à y prétendre pour son abbaye de Fourmontiers. Ce cher abbé, il est bien malheureux! Je suis sûr qu'il n'a pas, avec sa place à la cour, ses brochures et son canonicat, quinze mille huit cents livres par an.

LE VIDAME.

Patience, mon ami, le temps fera justice de toutes ces *infamies.*

LE BAILLI.

Ah çà, vous étiez donc au tribunal?

LE VIDAME.

Certainement, j'avais un billet parce que, voyez-vous, on donne des billets pour la police correctionnelle, comme pour le spectacle de la cour et pour la messe du château. Un de mes amis avait eu un laisser-passer du parquet par son cousin, qui est allié par les femmes au père Chonchon.

Il y avait foule, mon cher. A huit heures, toutes les places étaient prises, et je n'ai pu entrer que parce que je connais un gendarme, fils d'un de mes anciens vassaux, et que j'ai trouvé par hasard chez Franchet la veille des affaires de la rue Saint-Denis. Il m'a fait asseoir à côté d'une dame libérale, espèce de femme de sans-culotte; fort jolie, ma foi, mise comme une duchesse, mais qui m'a indigné pendant neuf heures d'horloge par des propos d'une atrocité révoltante.

LE BAILLI.

Et quelle espèce de monde y avait-il?

LE VIDAME.

Que sais-je? Des gens de rien; des libéraux de toutes les nuances : chartistes, orléanistes, bonapartistes, républicains. Je suis bien sûr que j'étais le seul miguéliste. Ah! si fait, il y en avait un autre, et qui parle *jôliment,* sur ma parole!

LE BAILLI.

Avez-vous reconnu quelques-uns de ces damnés de libéraux?

LE VIDAME.

Par exemple! est-ce que je connais ces gens-là? La dame ma voisine les a nommés, et je crois qu'elle a désigné le chef des jacobins, Laffitte. C'est l'ami, le patron, l'hôte de Béranger!..... Après lui, elle a dit : Sebastiani, Manuel...

LE BAILLI.

Manuel! L'enfer était donc de la partie? — Vous avez vu Béranger?

LE VIDAME.

Parbleu! Il est arrivé à neuf heures environ, suivi d'un avocat au parlement... je veux dire à la cour royale, je m'y trompe toujours. Quand il est entré, tout le monde s'est levé, excepté moi, bien entendu. Il s'est assis au banc des avocats, tous près de moi, le scélérat! Il a la figure bien trompeuse. Imaginez-vous que cet enragé a l'air d'un très-honnête homme; son regard, que je croyais féroce, est doux; ses yeux, faibles et assez spirituels, sont cachés derrière de larges verres de lunettes; il est tout à fait chauve; son sourire n'a pas cette grimace diabolique que je lui supposais. J'ai cherché dans son accoutrement quelque chose qui me dénonçât le mauvais sujet; eh bien, mon ami, rien du tout: il est mis comme vous et moi quand nous allons dîner à Ville-d'Avray ou dans la rue de Monsieur.

LE BAILLI.

Et quelle contenance avait-il?

LE VIDAME.

Il riait décemment en parlant à ses amis; c'est pour tout dire un criminel d'assez bonne compagnie. A onze heures, Messieurs sont venus en robe, et l'audience a été ouverte. M. Champanhet, avocat du Roi, a pris alors la parole. Je me rappelle heureusement très-bien l'éloquence de M. Champanhet, et je m'en vais vous l'analyser. D'abord, il a commencé par faire l'éloge de M. de Marchangy, qui fit, il y a sept ans, de si belles phrases contre Béranger. Cet exorde m'a vivement touché, et il m'a paru très-adroit. C'était justement comme si l'orateur avait dit : « Marchangy l'illustre, le grand Marchangy, interprétait et faisait condamner le chansonnier. J'interpréterai aussi et j'espère faire condamner le chansonnier. Ensuite, M. Champanhet a lu des chansons que je n'étais pas fâché d'entendre, car je n'ai pas pu me les procurer : Beaudoin les vend si cher! Bref, les horribles chansons m'ont fort amusé. L'avocat du Roi en a fait ressortir toute la monstruosité avec un rare talent. Pour *le Sacre de Charles le Simple*, par exemple, il a dit une chose infiniment ingénieuse ; la voici à peu près : « Comme l'histoire est muette sur le couronnement de Charles III, c'est un délit de faire une chanson à ce sujet, et c'est évidemment une fiction coupable de rechercher dans nos annales le souvenir d'un roi faible et malheureux. » Quand l'avocat a eu foudroyé le sacre, il est passé à la *Gérontocratie*, et là j'ai été très-satisfait. L'insolent libelliste, dont les poésies sont laides, comme l'a déclaré l'orateur, a osé dans cette chanson dire que tout n'est pas bien en France maintenant, et que nous autres gens d'autrefois, nous sommes trop vieux pour gouverner une nation jeune. J'ai trouvé que le discours de Me Barthe était d'une platitude insupportable; les jacobins l'ont trouvé très-beau ; on a applaudi ; mais, mon cher, c'est une pitié que de l'éloquence de cette sorte. Ce n'est pas que Barthe manque absolument de talent, mais sa cause était si mauvaise ! Les juges le lui ont fait bien voir ; c'était une chose si simple et qui souffrait si peu de difficulté, qu'après une grande heure de délibération, ils ont condamné, comme je vous ai dit, Béranger à l'amende, à la prison. Il n'a pas paru triste du tout de cette flétrissure.

LE BAILLI.

Une chose que j'eusse voulue, c'est que la cour eût condamné Béranger à ne plus faire de chansons sous peine de la Bastille.

LE VIDAME.

Mais la Bastille...

LE BAILLI.

C'est parbleu vrai, ils nous l'ont abattue. Eh bien, sous peine d'être enfermé dans un couvent.

LE VIDAME.

On ne le peut plus ; car, si la chose eût été possible, ce pauvre M. Contrafatto y aurait été conduit sans doute. Il n'y a plus de lettres de cachet; il y a la prison pour Béranger, Cauchois-Lemaire et les autres.

LE BAILLI.

Pourvu que le rimeur n'obtienne pas l'incarcération dans une maison de santé.

LE VIDAME.

Il n'y a pas de danger; Tivoli n'est que pour M. de Martainville.

COUP DE LANCETTE.

La prison, c'est le refrain que le ministère public ajoute à toutes les chansons de Béranger.

Dimanche, 28 décembre 1828.

SOUSCRIPTION BÉRANGER.

Béranger vient d'être écroué à la Force. Si tous les admirateurs de son génie, tous les appréciateurs de son caractère pouvaient se partager la durée de sa peine, sa captivité ne serait pas longue; puisqu'il n'en peut être ainsi, que du moins il soit permis de donner à ce poète national et populaire une preuve de l'amitié qu'on lui porte. Le public aimait à se persuader que ce n'était pas sur la modique fortune du chansonnier que pesait cette énorme condamnation pécuniaire de dix mille francs, si nouvelle dans les fastes judiciaires et si peu d'accord avec nos mœurs. Cette illusion doit cesser. Béranger n'a jamais consenti à ce qu'un libraire, en se rendant responsable de ses œuvres, acquît le droit d'en permettre ou d'en empêcher la publication. Cette circonstance, déjà révélée dans le débat, se trouve pleinement confirmée; il faut donc pourvoir au paiement de cette amende. Qui ne sera heureux de concourir à une souscription dont le but est de conserver à notre poète la modeste indépendance acquise par ses travaux.

On ne doit pas se méprendre sur le caractère de cette souscription : elle n'est point une protestation contre le jugement; non qu'on puisse contester au public le droit de s'élever contre des jugements qu'il n'approuve pas, mais il ne convient pas aux amis de Béranger de faire ce que Béranger n'a pas fait lui-même; ils doivent se résigner comme lui. L'acte auquel nous proposons au public de s'associer est un témoignage d'intérêt à l'homme, un hommage au poète que nous n'avons pu lire sans l'aimer. Notre appel sera entendu de toutes les classes de la société, et surtout de celle pour laquelle Béranger a toujours éprouvé une si vive sympathie, et dont il a si bien chanté les travaux, les peines et les sentiments patriotiques.

Les souscriptions seront reçues au bureau de ce journal, et le montant sera versé chez M. J. Laffitte et chez M. Bérard, membres de la Chambre des députés, chargés de les remettre à destination.

ÉTRENNES DE NICOLAS.

Nicolas fait la guerre en conscience,
Il voudrait, pour son jour de l'an,
Prendre Constantinople en dépit du sultan.
Il fera bien, d'abord, de prendre... patience.

COUPS DE LANCETTE.

M. Cousin disait dans une de ses dernières leçons :
— *Les trois quarts des choses que je dis sont absurdes.*
Beaucoup de gens partagent l'opinion de M. Cousin pour l'autre quart.

* *

Tant que la France aura son budget et ses jésuites, ce sera perdre son temps que de lui souhaiter une bonne année.

1829

« L'année 1829 s'ouvrait sous les plus favorables auspices. Le calme succédait, dans les esprits, à l'agitation ; les classes moyennes, avides de repos, accueillaient avec confiance la perspective d'une situation exempte des inquiétudes qui troublaient, depuis trois ans, la sécurité de leurs intérêts moraux ou le développement de leurs intérêts matériels ; les membres de l'opposition eux-mêmes, pris dans leur généralité, tendaient à se rapprocher de la royauté légitime (1). »

C'est un moment unique dans l'histoire de la Restauration ; les passions se taisent, les rancunes semblent oubliées : c'est comme une amnistie vraie et générale.

Cette situation, on la devait au ministère Martignac, à ses efforts, à ses déclarations, aux gages qu'il venait de donner, aux garanties consenties pour l'avenir. On lui tenait compte de la sincérité des élections, de la liberté de la presse.

L'horizon politique se dorait des plus décevantes espérances. Mais ce fut une courte trêve. Charles X supportait avec impatience le cabinet Martignac ; il disait volontiers à ses favoris que de tels ministres

(1) *Histoire des deux Restaurations*, t. 7.

compromettaient la dignité de la couronne. Bientôt, il voulut les contraindre à revenir sur toutes les concessions, à retirer une à une les garanties données. Ainsi il dépopularisa un ministère populaire, ainsi il lui enleva la majorité à la Chambre. Déjà cependant il avait d'autres projets, il songeait à d'autres hommes. Les ministres le comprenaient. « Nous ne sommes, disaient-ils, qu'un cabinet de transition. » Ils savaient bien le nom des hommes sur lesquels le roi avait jeté les yeux. Ils devaient être le trait d'union entre le ministère *déplorable* et le ministère *incroyable*.

Le ministère incroyable devait être présidé par M. de Polignac. C'est au descendant de la favorite de Marie-Antoinette que Charles X allait confier la destinée de la royauté légitime. Ce choix, connu dans le public, soulevait l'opinion, ce nom de Polignac semblait gros de catastrophes. Aussi, jusqu'au jour où le cabinet incroyable sera officiellement constitué, allons-nous voir le *Figaro* attaquer de toutes les forces de son esprit l'homme et ses tendances.

1er janvier 1829.

LES VOEUX.

..... Pourquoi donc te faire des vœux à toi-même, Figaro ? le monde, plus que jamais, n'est-il pas de ton domaine exclusif ; plus que jamais, n'est-il pas rempli de charlatans ? regarde ! Les charlatans tout partout, à la tribune, au barreau, au théâtre ; à la Sorbonne, surtout : les uns vendent de la constitution, les autres du despotisme; celui-ci de la modération, celui-là du matérialisme; son voisin, de la philosophie et de l'éclectisme.

Cependant, voilà mes souhaits de bonne année :

Qu'il y ait toujours en France un Opéra, des fermiers de jeu, des faiseurs de vers, des maîtres de philosophie et de méchants comédiens;

Que M. Sosthène se maintienne aux Beaux-Arts; M. de Vaulchier, aux Douanes; M. Marcassus de Puymaurin, à la Monnaie; M. Amy, au Conseil d'Etat;

Qu'il se trouve toujours en France quelques milliers de bonnes âmes bien patientes et assez peu difficiles pour se contenter chaque jour d'un journal comme le mien.

ENQUÊTE.

Le ministère du commerce
Des contes bleus dont il nous berce,
Pour son honneur, fait grand fracas;
Mais le crédit public s'altère,
Et nous faisons fort peu de cas
Du commerce du ministère.

BIGARRURES.

M. de Pourceaugnac, futur président du conseil, est arrivé hier soir de Limoges.

∴

Quel moyen va-t-on employer pour guérir les maux de la France ? M. de Villèle usait de la saignée, M. de Mart.....

penche pour la diète; on pense que M. de Pourceaugnac sera pour les douches, car il a toujours peur des apothicaires.

COUPS DE LANCETTE.

Si l'on ajourne indéfiniment les Chambres, nos députés pourront passer leur temps au jeu de paume.

* * *

La Congrégation a essayé plusieurs fois de faire endosser à M. de Polignac un habit de ministre, mais M. de Polignac n'a encore pu passer que la Manche.

* * *

Il paraît qu'un ambassadeur en Angleterre est un homme qui va et vient (1).

* * *

Encore une ou deux courses de Douvres à Calais, et M. de Polignac passera pour le véritable don Quichotte de la Manche.

* * *

M. de Martignac espère que M. de Polignac le gardera à cause de la reine.

* * *

M. de Polignac commence à s'apercevoir que le télégraphe le fait aller.

(1) M. de Polignac était alors ambassadeur en Angleterre; connaissant les projets du roi, il guettait anxieusement l'heure de s'emparer du pouvoir. A chaque crise il accourait. Lorsqu'il ne venait pas, Charles X l'appelait près de ui, parfois même à l'insu de ses ministres, qui voyaient d'un mauvais œil l'homme qui convoitait leurs portefeuilles.

Mercredi 21 et jeudi 22 janvier 1829.

MONSIEUR DE POLIGNAC.

C'est le petit bonhomme du baromètre politique : dehors quand il fait beau, dedans au moment de l'orage ; à Londres, quand le pouvoir est tant soit peu constitutionnel ; à Paris, quand la France est menacée d'un envahissement jésuitique. On dirait un aide de camp de Wellington, traversant la Manche à tous les moments pour porter les ordres du généralissime des gouvernements rétrogrades.

Il va, vient, retourne, revient encore, comme ces coureurs d'héritages qui visitent tous les moribonds dont ils ne sont pas les parents, attendant que le hasard ou l'importunité leur vaille une succession. Tout ministre partant semble lui devoir son portefeuille, comme tout oiseau absent doit son nid au coucou.

Jusqu'à présent, ses vœux et ses courses furent trompés. Des amitiés pressantes, des affections de parti toutes paternelles, ne le purent élever jusqu'au ministère ; cette fois, il paraît avoir plus de chances. On dit que Nos Excellences le rappellent elles-mêmes et qu'elles vont se le donner pour maître. Dieu ! que ce sera plaisant ! le joli combat ! la drôle de lutte ! M. de Polignac seul contre la nation ! Seul ? non pas ; il aura avec lui, comme seconds dans cette passe d'armes, MM. Villèle et Peyronnet ; pour hérauts, il aura MM. Portalis et Martignac ; car ceux-ci, ils seront de tout ce qu'on voudra, excepté d'une administration libérale. Ils avaient la balle assez belle pourtant ; mais ils ne l'ont pas su jouer et l'ont maladroitement lancée au côté droit, où M. de Polignac arrive assez à temps pour la prendre au bond.

M. de Polignac, son nom est dans toutes les bouches depuis trois jours ; il doit se dire, comme le lièvre de La Fontaine :

> Je suis donc un foudre de guerre !

Que de cris d'alarme parce qu'il monte ! Eh ! bonnes gens, il n'est pas encore en haut ; et puis on descend si vite sur ce plan incliné, quand on est poussé par tout un peuple et qu'on ne trouve pour point de résistance qu'une coterie haïe et méprisée.

Les sacristains se réjouissent, on danse au noviciat de la rue de Sèvres, les neuvaines se multiplient ; n'ayez pas peur. MM. Portalis et Martignac tomberont, c'est possible, c'est probable ; ils pouvaient devenir populaires, ils ne l'ont pas voulu ; mais que M. de Polignac les remplace, ce n'est pas sûr. Que ferait-il là ? voyons ! Il restituerait aux jésuites ce qu'ils ont perdu ; or, qu'ont perdu les jésuites, sous les ministres actuels ? rien du tout. M. de Portalis les aime trop pour leur avoir fait la moindre peine, et M. de Martignac aime trop le ministère pour ne s'être pas ménagé en secret, par des concessions, l'affection des bons pères. M. de Polignac voudra faire de la politique de dévote, mais on lui rira au nez. Les Chambres prendront cela comme une plaisanterie, et la plaisanterie tue ; elle a tué M. de Villèle, plus fort que M. de Polignac. C'est une arme redoutable au moins, contre laquelle il n'y a que la raison ; et dites-moi où sera la raison, c'est-à-dire la justice, le bon sens constitutionnel, si M. de Polignac est au ministère.

M. de Polignac n'aime pas la Charte, c'est un goût comme un autre. On peut être un excellent homme sans aimer la Charte, mais non un ministre passable dans un pays où elle est la loi d'où toutes les lois découlent. Le prince du pape refusa à la Chambre des pairs de prêter serment à la Charte ;

il était bien libre : on ne peut contraindre un fiancé, malgré lui, à jurer fidélité à la femme qu'il déteste; mais alors le fiancé n'épouse pas, et M. de Polignac est pair, et il veut toujours être ministre !

Cela ne peut guère s'arranger. Il fera mauvais ménage et ne prendra la Charte que pour la répudier. La malheureuse ! elle a été assez maltraitée déjà par M. Decaze et par M. de Villèle ; ils lui ont fait toutes sortes d'avanies, ni plus ni moins que si elle eût été roturière. M. de Polignac ira plus loin encore, il la fera reléguer au sceau des titres, comme le sultan met dans un sérail particulier la sultane Validé.

Et vous croyez que cela durera ? On l'a dit à M. de Portalis, et il l'a cru, parce qu'il est facile à tout croire; on l'a dit à M. de Martignac, qui ne l'a pas cru, lui, parce qu'il est fin ; mais il a duré autant que le ministère Laferronnays, il durera autant que le ministère nouveau. Dans un ministère en *gnac*, il est légitime ; il y entrera. Qu'est-ce que cela peut lui faire ? Il n'est pas compromis par ses actes ; les préfets sont ceux de M. de Villèle, la loi de la presse celle de M. de Peyronnet, la censure dramatique celle de M. de Corbière ; il a fait quelques promesses, il les expliquera dans le sens du pouvoir absolu ; pas si franchement pourtant qu'il ne les puisse bien retourner aux idées libérales, parce qu'il voudra être aussi du ministère qui succédera à celui dont on fait honte d'avance à M. de Polignac.

Le nom du futur ministre froisse l'opinion publique ; il est impossible que M. de Polignac l'ignore. Il a la conscience de cette répugnance générale ; peut-être n'osera-t-il pas la braver. S'il s'y hasarde, la guerre sera chaude et courte. Bataille morbleu! bataille ! Tant mieux. Garde à vous, mes amis !... Chargez vos canons ; pour moi, mon escopette est bourrée. En ligne ! et nous allons bien rire.

COUPS DE LANCETTE.

M. de Polignac vient de faire, dans la Chambre haute, une déclaration d'amour à la Charte. M. de Polignac est un amant discret; il y avait plus de quinze ans qu'il tenait sa passion secrète (1).

*
* *

La France espère que ses députés uniront la force à l'adresse.

*
* *

L'union annoncée de M. de Polignac avec la Charte ne passera jamais pour un mariage d'inclination.

Dimanche, 25 janvier 1829.

GLOSSAIRE POLITIQUE.

Ordre légal. — Machine pour enrayer.

Opinion publique. — Thermomètre. — Nos ministres, depuis quinze ans, y ont lu tout de travers. Ils ressemblent à des fous qui s'habilleraient en nankin quand le mercure est *à rivière gelée*, et prendraient un carrick quand il est à *Sénégal*.

---

(1) Un beau jour, au moment où on s'y attendait le moins, M. de Polignac, à la tribune de la Chambre des pairs, fit un long discours pour prouver que la charte était la plus chère de ses affections. Ces protestations ne surprirent personne. M. de Polignac voulait être ministre, il pensa que le portefeuille valait bien une protestation. Henri IV avait bien accepté une messe. Les ultra furent remplis de joie. M. de Polignac, mystique ridicule, entêté, ignorant, s'était vanté d'anéantir la Charte en *deux ans*, SANS COMMOTION.

Héros. — Ne se dit plus que dans *le Vétéran*, à Franconi ; chez lord Wellington et le prince de Hohenlohe.

Petits séminaires. — Écoles militaires.

Éloge. — Dans la *Gazette*. — Paire de soufflets.

Mendiant. — Se faire mendiant, c'est s'assurer un logement, du travail et du pain pour le reste de ses jours.

Bataille. — Livrer bataille à un voisin, détruire ses flottes, prendre ses villes, tout cela prouve qu'on est en pleine paix et que la meilleure intelligence règne entre les deux nations.

Libérateur. — Celui qui met une république dans sa poche.

Usurpateur. — Celui qui met un royaume dans son portefeuille.

COUPS DE LANCETTE.

Toutes les fois que les absolutistes croient pouvoir tuer la Charte, ils appellent M. de Polig... pour l'administrer.

* * *

Quoiqu'en sa faveur la cour penche,
Il est d'un trop mince acabit ;
Qu'il passe et repasse la Manche,
Il n'endossera pas l'habit.

* * *

M. de Polignac va passer avec le paquebot de Londres, un bail de trois, six ou neuf, pour le départ ou le retour.

CHARYBDE ET SCYLLA.

Nous pourrions bien, chose incroyable,
Regretter un peu Martignac,
Si nous tombions, chose effroyable !
De Martignac en Polignac.

COUPS DE LANCETTE.

M. de Polignac a fait insérer dans plusieurs journaux sa protestation d'attachement à la Charte.

Et l'amour vient sans qu'on y pense.

*
* *

On dit que la Chambre va reprendre l'acte d'accusation des anciens ministres; la France n'a pas attendu si longtemps pour les condamner.

*
* *

M. P... a fait une déclaration d'amour à la Charte; Tarquin, aussi, assurait Lucrèce de son respect avant. . . . .

J'AI DU BON TABAC.

Le Trésor a des millions dans ses sacs,
Et la Régie encor garde par entreprise
Le monopole des tabacs.
Monsieur Roy dit que c'est de bonne prise.

*
* *

M. de Polignac retourne aujourd'hui à Londres.

Jean s'en alla comme il était venu.

*
* *

La loi sur le monopole des tabacs blesse tous les droits, quoiqu'elle ait l'air d'avoir pour elle tous les droits réunis.

Mercredi, 18 février 1829.

MONOPOLE DES HARICOTS (1).

On assure que S. Exc. Mgr le ministre des finances doit porter, vers la fin de ce mois, à la Chambre des députés un projet de loi sur les haricots devant être mis en régie. Quelqu'un, que nous avons tout lieu de croire au fait des choses ministérielles, a la bonté de nous communiquer le projet et l'exposé des motifs que M. Roy a préparés. Nous offrons à nos lecteurs ces deux pièces, qui deviendront peut-être historiques, comme la loi sur le monopole des tabacs, et les bonnes raisons dont le ministre l'a appuyée en la présentant.

EXPOSÉ DES MOTIFS.

« Messieurs,

« Notre amour pour l'ordre légal vous est connu; vous savez si nous voudrions faire quelque chose qui fût une violation des droits communs. Vous nous rendez la justice de croire à la pureté de nos intentions et à la bienveillance toute particulière que nous portons à la classe intéressante des cultivateurs.

« Nous venons cependant vous proposer une mesure exceptionnelle et que vous qualifieriez peut être d'attentat à la liberté de la culture, si nous ne prévenions des interprétations fâcheuses.

« Le besoin excuse bien des choses.

(1) Allusion à la loi sur le monopole des tabacs, qui avait fort indigné. — Tous les titres et articles sont la parodie presque textuelle des dispositions du projet.

« 43,000,000 sont un argument, selon nous, sans réplique aux objections que l'on fait contre le monopole des tabacs ; 300,000,000 ne nous semblent pas moins concluants en faveur du monopole des haricots. 300,000,000! Oui, Messieurs, nous estimons à ce taux le produit de l'impôt dont nous venons vous proposer de frapper le légume qui nourrit à lui seul peut-être un cinquième de la population française, et auquel Soissons ne doit pas moins sa renommée qu'à la victoire de Clovis contre Siagrius, à la défaite de Charles le Simple et au trop fameux tournoi de 1559. 300,000,000 ! et nous avons besoin d'augmenter les revenus de l'Etat.

Cette nécessité vous est démontrée. L'administration est fort coûteuse, quelque zèle que nous mettions à réduire les gros traitements. Comment voulez-vous que nous donnions moins de 15 à 20,000 fr. à nos employés supérieurs? Un petit marchand, un industriel, un homme de lettres, travaillent nuit et jour pour gagner de 5 à 6,000 fr. ; nos chefs de division travaillent beaucoup moins et gagnent beaucoup plus, c'est dans l'ordre ; l'usage le veut ainsi avec raison. Il faut que nous trouvions des fonds pour les majorats à faire aux nobles pairs qui rendront des services à la France : idée lumineuse que nous avons eue et qui eût honoré nos prédécesseurs. Il faut que nous puissions trouver de quoi pensionner les hommes qui ont besoin d'être aidés par le gouvernement, comme, par exemple, M. le baron Louis... L'impôt sur les haricots pourvoira à tout cela.

« Est-il nécessaire que nous vous démontrions la légitimité de cet impôt? D'abord il est constitutionnel tout autant que celui des tabacs ; ensuite il rapportera 300 millions, ce qu'i faut surtout ne pas perdre de vue.

« Les haricots ne se cultiveraient, dans le système du projet de loi, que pour le gouvernement. Un mode de perception de l'impôt serait établi, et des agents seraient préposés aux recettes et à l'inspection de la culture. On dira, Messieurs, que cela est impossible ; tout est possible au génie de la fiscalité.

« Une considération vous décidera, j'espère, et celle-là nous la réservions pour la dernière, afin de vaincre dès répugnances, si, dans une assemblée aussi sage, aussi éminemment éclairée, il y avait des hommes assez peu versés dans l'économie politique pour se refuser à un projet que nous ne craignons pas d'appeler sublime, bien qu'il soit notre ouvrage. Cette considération, la voici. Le vin et les liqueurs fortes payent un impôt parce qu'ils sont dangereux ; la presse est imposée en raison des périls où elle peut mettre la monarchie et la vanité des hommes d'État : laisserons-nous plus longtemps le haricot sans responsabilité morale ?

« Que celui de vous, Messieurs, qui croit les haricots innocents et sans danger pour la société, rejette la loi que M. Syryès de Mayrinhac, directeur de l'agriculture, va avoir l'honneur de vous lire ; nous y consentons. »

PROJET DE LOI.

TITRE 1er.

Art. 1er. La culture des haricots est faite au profit du gouvernement et administrée par lui.

Art. 2. Tout cultivateur doit sa récolte au gouvernement ; il la versera en nature dans les sacs de l'État, si mieux il n'aime la racheter par une somme fixée à 50 centimes par litre pour les haricots blancs, et 70 centimes pour les haricots rouges, noirs, gris, flageolets, et autres, dits *haricots de fantaisie.*

Art. 3. Le gouvernement pourra donner des licences pour

la culture des haricots à ceux des sujets français qui auront rendu d'importants services à la monarchie.

TITRE II.

Art. 1er. Dans chaque commune, un agent sera préposé à l'inspection de la culture des haricots.

Art. 2. Cet agent sera nommé par notre ministre des finances, sur la présentation d'une liste de candidats désignés par l'élection.

Art. 3. L'élection sera faite par l'assemblée des notables des communes.

Art. 4. Composeront l'assemblée des notables :

1º Les évêques, curés, vicaires et desservants ;

2º Les maires et adjoints ;

4º Les percepteurs et receveurs des contributions ;

4º Les officiers de tous grades de terre et de mer retraités avec 600 francs de pension au moins.

Art. 5. Chaque agent recevra un traitement de 2,000 fr.

Art. 6. Il y aura un *directeur général des haricots* aux appointements de 25,000 francs.

Art. 7. Le commerce des haricots sur les marchés et places ne pourra être fait que par des débitants patentés par nous.

Art. 8. Toute contravention aux dispositions de la présente loi sera punie d'une amende de 10,000 francs au moins et de 100,000 francs au plus.

Fait, etc.

On dit que si cette loi passe aux Chambres cette année, à la session prochaine, le ministre en présentera une plus importante encore sur les cornichons. Le *projet des cornichons* s'élabore déjà, à ce qu'on assure, dans les bureaux.

COUPS DE LANCETTE.

M. de Martignac est un homme qui parle, mais ce n'est pas un homme de parole (1).

***

Quand le gouvernement adresserait aux contribuables un million de remerciements, il leur serait encore redevable d'un milliard.

***

M. le ministre des finances a occupé la tribune pendant toute une séance, avec le budget. On n'en est jamais quitte à bon marché.

***

Nos faiseurs de budgets ont toujours trouvé des dépenses pour augmenter la recette ; mais ils n'ont pas encore cherché la recette pour diminuer la dépense.

***

Le ministère est tout honteux, il n'ose regarder ni à droite ni à gauche.

***

On croit que M. de Martignac est à la fin de sa période ; bientôt, peut-être, on pourra dire au général Sébastiani :

> Tu nous as fait, Horace, un fidèle rapport ;
> Enfin, la loi triomphe et Martignac est mort.

(1) Charles X lui-même se moquait de l'éloquence de son ministre, il le considérait comme un artiste en phrases. — « Avez-vous entendu la Pasta ? » demandait-il à un de ses familiers qui revenait de la Chambre, où M. de Martignac avait prononcé un fort beau discours.

Samedi, 4 avril 1829.

ESQUISSES DE LA CHAMBRE DES DÉPUTÉS.

M. L'ABBÉ FEUTRIER ET M. FRAYSSINOUS. — M. LE VICOMTE DE MARTIGNAC ET M. DE CORBIÈRE. — M. DE PORTALIS ET M. DE PEYRONNET.

M. l'évêque de Beauvais est le plus joli de tous les ministres qui se sont succédé depuis la Restauration. Son Excellence a la main belle, la jambe superbe, le maintien élégant, un teint pétri de lis et de roses ; les chérubins n'ont pas plus de fraîcheur et les archanges plus de majesté. Aussi, quand M. Feutrier monte en chaire ou à la tribune, les regards de toutes les dames se portent incontinent sur lui : chacun admire l'air de béatitude et de satisfaction répandu sur toute sa personne, et le silence règne sans le secours de la sonnette du président. Ce n'est pas que M. de Beauvais soit un homme éloquent, un Cicéron, un Démosthènes, pas même un abbé Maury ; mais Son Excellence a de si blanches mains, une si large croix d'or descend sur sa poitrine, un anneau si brillant orne ses doigts de rose, que l'attention se porte involontairement sur lui et qu'on l'écoute même avant qu'il ait parlé. Il parle enfin, et ceux qui l'ont entendu prêcher au faubourg Saint-Germain ou qui l'ont vu officier pontificalement à Beauvais, le retrouvent à la tribune tel qu'il leur apparaissait dans la chaire et sous le dais. Tous ses discours exhalent un parfum des saintes Écritures et présentent le rare assemblage des formes allégoriques du mandement et de la grâce touchante de l'homélie.

M. l'évêque d'Hermopolis, son prédécesseur, était, sous tous les rapports, un homme différent : un corps maigre et petit, un teint jaune et bilieux, une voix sévère, des formes anguleuses, le distinguaient de M. Feutrier. Celui-là n'eut jamais les suffrages des dames : sa tête était clair-semée de cheveux blancs qu'il laissait flotter sur ses épaules, à l'instar des prophètes, et pourtant, malgré les défauts d'un débit mal accentué, il produisait plus d'effet à la Chambre. M. Feutrier parle pour ne rien dire, ou plutôt, encore peu habitué aux usages parlementaires et craignant de se compromettre, il borne ses harangues à quelques lieux communs qui laissent après lui sur la même question les mêmes incertitudes.

Telle est la tactique ordinaire de M. de Martignac. Prodiguer les démonstrations sentimentales à défaut d'arguments, ménager ses adversaires dans l'impuissance de les combattre, parler de ses chagrins ministériels et des dégoûts de la puissance avec une candeur qui fait toujours des dupes : voilà le système adopté par M. le ministre de l'intérieur. Son Excellence a d'ailleurs un vrai talent d'élocution : sa voix flexible et sonore se prête facilement à l'impression qu'il veut produire ; mais cette impression est toujours fugitive, parce qu'elle n'est pas le résultat d'une conviction profonde. Tout le monde admire l'orateur, chacun est ébloui, charmé de ses paroles ; mais personne ne change d'avis après qu'il a parlé. Nous avons vu, il y a peu de jours, Son Excellence recevoir les félicitations des membres de tous les côtés de la Chambre qu'elle avait essayé de mettre en contradiction avec eux-mêmes ; à droite et à gauche, on rendait justice à l'écrivain élégant, au déclamateur habile, mais on ne lui apportait pas une seule voix.

Admirons, toutefois, dans M. le ministre de l'intérieur l'influence prodigieuse qu'un simple changement de position exerce sur les hommes. Je me souviens qu'il y a quatre ou cinq ans, lorsque M. de Martignac était simple directeur général sous le ministère Villèle, il défendait avec chaleur la plupart des mesures proposées par le triumvirat déplorable. Son accent, aujourd'hui souple et insinuant, était fier et insultant pour le côté gauche; cette poignée de membres échappés aux fraudes électorales, cette minorité décimée semblait à peine digne de ses regards ou de sa pitié. Maintenant tout est changé: M. de Martignac réserve son ironie pour les castors de M. de Sallaberry et ses politesses pour M. Etienne. Lequel croire de bonne foi, du directeur général de 1824 ou du ministre de 1829 ? Aussi, Son Excellence a-t-elle beau protester de sa franchise, les députés lui disent en face que sa franchise est la première de toutes les finesses et que les montagnes changent plutôt de place que les hommes de principes.

Quoi qu'il en soit des antécédents de M. de Martignac, nous ne lui ferons pas l'injure de le comparer à M. de Corbière. Celui-ci était un ours dans toute la force du terme, un brutal, un vrai paysan du Danube, à l'éloquence près; nulle politesse envers les femmes, pas le moindre sentiment des convenances, l'habitude de ne répondre à aucune lettre, une paresse incurable, une insouciance de bonne renommée véritablement extraordinaire. M. de Martignac est d'une exquise urbanité, galant et respectueux avec les dames, obligeant avec tout le monde, même dans ses refus, et très-jaloux, quoi qu'il ait dit, de la faveur publique. Ses yeux bleus sont pleins de douceur, ses manières engageantes, son abord très-affable. Quand on les quitte, ses collègues disent : *Je vous salue!* M. de Martignac ajoute en souriant : *Adieu!* Sa mise est recherchée sans affectation, et les dames des tribunes, auxquelles il tourne le dos, trouvent que son toupet de cheveux gris produit plus d'illusion que la perruque de M. Portalis.

M. Portalis est, de tos les ministres, celui que la nature a le plus disgracié, après M. Decaux! Figurez-vous un gros homme enveloppé, depuis la tête jusqu'aux pieds, d'une énorme simarre ou soutane et portant à la main un petit chapeau à trois cornes : tel est l'aspect que présente M. le garde des sceaux lorsqu'il s'avance, précédé de deux huissiers, vers le banc des ministres. Sa figure, composée de traits lourds et insignifiants, est celle d'un vieux procureur ou d'un de ces curés de village que je rencontre souvent dans les boutiques de lithographies. Rien de spirituel, de pensif ni d'énergique ne se lit sur son front; la face de la Justice, telle qu'on la gravait jadis en cul-de-lampe sur le *Bulletin des lois*, n'avait rien de plus impassible que celle de M. Portalis. Son organe sourd et parfois nasillard, sa lenteur naturelle ou calculée et ses subtilités de légiste lui donnent quelque ressemblance avec ces prêtres de l'antiquité chargés de rendre les oracles. Mais, malheureusement, le temps des oracles est passé, et la Chambre prête rarement une oreille attentive aux paroles de M. le garde des sceaux. Chacun sait qu'il a été porté au pouvoir par l'influence du nom de son père, et l'on ne s'occupe guère de le troubler dans la jouissance de sa succession.

Le souvenir de la fatuité de son prédécesseur a, d'ailleurs, été fort utile à M. Portalis. Qui n'a plus d'une fois éprouvé je ne sais quelle colère soudaine en voyant entrer dans la Chambre le fameux comte de Peyronnet, la main appuyée sur le flanc, la tête haute et le regard dédaigneux, comme un pacha dans un conseil d'eunuques ? Qui ne se souvient de ces apostrophes insolentes adressées par lui à la minorité opprimée qui, seule, défendait alors les droits méconnus du pays? Non, Walpole n'était pas plus audacieux lorsqu'il insultait à Windham et aux restes de l'opposition mourante dans le parlement d'Angleterre ! Ces souvenirs ont protégé la médiocrité de M. Portalis; sa figure, du moins, n'a rien qui soit incompatible avec sa dignité, et, puisqu'il n'est pas nécessaire de ressembler à l'Apollon du Belvédère pour être ministre de la justice, autant valait M. Portalis que tout autre pour occuper cette place dans un ministère sans couleur.

ÉPITAPHE.

Ci-gît l'avocat des abus,
Le patron de la servitude.
Il aima peu la Charte et se fit une étude
De sauter *par-dessus*.

COUPS DE LANCETTE.

L'ÉLÈVE. — J'ai peur du tonnerre, je porte la fleur-de-lis, et j'aime papa.

L'EXAMINATEUR. — C'est très-bien, vous entrerez d'emblée à l'École polytechnique.

***

Les personnes qui connaîtraient un homme sans occupation, âgé de quarante ans au moins, qui serait décidé à parler pendant deux ou trois heures en faveur du projet de loi des ministres, sont priées de l'adresser à M. de Martignac. On lui promet une récompense honnête.

***

On cherche la liste des gens qui avalent le budget ; l'*Almanach royal* paraîtra demain.

Vendredi, 10 avril 1829.

LE MINISTRE ET SON MÉDECIN (1).

Rue de Grenelle. — 5 heures du matin.

LE MINISTRE. Arrivez, docteur, arrivez ; je souffre horriblement.

LE MÉDECIN. Grand Dieu ! qu'avez-vous ? comme vous voilà défait !

— Ils me tueront, mon ami ! je n'en puis plus... Dans le moment de la crise, j'étais fort ; maintenant, je suis abattu.

— Vous avez la fièvre... N'avez-vous pas eu le délire aussi ?

— Le délire ? attendez... Oui, à huit heures, hier soir, je me suis surpris parlant tout seul...

— Êtes-vous bien sûr que l'accès n'a commencé qu'à huit heures ?

— Franchement, je n'en sais rien ; je crois bien qu'à quatre heures et demie il y avait déjà quelque chose...

— J'en suis persuadé, moi ; sans cela, vous seriez-vous hasardé ?...

— J'ai eu raison, n'est-ce pas, docteur ?

— Si j'avais été dans la salle des députés au moment où le scrutin vous a frappé (*montrant le front*), rien de cela ne se serait passé. Je vous aurais fait demander à la salle des conférences, je vous aurais saigné, et deux palettes de sang auraient sauvé vous et la liberté du malheur qui vous arrive à tous deux.

(1) Le ministère avait été contraint de retirer les deux projets de loi présentés sur l'organisation communale et départementale. De ce jour l'alliance de la gauche et du cabinet Martignac était brisée. Le ministère n'avait plus la majorité, il était bien malade, en effet.

REDITE.

On tient pour Polignac, l'homme selon la cour,
Deux paquebots tout prêts sur le double rivage :
　　L'un à Douvres, pour son passage ;
　　L'autre à Calais, pour son retour.

COUPS DE LANCETTE.

Le ministère croit qu'il a de la tête parce qu'il est entêté.

*
* *

M. de Pol... s'embarque pour revenir en France ;... tant va la cruche à l'eau....

*
* *

LE PASSAGER ÉTONNÉ.

Cinq fois je suis entré dans un vaisseau,
　　Et quatre fois j'ai fait naufrage.
Des voyages sur mer tel est, dit-on, l'usage.
Expliquez-moi par quel bonheur nouveau
Le Polignac qui si souvent voyage
N'est pas encor tombé dans l'eau ?

*
* *

Des nouvelles de Calais annoncent que décidément M. de Polignac revient sur l'eau.

*
* *

L'*alter ego* de don Miguel, c'est le bourreau.

*
* *

Pour l'esprit, Martignac est vraiment un démon.
　　Comme avec grâce il dissimule !
Et qu'il sait bien vous dorer la pilule,
　　Pour y mieux cacher le poison.

Aux libertés, si, par exemple,
On désire élever un temple,
Il en décore le fronton.
Le portique et le péristyle
A tous les yeux sont d'un beau style.
On entre... C'est une prison.

Dimanche et lundi, 19 et 20 avril 1829.

ESQUISSES DE LA CHAMBRE DES DÉPUTÉS.

M. BENJAMIN CONSTANT. — M. SYRIEYS DE MAYRINHAC.

M. Benjamin Constant a passé la plus grande partie de sa vie au sein de nos assemblées politiques. Il a pris part à tous leurs débats, il a vieilli au milieu de leurs orages. Infatigable athlète, il écrivait sous le Consulat, sous l'Empire, à la Restauration, pendant les Cent-Jours. En 1816, il écrivait encore; il écrira jusqu'au dernier soupir et mourra sur la brèche. La tribune est devenue son élément : là seulement il est à l'aise, il respire, il jouit. Il faut le voir s'agiter, les jours de discussion, lorsque quelque orateur verbeux lui gaspille son temps et retarde pour lui l'heure de la parole : tantôt il se promène, les yeux fixés sur l'horloge; tantôt il se pose avec impatience en face de l'ennemi, quel qu'il soit, qui parle avant son tour. Enfin, cet ennemi descend de la tribune, et M. Benjamin Constant s'y précipite, s'y cramponne, la presse de ses deux mains avec amour, avec passion..... Le président vient de lui accorder la parole.

L'honorable orateur est un homme d'une haute stature : son teint est pâle, sa figure pleine de finesse et d'expression; ses cheveux, blonds et rares, retombent en boucles sur ses épaules. Sa voix, sèche et fatiguée, n'a pas beaucoup d'étendue, mais elle s'anime par moments et laisse à peine sentir le léger grasseyement qui la caractérise. Toutefois, M. Benjamin Constant paraît plus orateur quand on lit ses discours que lorsqu'on les entend. La mauvaise habitude qu'il a prise d'écrire chacune de ses phrases sur une petite feuille isolée et la faiblesse de sa vue le forcent de se baisser, en quelque sorte, au retour de chaque période pour retrouver la phrase suivante, qu'il a l'air de jeter avec humeur au visage de ses adversaires. Il en résulte un mouvement de tout son corps, régulier et monotone, qui fatigue les spectateurs et qui nuit beaucoup à l'effet oratoire. Aussi, les discours de M. Benjamin Constant exercent-ils plus d'influence le lendemain que le jour même, et sur le public que dans la Chambre où ils ont été prononcés.

L'effet est bien différent lorsque l'honorable député improvise. L'habitude de la tribune et la connaissance parfaite qu'il a des assemblées délibérantes lui donnent, dans ce cas, de très-grands avantages. Aussi, le voit-on presque toujours sortir avec honneur de ces épreuves difficiles qui ont été fatales à plus d'une grande réputation. Elégance de l'expression, élocution insinuante, mots spirituels, arguments décisifs, rien ne lui manque pour captiver l'attention distraite, pour ébranler les résolutions prises d'avance, ou retenir les membres pressés de dîner. Nous l'avons vu plusieurs fois arrêter la retraite de tout un centre affamé, qui semblait n'avoir plus d'oreilles après cinq heures et demie. Un autre jour, il trouvait le moyen de piquer la curiosité par sa manière adroite de poser une question ou son intention hardie de la résoudre.

Malheureusement pour le succès de sa cause, M. Benjamin Constant n'a pas toujours gardé dans ses opinions cette fixité qui est le fruit d'une conviction profonde et qui appartient surtout aux caractères forts. C'est plutôt la faute de son temps, dira-t-on, ou de son imagination que celle de son caractère. J'aime à le croire; mais les chefs de parti, même lorsqu'ils sont à la tête du parti national, ont besoin d'une grande réserve et de beaucoup d'esprit de conduite pour conserver leur influence. Les nations se montrent plus sévères pour leurs représentants que pour elles-mêmes, et souvent le parterre le plus illettré juge avec équité des plus rares chefs-d'œuvre. Cette position difficile de M. Benjamin Constant beaucoup contribué au développement de son talent. Comme il avait traversé des temps divers avec des opinions qui semblent diverses, il s'est vu attaqué avec énergie par des adversaires qui lui cherchaient des torts passés pour se défendre de son éloquence présente : cette guerre continuelle de tirailleurs l'a rendu plus redoutable en le forçant d'être plus avisé.

Nul ne saurait, d'ailleurs, contester les éminents services que cet honorable député a rendus à la cause constitutionnelle. La Chambre n'eut jamais de membre plus laborieux et plus infatigable. Aujourd'hui même encore, après tant de succès, M. Benjamin Constant travaille avec toute l'ardeur d'un jeune débutant; il parle à la tribune, écrit dans les journaux, entretient avec les départements une correspondance assidue : son âme ardente suffit à tout. De tous les orateurs de la Chambre, c'est lui qui fait la plus grande consommation d'eau sucrée ; à le voir y plonger avec avidité ses lèvres altérées, on croirait que quelque feu secret circule dans ses veines. Sa démarche est toujours agitée; il va, il vient, s'assied, se lève et s'assied encore, écoute, prend des notes, réfute les ministres, démasque ses adversaires et ne prend du repos qu'au moment du scrutin. Il est presque toujours malade pendant l'intervalle des sessions; il mourrait s'il cessait d'être député.

Presque en face de lui, à l'extrémité du premier banc de l'extrême droite, est assis le célèbre M. Syrieys de Mayrinhac, chevalier de la Légion d'honneur, conseiller d'Etat, ex-directeur des haras et de l'agriculture, l'un des orateurs les plus amusants et les plus *conséquents* du parti rétrograde. Un solécisme et une niaiserie ont commencé sa réputation parlementaire, qui s'accroît tous les jours d'une foule de niaiseries et de solécismes nouveaux, et qui menace d'éclipser la renommée de M. Froc de Laboullaye lui-même. La nature et l'art ont contribué d'ailleurs à faire de M. Syrieys le personnage le plus ridicule de la Chambre des députés. Sa figure plate et insignifiante, son rire niais, ses petits yeux de tapir et sa tournure grotesque sont en parfaite harmonie avec la couleur de son langage.

Cet étrange député a la rage de monter sans cesse à la tribune, où l'on est sûr de le trouver toutes les fois qu'il s'agit de défendre quelque abus suranné, quelque sotte opinion ou quelque mesure arbitraire. Lui seul, parmi tous ses collègues, ne s'aperçoit pas de l'ennui profond qu'il leur cause; en vain, lorsqu'il prend la parole, la plupart d'entre eux se réfugient dans la salle des conférences ou se livrent sans réserve à des conversations qui couvrent son insipide voix. M. de Mayrinhac continue de jaser à outrance, sans que le président daigne agiter une seule fois sa sonnette pour lui obtenir du silence. Pour moi, plus je suis condamné à entendre ce pitoyable orateur, plus j'ai de peine à comprendre comment il s'est rencontré en France dix électeurs assez dépourvus d'intelligence pour l'avoir envoyé à la Chambre. Et lorsqu'on songe qu'un homme convaincu d'une aussi profonde nullité est devenu conseiller d'Etat et directeur général de l'agriculture, on est tenté d'avouer que si la France a jamais produit quelque chose de trop, c'est un fonctionnaire public de cette force.

Au reste, l'incapacité de M. Syrieys de Mayrinhac et son ancienne fatuité parlementaire commencent à recevoir leur châtiment. MM. les ministres sont les premiers à profiter de toutes les occasions qui se présentent de mettre en relief l'ineptie de ce triste adversaire, et il n'y a pas huit jours que M. de Martignac prenait un cruel plaisir à le mortifier pendant la discussion de la nouvelle loi des postes. Quand M. Benjamin Constant veut égayer la Chambre, il se borne à citer quelques mots de M. Syrieys, qui s'empresse aussitôt de demander la parole et d'improviser mille choses plus facétieuses les unes que les autres. C'est le seul parti qu'on ait tiré de lui jusqu'à ce jour, et, sous ce rapport, M. de Mayrinhac est vraiment un homme précieux pour l'opposition.

ÉPITAPHE.

Ci-gît monsieur de Martignac
Qui naquit au pays de Crac
Pour gronder *ab hoc* et *ab hac*
Et faire fumer sans tabac.
Il gronda; mais, un beau jour, tac!
Son ire enfla son estomac
Et la mort le mit dans son sac.
De bois on fit son dernier frac
Puis il s'en fut au triste lac.
Mais, en montant sur le tillac,
Il gronda Caron dans son bac
Qui remit son corps au bivouac,
Dieu le mit dans son almanach.

Mardi, 28 avril 1829.

ESQUISSES DE LA CHAMBRE DES DÉPUTÉS.

M. DUPIN AÎNÉ. — M. LE BARON CHARLES DUPIN.

De tous les honorables membres qui siégent à la Chambre des députés, nul n'est plus difficile à peindre et à définir que

M. Dupin aîné. Quand vous avez entendu ses vigoureuses philippiques contre les jésuites, vous apprenez qu'il arrive de Saint-Acheul et qu'il y a tenu les cordons du dais, le jour d'une procession solennelle. Une autre fois, il aura tonné contre les dilapidations des deniers publics et contre la caisse de secours ouverte en faveur des pairs qui n'ont que trente mille livres de rente, et, l'instant d'après, il votera pour ces nobles indigents, lui plébéien, dont les sarcasmes amers viennent d'empoisonner leur pain. Un député s'est-il glissé en contrebande dans le sein de la Chambre élective, M. Dupin aîné, transporté d'une indignation pathétique, s'élance à la tribune, les yeux étincelants, marque du geste le coupable, l'enveloppe, le presse de sa dialectique accablante et pense le faire mourir de honte ou de regret; puis, lui tendant une main secourable : « Qu'il reste, s'écrie-t-il, parmi nous ; qu'il y reste le front couvert de rougeur; et passons à l'ordre du jour ! »

De pareilles contradictions affligent les amis de M. Dupin et les nombreux admirateurs de son talent. Quel prodigieux talent, en effet, que celui d'un homme capable d'improviser, sur les questions les plus difficiles, un discours rempli d'images, de pensées énergiques et toujours revêtues d'une expression pittoresque ! Tel est le caractère distinctif de l'éloquence de M. Dupin. Sa voix est étendue, sonore, pénétrante ; son geste noble et sévère, sa tenue imposante et sa fermeté inébranlable au milieu des orages de l'Assemblée. Lorsqu'il est animé par des interruptions, un sourire plein d'amertume semble courir sur ses lèvres, et ses traits, naturellement durs, acquièrent une expression presque sauvage ; ses collègues l'écoutent dans un profond silence, et les ministres lui prêtent à leur tour une oreille attentive et inquiète. Si quelque membre du côté droit ou du banc des ministres avance une hérésie, conteste un droit acquis, attaque une liberté constitutionnelle, c'est ordinairement M. Dupin l'aîné que le côté gauche charge de la réfutation ou du châtiment. On le voit alors recueillir en passant les arguments et les conseils de ses amis, les réunir, si j'ose dire, en faisceaux de licteur et, debout à la tribune, les armer de son style comme d'une hache.

M. Dupin est, en effet, de tous les membres de la Chambre des députés celui qui possède au plus haut degré les qualités d'un orateur. Jamais je ne l'ai entendu parler avec cette lenteur et cette monotonie qui distinguent la plupart de ses collègues ; aussi, le voit-on mal à son aise lorsqu'il est obligé de débiter quelque rapport écrit, ou de faire quelque lecture un peu longue. C'est un homme d'action qui a besoin d'être excité par son sujet, par la contradiction, par le sentiment d'une grande cause ; jamais plus beau que lorsqu'il défend les intérêts populaires contre l'insolence de l'aristocratie, mais toujours prêt, comme Coriolan, à porter son orgueil chez les Volsques. Malheur à lui, si jamais il devenait ministre! Il exciterait plus d'orages, peut-être, et de haines qu'aucun de ses prédécesseurs, parce qu'il manque de souplesse et d'aménité même envers ses amis et dans sa propre cause. Personne ne sait au juste ce qu'il pense ; et, quoique homme nouveau, tout à fait étranger aux folies de l'ancien régime et aux bassesses de l'empire, il a déjà ébranlé la confiance publique par les saillies de sa mauvaise humeur ; un peu trop oublieux de cet antique adage : *Nul n'a plus d'esprit que tout le monde.*

Son frère le baron offre l'exemple de la première contradiction qui se rencontre entre les principes apparents et la conduite des deux membres les plus remarquables de cette famille distinguée. Pourquoi s'être laissé faire baron quand on a assez de mérite pour honorer son existence plébéienne ? La vanité est un défaut tolérable chez les femmes, ridicule chez des hommes qui aspirent au titre de citoyen. Quelle foi M. le baron Dupin veut-il qu'on ait en ses protestations civiques, lorsqu'il étale avec ostentation une foule de titres dans ses préfaces et de rubans à sa boutonnière? On nous persuadera difficilement que ces hochets lui aient été imposés, il les a donc sollicités, et par là même il a fait preuve de faiblesse. M. Dupin aîné a eu le bon esprit de s'en passer, et certes sa poitrine n'est pas agitée d'émotions moins généreuses pour n'être ornée d'aucune croix! M. le baron est évidemment plus homme de cour que son frère; jamais il ne commence une harangue sans faire un compliment à quelque ministre, et il n'y en a peut-être pas un seul dont il n'ait entamé le panégyrique depuis la Restauration; aussi est-il devenu membre de plusieurs académies, de plusieurs conseils, professeur de toutes sortes de choses, même de mécanique, chevalier de Saint-Louis, de la Légion d'honneur, etc., etc.

M. le baron Dupin était officier du génie maritime sous l'empire, et l'on parla beaucoup, dans le temps, du talent remarquable avec lequel il fit démolir, par ordre supérieur, une carcasse de vaisseau dans le port de Corfou. La destruction de cette carcasse mémorable est célébrée à plusieurs reprises dans le cours de ses ouvrages, et peut-être lui a-t-elle inspiré l'idée de son voyage en Angleterre, publié depuis en six volumes in-quarto, dans lesquels l'honorable ingénieur n'a pas manqué d'insérer quelques vers géométriques de sa façon. Dès lors, M. Charles Dupin s'est trouvé lancé dans la carrière littéraire, et s'il s'est adonné à ces fameuses recherches statistiques, souvent inexactes, mais toujours curieuses, qui ont signalé à la France le petit nombre des ennemis de ses libertés, et montré à ceux-ci la faux du temps prête à les moissonner.

Le département du Tarn s'est chargé de récompenser M. Dupin de ce service en le nommant député, et c'est justice de reconnaître que l'honorable membre est constamment resté fidèle à son mandat. Dans plusieurs circonstances, ses redoutables chiffres ont excité la colère du côté droit et produit sur la Chambre une impression profonde. « Pourquoi parler si haut ? » leur dit-il quelquefois ; « vous n'êtes qu'une fraction et nous sommes un entier. Vous prétendez que la Chambre est pleine de révolutionnaires, et je vois parmi nous deux douzaines de comtes, un demi-cent de barons, un cent de chevaliers ; si les marquis pouvaient se mesurer comme l'orge ou l'avoine, il y en aurait ici de quoi remplir vingt hectolitres ! » Voilà ce que la droite n'aime pas qu'on dise, et quand M. Dupin paraît à la tribune avec son cahier d'additions, de soustractions et de multiplications, M. de Conny frappe du pied et M. de Formont le négrier met ses deux grandes mains sur ses oreilles.

Il nous reste à parler, au sujet de M. le baron Dupin, de la grande mystification du Conservatoire royal des arts et métiers. Chacun sait que l'honorable professeur de mécanique ne s'occupe que de géométrie et que, ne pouvant créer des élèves, il a imaginé de former des professeurs. Cette singulière bizarrerie a valu à plusieurs grandes villes de France un enseignement élémentaire pour les mathématiques, grâce à l'intervention active de M. Dupin auprès des autorités départementales. Dans l'impatience de nous donner la pièce, il a payé sa part en monnaie de billon, semblable à un célibataire qui prêche le mariage, ou bien à cette pierre à repasser dont parle Horace, qui ne coupe pas, mais qui fait couper. M. le baron Dupin est célibataire, en effet, assez joli garçon du reste, quoiqu'il ait le nez un peu long et les favoris un peu raides. On dit même qu'il a été une fois très amoureux et sur le point de se marier ; mais il renonça, ajoute-t-on, à sa future, parce qu'elle était protestante et qu'on vivait alors sous le ministère Villèle.

COUPS DE LANCETTE.

Le blé augmente toujours : les gens de bien commencent à croire qu'on veut leur faire passer le goût du pain.

* *

M. de Peyronnet s'était donné, pendant son ministère, une salle à manger... le budget.

* *

Il y a loin du dernier tarif des boulangers à la poule au pot.

* *

En convertissant les sinécures, les cumuls et les dotations en farine, le peuple pourrait tous les jours manger de la brioche.

Mardi, 5 mai 1829.

ESQUISSES DE LA CHAMBRE DES DÉPUTÉS.

M. JACQUES LAFFITTE. — M. CASIMIR PÉRIER.

Ces deux honorables députés jouissent à un égal degré, quoiqu'à des titres différents, de la faveur publique. M. Laffitte, en travaillant par ses conseils et par son influence à la restauration de nos finances, n'a pas peu contribué à la libération du territoire. M. Casimir Périer ne s'est pas moins illustré par la défense des libertés nationales contre leurs ennemis de l'intérieur. Le premier a servi la France par son crédit et par ses lumières ; le second a bien mérité d'elle par son éloquence patriotique. Toutefois, pendant le cours de sa carrière parlementaire, M. Périer s'est montré plus orateur, et M. Laffitte plus homme d'Etat. C'est qu'en effet, de nos jours, la richesse des nations est le véritable secret de leur puissance, et le politique le plus habile, celui qui entend le mieux l'administration de la fortune publique.

M. Jacques Laffitte est un homme de l'âge de cinquante-cinq ans environ. Sa figure est fine et spirituelle, son élocution facile et abondante, sa mise extrémement simple, son abord affable et bienveillant. Quoique son immense fortune lui ait fourni mille occasions de rendre des services et, par conséquent, de rencontrer des ingrats, il n'est pas resté moins généreux ni moins confiant. On cite de lui une foule de traits d'obligeance et de délicatesse que nous aurions quelque embarras à signaler, nous autres frondeurs, dont l'habitude n'est pas de faire des panégyriques. Quand Bonaparte quitta la France en 1815, il remit à M. Laffitte cinq millions en dépôt contre un simple reçu. Quelques mois auparavant, Louis XVIII, fuyant devant l'empereur, lui avait confié, dit-on, le fruit de ses épargnes et le pain de son exil. Quand les hommes de Coblentz, devenus députés par la grâce de M. de Villèle et consorts, éliminèrent Manuel, d'héroïque mémoire, M. Laffitte accueillit ce grand citoyen dans ses bras et paya la dette de la France. Dernièrement enfin, dans le choix d'un mari pour sa fille, l'honorable député de Bayonne a donné la préférence à l'héritier d'un sang illustre versé par les mains ennemies et devancé, autant qu'il dépendait de lui, une grande réparation générale.

Quelques censeurs austères ont reproché à M. Laffitte des

habitudes aristocratiques et un luxe dont l'industrie, pourtant, ne lui a jamais su mauvais gré. C'était méconnaître la nature véritable de son caractère, plébéien par principes, indépendant par goût et retrempé par de longs travaux politiques. Cet amour de l'indépendance a failli faire perdre, un moment, à M. Laffitte la popularité dont il n'a cessé de jouir. On sait qu'il se prononça, dans le temps, en faveur de la réduction de la rente, proposée par M. de Villèle dans l'intérêt des émigrés, et que cette démarche, résultat de ses études sur le crédit, fut considérée comme une espèce de défection. Loin de se rétracter, M. Laffitte persista dans sa résolution, que l'expérience a justifiée depuis et que plusieurs députés libéraux, mieux éclairés, appuient aujourd'hui de leurs suffrages. Il est désormais reconnu que le droit de l'Etat est d'emprunter au taux le plus modéré, et que c'est pour le gouvernement un devoir d'user de ce droit, puisque la nation au nom de laquelle il agit, forte de trente-deux millions d'hommes, est le plus solide de tous les débiteurs. M. Laffitte a eu l'honneur de faire triompher cette doctrine si essentielle à la prospérité du crédit public, et dont la France retirera quelque jour des avantages incalculables, quand elle voudra parler haut en Europe.

La popularité de M. Casimir Périer date surtout de son opposition à cette mesure financière. La haine qu'on portait au ministère Villèle était si grande alors, que ce fut une bonne fortune pour l'honorable orateur de se trouver à la tête du parti qui travaillait à le renverser. M. Casimir Périer ne resta pas au-dessous d'une tâche aussi belle, et c'est à lui que la France doit d'avoir signalé à la tribune les fourberies et les turpitudes de cet odieux ministère. Lorsque les violences et les fraudes électorales eurent réduit à une mince phalange les rangs éclaircis de nos défenseurs, il fallut suppléer au nombre par le courage, et M. Casimir Périer valut seul une armée.

Sans cesse il était à l'attaque, harcelant, démasquant ses adversaires, ne laissant aucun mot sans réponse, aucun sophisme sans réfutation, aucune insulte au pays sans vengeance. Guerre pénible et difficile, où manquait l'espérance, et soutenue par les seules forces qu'inspirent l'honneur et le patriotisme.

On se souvient encore de ces improvisations énergiques et spirituelles qui consolaient la France de la longue oppression sous laquelle elle se résignait à gémir. M. Périer n'était pas seul sur la brèche, mais il y combattait toujours, ardent à poursuivre l'ennemi, à déjouer les ruses jésuitiques et à rallier les courages défaillants. Ce terrible exercice, dans lequel les talents de l'honorable député grandissaient à vue d'œil, a fini par altérer sa santé, et M. Casimir Périer est condamné aujourd'hui à ne prendre part que de son conseil et de son vote aux discussions parlementaires. Il est rare qu'il manque d'assister aux séances de la Chambre, et nous le voyons tous les jours venir s'asseoir avec exactitude à sa place ordinaire, au premier banc de la gauche, en face de M. Syrieys de Mayrinhac. Sa figure pâle porte l'empreinte de ses souffrances, mais son embonpoint n'a pas sensiblement diminué. M. Casimir Périer est d'une taille élevée, ses traits sont graves et sévères ; son accueil, un peu froid, est dépourvu de cette aménité qui distingue M. Laffitte. On dit qu'il répond rarement aux lettres qui lui sont adressées, et qu'à force de faire la guerre à M. de Corbière, il a gagné de son ennemi cette mauvaise habitude.

UN TARTUFE.

Ton royalisme est suspecté,
C...., la fureur t'est permise;
Qui vit de sa fidélité
Doit défendre sa marchandise.

COUPS DE LANCETTE.

Nos ministres ont fait jusqu'ici du gouvernement représentatif un gala auquel la France ne prend part que pour payer la carte.

* *

M. de Peyronnet prenait l'état de ses dépenses pour les dépenses de l'État.

* *

Les ministres ont tenu dimanche un conseil extraordinaire ; c'est tout ce qu'il y a eu d'extraordinaire dans leur conseil.

* *

Il est toujours question d'appeler M. de Polignac au conseil : est-ce qu'on veut donner la rougeole à la Charte ?

* *

La France ne verra jamais clair dans le budget tant que ses députés ne feront que des économies de bouts de chandelles.

PRIVILÉGE SCANDALEUX.

Empressé de se rendre où le butin l'appelle,
Certain ministre, un de ces derniers jours,
Prit par le Louvre afin d'éviter maints détours.
　　Mais, à sa consigne fidèle :
— Les paquets n'entrent pas, lui dit la sentinelle.
— C'est le budget. — Pardon, cela passe toujours.

COUPS DE LANCETTE.

Quand viendra le vote du budget, la Chambre devrait faire avaler au ministère un bouillon..... économique.

M. Cuvier a visité les mâchoires de la baleine, elles ne valent pas les mâchoires du budget.

Tous les députés parlent contre le budget, mais le ministère ne s'en émeut pas; il compte sur le scrutin secret, où la plupart de ces messieurs n'ont plus alors de secret pour les ministres.

Nos Excellences qui prennent part à la discussion du budget promettent des économies pour l'année prochaine; ces promesses ressemblent à cette enseigne d'un barbier :

DEMAIN, ON RASERA ICI POUR RIEN.

Un préfet en activité disait, il y a quinze jours, dans le salon du ministre de la marine : — « Il n'y a qu'un mode d'élection qui convienne : c'est le système des *boîtes à double fond*, je l'ai toujours employé avec succès dans mon département.

Mercredi, 17 juin 1829.

LES NOMS PROSCRITS (1).

(*Un village du département de l'Oise.*)

LA SALLE DE LA MAIRIE.

LE MAIRE. — Que demande-t-on?... Ah! c'est vous, François Piton!

PITON. — Oui, monsieur le maire, c'est moi. Je venons avec deux jumeaux que le ciel et not' femme nous ont donnés à ce matin, vers les cinq heures. V'là Jacques Leroux et Benoît-Floréal Durantin, qui sont les témoins pour l'enregistrement.

LE MAIRE. — Diable! bonhomme Piton, deux enfants à la fois! vous peuplez la commune; ça fait sept, je crois?

PITON. — Oh! mon Dieu, oui ; et, si je n'avions pas eu le malheur d'en perdre trois, ça ferait dix.... Ah çà, monsieur le maire, si je les enregistrions, ces mioches. Pendant que je devisons ici, y jeûnent. Les enfants d'un jour, voyez-vous, sauf vot' respect, ça aime à téter, comme vous et moi de cinquante ans j'aimons à boire la goutte. La mère les attend.

LE MAIRE. — Eh bien, Piton, enregistrons-les. (*Il appelle.*) Vincent, apporte-moi le registre des naissances. (*Il rédige*

---

(1) Ce n'est point ici une scène de fantaisie, il n'y a rien que de très-exact dans cette curieuse étude des mœurs administratives du temps. Plusieurs procès même furent intentés à des maires qui avaient refusé complétement d'inscrire des enfants sur les registres de l'état civil, sous prétexte que les noms choisis par les parents étaient des noms révolutionnaires.

l'acte, puis il présente le livre à la signature du père et des témoins.)

DURANTIN. — Signe donc le premier, François, t'es le père ; et puis, moi, il en sera bientôt fait : deux traits en croix, et v'là tout.

PITON. — Donnez la plume, monsieur le maire..... Ah! d'abord, il faut lire.

LE MAIRE. — Est-ce que vous savez lire, Piton?

PITON. — Pas trop mal, monsieur le maire; je n'ai-t'y pas été, dans les temps, caporal à la 3e du 1er du second des grenadiers à pied de la garde de l'autre. Fallait-il savoir lire pour arriver là? (*Il lit tout bas.*) Tiens, monsieur le maire, vous avez oublié queuque chose.

LEROUX. — Bah! M. le maire aurait oublié queuque chose; c'est ben étonnant, car y sait fièrement son état, depuis vingt ans qu'il y exerce.

PITON. — Il a oublié les noms des marmots, rien que ça.

LE MAIRE. — Je ne les ai pas oubliés, Piton, je les ai omis.

PITON. — C'est la même chose.

LE MAIRE. — Non pas.

DURANTIN. — M. le maire a raison, il les a omis, mais il ne les a pas oubliés.

LEROUX. — Oui, sans comparaison, c'est comme pour les listes de l'élection de 1827 ; M. le maire avait omis de les faire afficher, et il n'avait pas pu l'oublier, parce que tous les jours je lui en rafraîchissions la mémoire.

PITON. — Eh bien alors, sans trop de curiosité, pourquoi que vous avez omis les noms de mes enfants?

LE MAIRE. — Pour ne pas faire de ratures sur mon registre.

DURANTIN. — C'est juste, en laissant la place en blanc, gn'y aura point de ratures.

PITON. — Mais, monsieur le maire, y faut bien que vous leur z'y donniez des prénoms, à ces enfants. Comment voulez-vous qu'on les distingue l'un de l'autre, et de leurs frères, si s'appelont Piton tout court? Moi, je m'appelle François; vous Nicaise, et mon compère que v'là, Benoît-Floréal : tout le monde a des prénoms ; c'est l'usage, et puis c'est commode.

LE MAIRE. — Ce n'est pas moi qui donne les prénoms, c'est M. le curé.

PITON. — M. le curé ! Et si... une supposition, monsieur le maire, je ne voulions pas faire baptiser nos jumeaux, y n'auriont donc point de prénoms?

LE MAIRE. — Point de propos séditieux, monsieur Piton, je vous en prie. Il y a un procureur du roi à Senlis. Vous ferez baptiser vos enfants, et M. le curé verra quels noms vous voulez leur donner.

PITON. — M. le curé verra, dites-vous? Je ne sommes donc pas libres de nommer nos enfants comme je voulons ?

LE MAIRE. — Certainement non. Vous vous imaginez que M. le curé souffrira que vous les nommiez d'un nom dangereux?

LEROUX. — Des noms dangereux ! est-ce qu'il y en a?

LE MAIRE. — Tiens, s'il y en a ! n'a-t-on pas vu des gens nommer leurs enfants *Bonaparte ?*

PITON. — *Napoléon*, tout au plus.

LE MAIRE. — *Napoléon* ou *Bonaparte*, n'est-ce pas la même chose? Pensez-vous que M. le curé voudrait consentir à donner à un enfant chrétien le nom d'un usurpateur qui persécuta l'Église. Croyez-vous qu'il laissera baptiser un de vos fils si vous l'appeliez *Benjamin?*

PITON. — Et pourquoi pas? Est-ce que l'empereur s'appelait aussi *Benjamin ?*

LE MAIRE. — Non ; mais il y a à Paris un enragé de constitutionnel...

DURANTIN. — Ah ! oui, M. Benjamin Constant.

PITON. — Savez-vous alors que ça deviendra difficile de nommer des enfants ! Je ne ferons pas mal de nous en tenir à nos sept, car il sera impossible bientôt, si on épluche le calendrier, de trouver un prénom pour un huitième...

LEROUX. — Allons, Piton, finissons-en, M. le maire ne veut pas mettre des prénoms là dedans parce que M. le curé le gronderait. Faut aller chez M. le curé.

DURANTIN. — Il est à la ville, et je ne pourrai le voir que demain.

PITON. — Et s'il arrivait un accident c'te nuit ? si une de ces petites créatures veniont à mourir ?

LE MAIRE. — Laissez donc, ils sont bien constitués. D'ailleurs, si le malheur arrive, nous consulterons le curé et nous remplirons le blanc, comme si l'enfant avait été baptisé.

PITON. — Ce n'est pas régulier, et si j'avions fait une chose semblable sur le livret de mon escouade, j'aurions été cassé à la tête de la compagnie.

LE MAIRE. — On ne casse pas les maires comme les caporaux.

DURANTIN. — C'est peut-être ben pour ça que les communes sont si drôlement administrées.

LE MAIRE. — Silence, Durantin, vous pourriez vous compromettre. Retirez-vous tous, Piton ; voyez M. le curé et apportez-moi ses ordres avec l'acte de baptême.

PITON. — Oui, monsieur le maire, et après j'écrirons à Paris.

ESQUISSES DE LA CHAMBRE DES DÉPUTÉS.

LA TRIBUNE DES JOURNALISTES.

C'est dans la tribune des journalistes que se joue la petite pièce de la Chambre des députés. Là, sont entassés dans un espace étroit, obscur, incommode, plus de vingt rédacteurs dont la plume infatigable transmet aux départements et à la postérité les élucubrations de nos représentants. Je dis vingt rédacteurs, quoiqu'ils soient plus de quarante, qui se relèvent toutes les deux heures et font sentinelle assidue pour empêcher qu'il ne s'échappe la moindre parcelle de ces préparations parlementaires destinées à endormir les électeurs. Jadis, les journalistes, placés dans l'enceinte de la salle, pouvaient du moins entendre les orateurs, saisir au vol l'interruption ou le député votant par assis et levé en faveur du budget ; mais depuis qu'un beau jour M. Poiferré de Cère, aujourd'hui libéral, se fut avisé de les faire expulser de la salle, pour les empêcher de critiquer de trop près sa médiocrité ministérielle, ils ont été relégués dans le couloir obscur ou plutôt dans le grenier qu'ils occupent aujourd'hui.

Les journalistes sont rangés sur deux rangs ; le second est occupé par les rédacteurs des feuilles des départements, et le premier par les rédacteurs des journaux de Paris, dans l'ordre suivant, de droite à gauche : la *Quotidienne*, le *Messager des Chambres*, le *Constitutionnel*, le *Courrier français*, le *Journal des Débats*, la *Gazette* et le *Journal du Commerce*; le *Journal de Paris*, nouveau venu, occupe la première place du second rang. De tous ces rédacteurs, chose curieuse! il n'en est pas un seul, même celui de la *Gazette*, qui n'appartienne à l'opinion constitutionnelle ; de sorte que, si dans les journaux ultras les séances des Chambres sont travesties au gré des absolutistes, c'est aux seuls directeurs de ces feuilles que ces altérations doivent être attribuées. C'est même un spectacle fort curieux et, selon moi, fort édifiant que de voir les rédacteurs de la *Gazette* ou de la *Quotidienne* partager l'hilarité si souvent provoquée par les discours de MM. de Laboullaye, Syrieys de Mayrinhac et consorts.

Ainsi, tandis que le tumulte règne dans l'assemblée, que la révolution interpelle Coblentz et que M. de Conny apostrophe M. Benjamin Constant, la plus parfaite union règne au banc des journalistes chargés de transmettre à la France l'histoire fugitive de ces violents débats. Là sont applaudis les hommes de talent, et la médiocrité honnie, de quelque côté qu'elle s'agite. M. Ravez et M. de Labourdonnaye, qui passèrent pour des Cicérons et pour des Démosthènes, ne sont plus que de simples mortels buvant de l'eau sucrée, voyageant de la tribune à leur place et de leur place à la salle des conférences. Combien de fois nous avons entendu d'excellents provinciaux de la Charente ou du Poitou, ravis d'admiration pour les discours de leurs députés, s'écrier, en les entendant pour la première fois : « Quoi! ce n'est que cela ? Voyez à quoi tiennent les réputations dans ce monde! » et s'en retourner tout confus.

La tribune des journalistes ne contient que deux sténographes, dont l'un appartient au *Messager des Chambres* et l'autre au *Journal des Débats*. Tous les autres rédacteurs se bornent à prendre des notes, d'après lesquelles ils rédigent les séances avec une exactitude qui n'est altérée que dans l'intérêt même des députés ; le public est rarement informé de ces fautes grossières, de ces *lapsus linguæ*, de ces exubérances de tribune qui allongent la plupart des discours. On lui cache toutes les tortures qu'éprouvent et font éprouver à l'auditoire ces improvisateurs contre nature, qui viennent bégayer à la tribune d'insipides lieux communs et qui se croient des orateurs. Les discours que le public lit dans les journaux sont exempts de locutions triviales, de fautes de français et d'absurdités de tout genre, excepté celles qu'il est nécessaire de conserver pour ne pas altérer la physionomie politique et littéraire de quelques honorables membres. Toute cette lessive, comme disait Voltaire, est faite par les rédacteurs des séances.

Quelquefois, cependant, les orateurs eux-mêmes écrivent leurs improvisations et disent au public ce qu'ils n'ont point prononcé devant la Chambre. C'est ainsi que M. Dupin aîné vient rédiger dans les bureaux du *Constitutionnel* toutes ses improvisations, et M. Benjamin Constant corriger les siennes dans les bureaux du *Courrier*. L'honorable M. Delaborde, M. Dupont de l'Eure et plusieurs autres encore, soigneux de leur réputation, imitent cet exemple, et ce qui, plus d'une fois, a paru très-difficile pendant la séance, est devenu tolérable le lendemain. MM. les députés poussent plus loin encore leur sollicitude pour la publicité : on en voit tous les jours adresser aux journalistes leurs discours, accompagnés d'une épître plus ou moins flatteuse. Quelques-uns, plus hardis ou plus contents d'eux-mêmes, les expédient par un huissier, sans phrase ou terminés par cette question laconique : « Voulez-vous mon discours? » A quoi, plus d'une fois, je sais des rédacteurs qui ont répondu : « Non, je ne veux pas votre discours. » Cette réponse fut faite, il y a quelques années, par trois rédacteurs différents à l'honorable M. Méchin. En vérité, des républicains ne seraient pas plus grossiers.

MM. les ministres ne mettent pas moins d'intérêt que les députés à soigner leurs discours, et nous sommes quelquefois témoins de correspondances fort curieuses entre nos diverses Excellences et les sténographes du *Messager*. C'est surtout

M. l'évêque de Beauvais qui paraît le plus inquiet du succès de ses improvisations. Dès qu'il prend la parole, les sténographes sont attentifs à leur poste, et Son Excellence est à peine descendue de la tribune qu'un huissier lui apporte son discours recueilli avec une merveilleuse promptitude. On voit alors M. Feutrier parcourir avidement ses homélies parlementaires, rayer les épithètes redondantes, supprimer les répétitions inutiles, arrondir sa période et faire disparaître avec coquetterie tout ce qui pourrait offenser l'harmonie ou la grammaire. M. de Martignac se contente d'expédier une ordonnance à l'imprimerie de son journal, souvent fort tard, pour exiger la suppression d'un mot ou d'une phrase qui lui semble hostile envers le faubourg Saint-Germain. Il faut bien vivre avec ses voisins : telle est sa maxime ; aussi, je l'ai vu quelquefois très-libéral le matin au palais Bourbon et, le soir, obligé de faire amende honorable au château.

Les journalistes sont, comme on le voit, les auxiliaires indispensables du gouvernement représentatif ; mais ils en sont aussi un des inconvénients les plus graves. C'est à leur excessive complaisance que la France doit d'être inondée d'insipides discours, mal composés, mal débités, mal écoutés et sur lesquels ils ont la faiblesse de jeter un vernis littéraire qui en déguise plus ou moins la médiocrité. S'ils se montraient impitoyables au point de laisser à chaque prétendu orateur sa physionomie naturelle, la France, alors, pourrait juger en connaissance de cause une foule de grands hommes qu'elle a cru envoyer à la Chambre. Les parleurs de profession seraient facilement distingués des orateurs véritables et les hommes qui font leurs affaires, de ceux qui traitent les affaires de la nation. On verrait fort bien alors ce que c'est que M. de Formont, ce que vaut M. Syrieys de Mayrinhac et quels représentants nous avons dans MM. Laboullaye, Laboëssière,

Bizieu de Lézard, Sallaberry et Compagnie. C'est surtout de ces honorables membres que le rival de Démosthènes aurait pu dire : « Que serait-ce, si vous eussiez entendu le monstre!.... »

LES AMIRAUX DE LA CHAMBRE ET M. DUPIN AINÉ.

Quand il a fallu discuter le budget des arts et des lettres, des poëtes comiques et tragiques se sont élancés à la tribune pour défendre les opinions qu'ils croyaient favorables aux lettres et aux arts; les savants en diplomatie, les publicistes se sont présentés pour la discussion du budget des affaires étrangères et de l'intérieur; les magistrats et les avocats n'ont pas manqué au budget de M. le garde des sceaux; les généraux les plus célèbres ont proposé de notables améliorations pour l'armée de terre et le régime de l'administration militaire; voilà des financiers qui entrent dans la lice pour éclairer avec M. Roy la question du crédit public et celle du meilleur emploi possible des fonds demandés aux contribuables : tout cela est dans l'ordre. Les hommes spéciaux parlent avec puissance des choses spéciales; ils préparent de bonnes délibérations, et, si de mesquins intérêts de parti ne l'emportent pas au moment des votes, les résolutions de la Chambre sont raisonnables.

Ce qui est arrivé pour la guerre, l'intérieur, les affaires étrangères et les finances, n'est point arrivé pour la marine. Les amiraux qui siègent à la Chambre n'ont pas trouvé une parole à jeter dans la discussion en faveur des institutions dont la marine a tant besoin et au profit des officiers d'une arme qui font, en temps de paix, un service plus fatigant que celui des officiers d'infanterie et de cavalerie en temps de guerre. D'honorables orateurs, peu versés en général dans les choses de la marine, bien moins faciles à apprécier que celles du génie, de l'artillerie et des autres professions savantes, ont décidé du sort des matelots, du matériel des armements et du traitement de table des capitaines de navire.

MM. Daugier et Halgan n'ont pas daigné faire ce que MM. Gérard, Clausel, Mathieu Dumas, Demarsay et Sebastiani ont fait avec un zèle et un talent que l'armée et les contribuables n'oublieront point. Ces honorables amiraux ont craint sans doute d'acquérir quelques droits à la reconnaissance des marins, et ils ont laissé la gloire d'une excellente opinion à M. Dupin aîné. MM. de Leyval, Benjamin Constant, Labbey de Pompières, Viennet, Clausel et Charles Dupin ont dit de bonnes choses assurément; mais la question n'a été réellement bien comprise que par M. Dupin aîné. Comment un avocat, qui n'a point été élevé dans un port et qui ne connaît guère plus la marine qu'un rentier revenu de Dieppe, où il a pris les bains pendant deux mois, est-il parvenu à saisir le point juste d'une discussion pour laquelle il faut encore autre chose que les notions vulgaires de l'administration et de la politique? C'est qu'il a étudié la matière avec une intelligence supérieure. MM. les amiraux Daugier et Halgan n'avaient probablement pas besoin de se livrer à des études nouvelles pour ouvrir un avis utile. Qui donc a pu les retenir?

Un fait reste à constater; c'est que, dans une chambre où siégent un vice-amiral et un contre-amiral, un docteur en droit a pris seul avec autorité la défense de la marine. Ne pourrait-on donner à M. Dupin le titre de capitaine de vaisseau honoraire? Il l'a mieux mérité vingt fois que tant d'officiers tirés par la Restauration de la ferme aux tabacs et d'autres écoles également propres à former des marins.

Lundi, 6 juillet 1829.

AUTOPSIE DU BUDGET.

On a ouvert dernièrement le corps de ce gigantesque animal, qu'on pourrait à bon droit appeler, comme la baleine royale, un énorme cétacé.

Il était bien malade et cependant d'une corpulence effrayante ; les hommes de l'art ont constaté les phénomènes suivants :

Le cœur, assez sain, était attaqué par une foule innombrable de polypes, dont le plus considérable, le milliard, n'avait pas la plus petite place.

La rongeante *sinécure* s'était emparée de la tête et l'avait dévorée presque entièrement.

Le ventre offrait une complication effrayante de maux divers, tels que *l'impôt foncier, l'octroi*, etc.

Les parties basses étaient affectées de *la loterie*, de *la roulette* et de *la police;* elles étaient dans un état effroyable.

Les docteurs, désespérés de n'avoir pu le guérir, ont rédigé un cahier d'observations qui leur servira à étudier les mœurs et le caractère de l'enfant du défunt : car le budget est un animal qui a l'incroyable propriété de se reproduire en mourant. Le petit a été mis en nourrice jusqu'à l'année prochaine.

BIGARRURES.

Les journaux anglais annoncent positivement l'entrée de M. de Polignac au ministère, en qualité de président du conseil.

* *

M. de Polignac est arrivé hier à Paris, à la suite de l'orage.

Vendredi, 7 août 1829.

FORMATION D'UN NOUVEAU MINISTÈRE.

Le *Moniteur* de demain donnera la liste des ministres nommés, dit-on, dans le conseil d'hier. Voici les noms que nous avons pu recueillir :

Président du Conseil : M. de Polignac.
Ministre de la Justice : M. Castelbajac.
Ministre de la Guerre : M. de Martignac.
Ministre des Cultes : M. le général d'Ambrugeac.
Ministre de la Marine : M. de Balzac.
Ministre du Commerce : M. le duc de Rastignac.
Ministre de l'Instruction publique : M. de Maÿrinhac.
Ministre de l'Intérieur : M. le duc d'Esclignac.
Ministre de la Maison du Roi : M. de Saintenac.
Ministre des Finances : M. d'Escayrac.
Directeur général des Haras : M. de Mornac.
Directeur général des Postes : M. Blaniac.
Directeur général des Ponts et Chaussées : M. de Cressac.
Directeur général des Contributions indirectes : M. le marquis de Vérac.
Directeur-général des Douanes : M. de Saunac.
Directeur des Beaux-Arts : M. de Flangeac.
Préfet de Police : M. de Foirac.

On ne sait pas encore quels postes sont réservés à MM. de Sivrac, marquis d'Abzac, de Guernisac et Solliac.

Le 31 juillet 1829, les journaux avaient annoncé l'arrivée à Paris de M. de Polignac. « Le soin de sa santé, le besoin de respirer l'air natal l'y appelaient, » disaient-ils. Ce prétexte ne trompa personne. On s'attendait aux événements les plus graves.

Ils ne tardèrent pas à se réaliser. Depuis longtemps Charles X brûlait de se séparer des ministres qui lui avaient « arraché des concessions énormes ; « s'il avait attendu, c'est que le vote du budget de 1830 pouvait seul lui rendre sa liberté d'action. Le budget voté, la Chambre séparée, Charles X se trouvait du temps devant lui. Il était le maître, il le fit bien voir.

Le 8 août, les ministres furent mandés à Saint-Cloud, et le roi leur annonça sa résolution de choisir un nouveau conseil. Il eut, pour tous ces hommes qui avaient perdu leur popularité à son service, des paroles de reproche, d'amertume et de colère. Il semblait s'en prendre à eux de la triste situation où se trouvait le gouvernement. Son dernier mot fut : Plus de concessions.

Puis, il leur dit les noms de ses nouveaux conseillers. Les ministres disgraciés se retirèrent tristement : dans leur pensée, la monarchie était perdue.

Le ministère Polignac devait en effet mener rapidement la royauté à l'abîme. Mais aussi, quelle imprudence, quelle impéritie de la part du roi. « Allons, s'était écrié M. Royer-Collard, Charles X est toujours le comte d'Artois de 1789. »

C'est que jamais les plus implacables ennemis de la maison de Bourbon, « s'imposant la tâche de précipiter sa chute, en lui infligeant des ministres impopulaires, n'auraient pu choisir des noms plus détestés. » Polignac, Bourmont, Chabrol, Courvoisier. Ces noms résumaient en quelque sorte les souvenirs les plus tristes, les plus désastreux des quarante dernières années. Ils semblaient, ces hommes, dont s'entourait Charles X, la personnification vivante de toutes les douleurs, de toutes les hontes du passé, émigration, complots, trahisons, invasion de l'étranger, réaction, vengeances.

Aussi jamais on ne vit inquiétude plus générale, irritation plus vive. Ce fut une panique universelle; toutes les transactions commerciales furent suspendues, il y eut à la Bourse, ce thermomètre de l'opinion, une baisse énorme.

Mais Charles X ne voulait rien voir, rien entendre. Il fermait les yeux à la lumière, il se bouchait les oreilles, pour que la vérité ne pût venir jusqu'à lui. « Malheureuse France, malheureux roi! » s'était écrié le *Journal des Débats;* ce cri éloquent résumait la pensée de tous, il devint comme le mot d'ordre.

Le premier moment de stupéfaction passé, il y eut une explosion de haines et de colères. On devinait trop les intentions du roi; la nomination du cabinet Polignac était une déclaration de guerre, on accepta la guerre.

Dès le lendemain, une foule de brochures inondèrent la France, dénonçant la royauté à l'opinion. C'étaient le *Cri d'alarme*, les *Conseils au roi*, la *Biographie des nouveaux ministres*, la *Pol-Ignacide; Feu partout, voilà le ministère Polignac*, et bien d'autres encore. Les journaux faisaient chorus.

En tête des plus hardis, il faut placer le *Figaro*. Le dimanche 9 août, il parut encadré de noir. Il prenait le deuil: était-ce de la constitution ou de la monarchie? Le numéro fut saisi, la transparence des allusions ne laissait aucun doute sur la pensée des rédacteurs. Cette saisie fut comme un brevet de popularité. Le lendemain le numéro valait dix francs et, comme on en tirait dans les caves, il en fut distribué plus de 10,000 exemplaires. Poursuivi, Bohain fut condamné à six mois de prison et à mille francs d'amende (29 août).

J'ai cru devoir donner le texte entier de ce numéro qui a conservé une grande célébrité et qui est devenu à peu près introuvable.

Dimanche, 9 août 1829.

On parle du rétablissement de la censure par ordonnance. Nous déclarons, n'ayant point à craindre les tribunaux, que nous braverons cette mesure, qui forcément doit être prise. Si nos presses sont enlevées d'assaut par les gendarmes, nous ferons composer et imprimer notre feuille dans les caves. Nos abonnés peuvent en tous cas être tranquilles; ils recevront le journal, dussions-nous le faire imprimer hors Paris, voire même en Belgique.

Paris, 8 août 1829.

NOUVEAU MINISTÈRE.

Présidence et affaires étrangères : M. de Polignac.
Instruction publique et affaires ecclésiastiques : M. Monthel.
Intérieur : M. Labourdonnaye.
Commerce : à nommer.
Guerre : M. Bourmont.
Justice : M. Courvoisier.

Marine : M. Rigny.

Finances : M. Chabrol de Crussol, ancien ministre de la marine.

Préfet de police : M. Renneville.

M. d'Hermopolis est chargé de la feuille des bénéfices.

Aujourd'hui, à l'ouverture de la Bourse, tous les yeux étaient fixés sur une douzaine d'individus qu'on n'avait pas vus y paraître depuis la chute du ministère Villèle ; bientôt ce bataillon sacré s'est mis en mouvement et s'est empressé de vendre. Une demi-heure après, les noms des nouveaux ministres ont circulé dans l'assemblée, et une baisse de 4 fr. environ est survenue. C'est débuter par un coupe-gorge.

BIGARRURES.

— Au lieu d'illuminations, à une solennité prochaine toutes les maisons de la France doivent être tendues en noir.

— C'est à la sollicitation de lord Wellington, *duc de Waterloo*, que M. Bourmont a été nommé ministre de la guerre.

— Le nouveau préfet de police va tout rétablir sur l'ancien pied ; on espère que bientôt il laissera rentrer les jésuites et sortir les filles.

— M. de Belleyme avait en vue l'extinction de la mendicité ; M. de Renneville travaillera à l'extinction de la publicité.

— Les syndics de la faillite de M. le prince de Guéméné ont été écroués hier, pour avoir refusé dix pour cent que ce seigneur avait eu la générosité de leur offrir.

— M. Malitourne, auteur de l'*Histoire de la Restauration*, qui n'a pas encore paru, a reçu une lettre de cachet pour le chapitre des cuisines du château, dont il a l'idée.

— M. de Belleyme a donné sa démission aux voleurs!

— M. de Linguet a voulu donner hier une sérénade à l'un de ses patrons. Une erreur l'a fait rosser par les gens. On vient de publier, rue Saint-Honoré, au *Mont-d'Or*, chez les marchands Janet et Cotelle, à côté de l'hôtel de M. le marquis d'Aligre, une jolie chansonnette avec accompagnement de guitare ou de lyre, par MM. Philidor et Monsigny.

— M. Beauregard a paru ce matin devant la grande Tournelle, chambres assemblées. Il est resté quatre heures sur la sellette. On dit qu'il a gravement chargé le sieur Martainville, son complice.

— Hier, une rixe violente a eu lieu à la buvette de MM. les avocats entre MM. Berryer fils et Hennequin. La robe du dernier ayant été déchirée, le lambeau a été remis au greffe par M. l'huissier de la chambre. Me Dupin aîné plaidera dans cette affaire.

— M. de Mérindol a été promu, en lit de justice, à la place de réformateur du système décimal.

— Le lansquenet a fait beaucoup de victimes à la dernière soirée de madame la duchesse d'Aiguillon.

— Une bande de faux saulniers inquiète depuis

quelques jours la généralité d'Orléans. Les employés de la gabelle ont déployé le plus grand sang-froid pour réprimer leur audace.

— M. J. Pain vient d'être nommé pair de France.

— M. de Marcellus vient d'être nommé directeur de l'Opéra, en remplacement de M. Lubbert, exilé dans ses terres pour une querelle avec M. le Premier.

— L'Ecole polytechnique va prendre le titre d'Ecole des cadets.

— La Bourgogne va présenter une requête signée de tous les notables de la province, tendant à obtenir quelque soulagement à l'égard des subsides.

— Un huguenot, écrit-on de Foix, fut pendu la semaine dernière pour délit de sa religion.

— Trois brelans secrets ont été dépistés hier par MM. les agents de M. le lieutenant civil.

— Quelques jeunes seigneurs, légèrement pris de vin, eurent hier une rencontre avec des hommes du port qu'ils maltraitèrent. Justice sera faite des manants du port.

— Hier, à la Comédie-Française, de jeunes gentilshommes ont vigoureusement étrillé l'ombre de Ninus, pour avoir grossièrement heurté leurs banquettes et causé la chute de l'un d'eux.

— M. Sosthène de Larochefoucauld doit être ordonné jeudi prochain; la cérémonie aura lieu à Saint-Thomas-d'Aquin. Madame Du Chayla prendra le voile le même jour; les choristes de l'Opéra chanteront un motet; Mademoiselle Taglioni dansera un psaume.

— Le gouvernement français a demandé l'extradition

de MM. Mingrat et Contrafatto, appelés à diriger les affaires ecclésiastiques et l'instruction primaire des deux sexes. Une dépêche télégraphique a dû enjoindre à M. l'abbé Molitor de se trouver après-demain au plus tard à Paris; il est nommé directeur de la maison royale de Saint-Denis.

— M. Bénaben a été habillé hier à neuf par ordre de la police.

— M. l'abbé Liautard, maintenant curé à Fontainebleau, vient d'être canonisé vivant.

— Le ballet des *Eléments* doit être repris mardi à l'Opéra; le nouveau directeur, l'infatigable M. de Marcellus, poursuit les répétitions de *Cythère assiégée*.

— M. Dupuytren vient d'être nommé syndic de la corporation des chirurgiens-barbiers.

— Le sieur Lourdoueix a passé aujourd'hui, dans la cour de la Sainte-Chapelle, la revue des membres de l'ancienne censure.

— Les libraires associés se sont réunis hier chez M. Delalain, à l'effet de procéder en commun à la réimpression du *Nobiliaire général du royaume*. Le privilége sera signé par un descendant de Lebègue.

— La cérémonie du Suisse de la rue aux Ours aura lieu dimanche. Immédiatement après la combustion du mannequin, une procession aura lieu autour du marché des Innocents; on fera une quête au profit de l'œuvre de MM. les clercs de Saint-Pierre aux Bœufs.

— MM. les empereurs cravatiers de S. M. ont offert aux gentilshommes de la Chambre un nouveau modèle de col à l'usage de la Maison-Rouge.

— Le Roi a reçu, avant-hier, en audience particulière, M. Victor Hugo. Si l'on en croit les on-dit, Sa Majesté aurait manifesté à l'auteur du *Duel sous Richelieu* des opinions qui seraient loin d'encourager la littérature à pétitions. M. Victor Hugo avait grand espoir; mais voici venir un gracieux coup d'Etat qui menace de le reporter un peu loin. On assure que le nouveau conseil des ministres s'est réuni sous la présidence de M. de Polignac; il a été décidé qu'il ne serait plus joué que des mystères.

— L'architecte de la cour est chargé de présenter un plan pour la reconstruction de la Bastille. Les prisonniers d'Etat ont été provisoirement déposés ce matin à la Force.

— M. de Ménéchet vient d'être nommé capitaine des mulets de la Chambre.

— M. Franchet a fait présenter, dans la journée d'hier, un rapport sur le rétablissement des lettres de cachet.

— On assure que M. Delaveau a eu cette nuit une audience du Roi.

— Il n'est plus question de la continuation du Louvre. Des fonds viennent d'être faits par le ministère de l'intérieur pour établir des oubliettes dans tous les châteaux seigneuriaux des provinces de France.

— M. le vidame de Chartres est tombé de cheval au bois de Boulogne; il a été heureusement relevé par M. le roi d'armes de France, qui se rendait à sa petite maison avec *deux filles de l'Opéra*.

— Madame l'abbesse de Chelles vient d'accoucher

heureusement d'un garçon. On en attribue la paternité à un mestre de camp connu par son bonheur au pharaon.

— Le *Journal des Débats* a été mis ce matin au pilon devant la Chambre ardente. M. Bertin a été admonesté par un président à mortier, qui lui a enjoint de prendre à l'avenir M. Deliége pour collaborateur.

— Les membres du centre droit ayant été livrés à don Miguel, ce prince a ordonné qu'on leur posât un milliard de sangsues. « Les jacobins, dit la *Gazette*, vont être enfin punis. »

— M. Amy est nommé seul électeur de France.

— Par suite du mouvement ministériel, madame Pan... se trouve dans l'aisance.

— Vingt-deux régiments vont être concentrés sur Paris. Il s'agit d'arrêter M. Laffitte. On s'attend à une forte résistance. On ne dit pas si le pillage est promis aux soldats.

— M. de Polignac vient d'établir une école d'instruction mutuelle pour les protestants dans la terre de Fenestrange, que la justice du Roi lui a enfin rendue.

— La dernière fête du Landit a été troublée par le vin qui manquait dans les auberges. Le révérend père Loriquet, recteur de l'Université, a pris une décision pour prévenir désormais un pareil accident.

— M. de Malarmé vient d'être nommé directeur général des postes.

— M. Th. Bidault, louvetier de Seine-et-Marne, a déposé hier un pied de chevreuil, au petit coucher de madame de Kérolan, au château de M. le coadjuteur de Sens.

— M. Récamier vient d'examiner un possédé dans la grande salle de l'Hôtel-Dieu. Le savant docteur avait pris le soin de se présenter, avant la consultation, au tribunal de la pénitence.

— M. Roger, de l'Académie française, vient d'être nommé colonel des cuirassiers-dauphin.

— M. de Puymaurin doit ouvrir, dit-on, un cours de médecine vétérinaire.

— La *Gazette* se vendait déjà hier soir à tous les coins de rue.

— M. le baron Saint-Victor, seigneur des documents, a été nommé horloger du Roi.

— Adjudication, par autorité de justice, de la pierre sépulcrale du sieur Talma, histrion.

— M. le duc de Wellington, maréchal de France, a commandé hier l'exercice à feu au Champ de Mars; M. de Bourmont était derrière lui.

— MM. Delvincourt et Bonnet sont faits échevins de Paris. M. de la Panouze est prévôt des marchands.

— On donne la ferme du sel et du charbon à M. de Villèle.

— Le père Rootham, général des jésuites, est nommé maréchal de France en remplacement du prince de Hohenlohe.

— L'ancien censeur Duplessis est fait brigadier de gendarmerie.

— M. le comte de Corbière est élevé à la dignité de grand prévôt.

— On jouera demain au Théâtre-Italien *la Calomnie*, où mademoiselle Colombe paraîtra pour la dernière fois.

— M. Ouvrard a paru à l'Œil-de-Bœuf; il a eu une longue conversation avec M. Dudon.

— M. le premier peintre du roi a enfin obtenu justice des critiques. On dit que l'auteur du *Peuple au Sacre,* brochure très-piquante sur le dernier chef-d'œuvre de M. Gérard, que la cour a tant admiré, est en fuite. Si on parvient à retrouver M. Jal, il sera probablement mis à la Bastille.

— M. de Lourdoueix a obtenu l'entreprise des boues de Paris.

— Le baron Dudon est nommé président de la Cour des comptes.

— M. Bohain doit être roué jeudi. On n'a obtenu jusqu'ici de lui aucun aveu; il a refusé d'entendre l'aumônier des prisons.

— Le privilége des grands danseurs du roi a été donné hier à un ancien valet de chambre de M. le vicomte Sosthène de Larochefoucauld.

— M. Véron, directeur de la *Revue de Paris,* recueil littéraire brûlé ce matin au pied du grand escalier, vient de chercher un asile en Hollande, par suite d'une descente de justice faite à son domicile. On est sur les traces de ce gazetier.

— Le prix des ports d'armes est porté à un million.

— Un braconnier, nommé Bégnet, vient d'être mis au ban de la capitainerie pour avoir tué d'un coup de pierre, en terre de clergé, un canard sauvage.

— Madame Elie, de l'Opéra, qui était à M. de Meaux, passe à M. de Cambray.

— M. Piet a reçu son diplôme de maître-queux de l'hôtel.

— M. le comte de la Boëssière vient d'être nommé président du tribunal de la justice Bottée.

— Le prévôt des marchands doit tenir prochainement une séance à l'Hôtel-de-Ville pour l'adjudication des potences. On cite plusieurs traitants, fermiers généraux et receveurs des aides, qui se sont mis sur les rangs.

— Hier, trois dames de la Comédie-Française, deux demoiselles de la Comédie-Italienne et une fille de l'Opéra ont été conduites au For-l'Evêque, sur la requête de M. le lieutenant de police.

— M. Auguste Romieu, conservateur des antiquités du Morbihan, a reçu une menace de destitution, s'il ne rassemblait, d'ici à huit jours, tous les ossements de l'armée royale et catholique décédée à Auray et Quiberon.

— Hier soir, la foule se pressait autour d'un vieillard baigné dans son sang. Il venait d'être tué d'un coup d'épée. — Ce quidam, chirurgien-barbier de son état, avait, en courant, blanchi l'habit bleu de roi du marquis de ***. Celui-ci lui passa son épée à travers le corps. — Le sergent du guet appelé pour cette bagatelle déclara que, d'après le nouveau tarif, il était dû par M. le marquis trente-six livres. M. le marquis paya et passa outre.

— M. Delaforest vient d'être nommé porte-coton de Son Eminence M. de Toulouse.

— Royal-Cravate va tenir garnison à Paris, en remplacement de Royal-Vaisseau.

— Trois cadets de Bourgogne-infanterie ont été trouvés ivres-morts par le guet, dans un mauvais lieu voisin de la porte Saint-Honoré.

— On dit que M. le général Canuel va être nommé grand bailli de Vermandois.

— La maréchaussée a arrêté hier et conduit pardevant M. le lieutenant de police, un homme de bas étage, s'étant permis d'entrer dans un jardin royal l'épée au côté; il en sera écrit au cabinet de Versailles.

— On parle du rétablissement de l'hommage lige et leudes. M. Quatrebarbe a déposé un projet.

— Le trois pour cent doit hausser demain.

— Dix-huit mille pétitions ont été déposées au bureau de la Chambre des pairs contre le rétablissement du droit de cuissage.

— Par ordonnance du roi, M. de Polignac vient d'être décoré du titre de célèbre voyageur.

— Les querelles des Armagnacs et des Bourguignons seront, dit-on, bientôt apaisées.

— Une rixe a eu lieu ce matin au sujet de la charge de gentilhomme caudataire de M. de Paris; c'est M. de Conny qui l'a emporté.

— La musique de Rossini va être supprimée pour rétablir l'harmonie en France.

— M. de Labourdonnaye est nommé ministre de l'intérieur. Il était désigné, ces jours derniers, comme successeur de l'abbé Sicard à l'Institution des Sourds-Muets.

— M. de Courvoisier est nommé ministre; on prétend qu'il sera mis en justice.

— Mademoiselle Duchesnois vient de contracter un nouvel engagement de vingt ans avec le Théâtre-Français.

— M. Pardessus demande si on ne pourrait pas lui donner une place dans un ministère quelconque. Etant propre à tous les emplois, peu lui importe d'être à la guerre, aux cultes ou aux finances; il sera le même partout.

— La police de Paris est confiée à M. de Reyneville, âgé de 29 ans. Nous sommes tranquilles.

— M. l'archevêque de Paris a souscrit à dix mille exemplaires du *Corsaire*, journal des théâtres.

— Une ordonnance porte le rétablissement de trois couvents de capucins. Les capucins de Paris auront pour prieur M. le maréchal Soult, qui est entré en religion et qui prendra le nom de *frère Basile*.

— Les héritiers de Law ont été reçus en audience particulière par M. de Chabrol.

— M. Bourmont est nommé ministre de la guerre. C'est son bâton de maréchal de la bataille de Waterloo.

— L'emplacement occupé naguère par le théâtre de l'Ambigu-Comique vient d'être rendu aux théatins.

— La foire Saint Laurent rouvre lundi. Un pas sera dansé par d'illustres personnages.

— M. de Genoude a procédé hier à la révision de M. le généalogiste de France. Des fonds lui ont été alloués pour ouvrir un café à Grenoble, sa patrie.

— M. Delavau est nommé général des galères.

— L'honorable M. Syrieys de Mayrinhac, ancien directeur des haras, est promu au grade de mestre de camp de cavalerie. Son collègue, M. Marcassus de Puymaurin, est fait bailli de Meudon.

— M. Franchet commandera le corps des tristes-à-pattes; c'est M. Duplessis-Grénédan qui aura le guet à cheval.

— M. Pardessus est au-dessus de tout.

— M. de Polignac est abonné au *Figaro*.

— Tous les contribuables de France ont fait écrire sur leurs portes : *Crédit est mort, les mauvais payeurs l'ont tué.*

— M. de Martignac est parti ce soir pour Chanteloup.

— Le Roi a reçu en audience particulière madame la comtesse du Chayla.

— M. Roux, chirurgien en chef de l'hôpital de la Charité, doit incessamment opérer de la cataracte un auguste personnage.

COUPS DE LANCETTE

Un grand nombre d'officiers supérieurs de l'armée se proposent, dit-on, de donner leur démission.

⁎
⁎ ⁎

Sur la demande du général Bourmont, le pont d'Austerlitz va changer son nom pour celui de pont de Waterloo.

⁎
⁎ ⁎

Les individus qui auraient déserté sont invités à se présenter au ministère de la guerre; il leur sera distribué des emplois particuliers dans la maison de M. Bourmont.

Nous serions fâchés de calomnier M. Coco-Lacour, mais nous avons quelques raisons de croire qu'il fera partie de la nouvelle administration.

AMEN.

Au ministère, ah! quel mic-mac!
Du despotisme le cornac
A quitté l'Angleterre, et crac
De son fouet on entend le clac.
Ah! le cœur nous en fait tic-tac!
On en a mal à l'estomac.
Eh! quoi, ce prince Polignac,
Qui vaut la prise de tabac
Et parle *et ab hoc et ab hac*,
A la façon de Mayrinhac,
Succède au brillant Martignac,
Des libertés il fait le sac
Et la Charte a son Ravaillac;
Mais qui prendra son almanach?...
Traitons-le comme un Pourceaugnac,
Qu'il remonte sur le tillac
Et tombe enfin dans le grand lac.

COUPS DE LANCETTE.

Voilà vingt-cinq personnes qui refusent la préfecture de police. Il faut pourtant que Paris soit tranquille : M. Jules de Polignac s'est décidé à choisir M. Jules *de* Vidocq.

On s'étonne de la nomination de MM. les ministres; on a bien fait un chevreuil consul.

.*.

On peut bien gouverner avec des potences et des filles (*Mot historique de M. de La Bourdonnaye*).

PÉTITION.

A trois hauts et puissants messieurs, par des victimes de la fatalité, ayant leur domicile dans un établissement public à Brest et à Toulon :

AIR : *Ah! daignez m'épargner le reste.*

PREMIER PÉTITIONNAIRE.

Salut! illustre déserteur!
D'un lieu d'exil j'ose t'écrire;
Pour te combler de sa faveur,
La Fortune vraiment conspire.
Trahissant aussi mes amis,
On m'a vu, dans une campagne,
Passer au camp des ennemis;
Je leur ai vendu mon pays,
Et cependant je suis au bagne!

DEUXIÈME PÉTITIONNAIRE.

Salut! héros des coups d'État!
Jadis ta machine infernale
Fit sauter, sous le Consulat,
Un quartier de la capitale,
Moi, dans les Cent-jours, accostant
La diligence de Bretagne,
J'ai tiré dessus simplement
Mon pistolet par dévoûment;
Et cependant je suis au bagne!

TROISIÈME PÉTITIONNAIRE.

Salut! homme d'exception,
Inventeur des catégories!
J'ai mis par admiration
En pratique vos théories.
Je fis bien mieux qu'en Portugal,
Mieux qu'à Naples, mieux qu'en Espagne!
Nîmes connaît mon bras fatal,
J'ai *puni* même un maréchal!
Et cependant je suis au bagne!

———

Vers pour mettre au bas du portrait de M. le baron Trouvé.

Ex-Pindare de Robespierre,
Ex-imprimeur, ancien préfet,
De Monseigneur il devient secrétaire.
C'est justice, il n'est bon qu'à mettre au cabinet.
La nation le trouve,
L'empereur l'a trouvé,
Polignac le retrouve :
C'est le baron Trouvé.

M. DE BOURMONT A SES AMIS.

Au ministère,
Mes amis, me voilà monté;
Est-ce au civil, est-ce à la guerre,
Que par hasard j'ai mérité
Le ministère?

Au ministère,
Je suis placé par un Anglais;
C'est un rendu, puisque naguère,
A Waterloo je lui prêtais
Mon ministère.

Au ministère,
Je vais bien fort me cramponner,
Et je jure par l'Angleterre
De ne plus jamais déserter...
Le ministère.

COUPS DE LANCETTE.

On peut forcer l'autorité à s'éclairer, sans lui manquer en rien.

(Louis XVIII.)

**

Rien n'arrête les journaux libéraux, dit la *Quotidienne*, rien..... excepté la poste.

Jeudi, 26 novembre 1829.

LE CONSEIL DES ORTOLANS.

(Octobre 1829.)

M. DE LABOURDONNAYE.

Il faut tenter l'entreprise. Qu'y risquons-nous? Nous avons de l'or pour décider les consciences timides...

M. DE POLIGNAC.

On ait bien des choses avec de l'or; mais l'esprit d'opposition est fort en France, et je crains que nous ne réussissions pas.

M. D'HAUSSEZ.

C'est jouer gros jeu, en effet; c'est peut-être compromettre la monarchie.

M. DE MONTBEL.

C'est la sauver, Monsieur.

M. DE CHABROL.

Je crois aussi que c'est la sauver.

M. DE POLIGNAC.

Et si les élections sont contre nous?

M. DE CHABROL.

Voilà l'embarras; car enfin, il ne faut pas vous dissimuler que la nation nous est peu favorable.

M. DE BOURMONT.

La nation peut passer au ministère, si nous nous y prenons bien. Il ne faut que quelques ordonnances pour la gagner à nos idées.

M. DE LABOURDONNAYE.

S'il y a des résistances, nous monterons à cheval!

M. DE CHABROL.

Oui, sans doute, montons à cheval.

M. D'HAUSSEZ.

Plus fait douceur que violence, Messieurs.

M. DE CHABROL.

Je suis du parti de la douceur aussi; mais cependant...

M. COURVOISIER.

Les rapports qui me reviennent de tous côtés, sur l'esprit

des départements, me font craindre que le moyen de la dissolution soit bien chanceux.

M. DE LABOURDONNAYE.

Chanceux ou non, il faut s'y résoudre.

M. DE CHABROL.

Mon cheval est tout sellé, d'abord.

M. DE POLIGNAC.

Messieurs, réfléchissez-y bien ; voudriez-vous donner le signal du trouble et de la guerre civile ? Ne vaudrait-il pas mieux...

M. DE LABOURDONNAYE.

Nous retirer, n'est-ce pas ? quitter la partie sans avoir fait le va-tout de la monarchie! Non, Monsieur ; je suis ministre, et tant qu'il y aura un trône debout, je serai près de lui.

M. DE CHABROL.

Moi aussi. Diable! si je m'en allais, cette fois, je ne reviendrais plus. J'y suis, j'y reste.

M. DE MONTBEL.

Nous devons un grand exemple au monde ; il faut mourir sur les degrés de l'autel et du trône.

M. D'HAUSSEZ.

Mais il ne s'agit pas de mourir. Vivre pair et cuirassé de cordons, avoir part au budget sans rien faire, c'est un sort assez agréable pour être envié.

M. DE LABOURDONNAYE.

Je suis au pouvoir, je n'en descendrai pas.

M. D'HAUSSEZ.

L'opinion publique est comme le dieu qui abattit Saül....

M. DE MONTBEL.

Toujours la manie de citer la mythologie!

UN HUISSIER (*entrant*).

Quelqu'un demande M. de Chabrol.

(*Le ministre des finances sort.*)

M. DE MONTBEL.

Que peut-on lui vouloir?

M. DE LABOURDONNAYE.

Ce diable de Chabrol, il manigance quelque chose contre nous, j'en suis sûr ; il va peut être au château pour désigner nos successeurs.

M. DE MONTBEL.

Il en est bien capable ; c'est le comité directeur incarné.

(*M. de Chabrol rentre.*)

M. DE CHABROL.

Ce n'est pas moi qu'on demandait : c'est M. le ministre de la marine.

M. D'HAUSSEZ.

Savez-vous ce qu'on me veut?

M. DE CHABROL.

Il s'agit d'un paquet arrivant de Bordeaux.

M. DE LABOURDONNAYE.

Sans doute quelques nouvelles relatives à la future élection du successeur de Rayez.

M. D'HAUSSEZ.

Non, non; je sais ce que c'est. Ce sont des ortolans que j'ai fait venir pour les offrir au Roi.

M. DE CHABROL.

Les ortolans sont un manger fort agréable.

M. COURVOISIER.

Oui, quand on n'est pas ministre et qu'on a l'esprit tranquille.

M. DE MONTBEL.

Je les aime assez rôtis.

M. D'HAUSSEZ.

Je les préfère à la provençale.

M. DE LABOURDONNAYE.

On ne peut les manger qu'en purée.

M. D'HAUSSEZ.

Oh! voilà qui est bien absolu.

M. DE POLIGNAC.

On m'a dit que c'était Sa Majesté Louis XVIII qui avait inventé la purée d'ortolans.

M. DE CHABROL.

Cela se pourrait bien, car j'en ai mangé chez le comte d'Escars. C'est une excellente chose, ma foi.

M. DE MONTBEL.

Il faut conseiller au Roi de se les faire servir bardés, rôtis et arrosés de madère.

M. DE CHABROL.

M. le ministre de l'instruction publique a parfaitement raison; le madère fait très-bien sur l'ortolan.

M. DE LABOURDONNAYE.

Eh non, morbleu ! Il faut que le Roi mange les ortolans en purée; je le soutiens.

M. D'HAUSSEZ.

Moi, je conseillerais à Sa Majesté de s'en fier à son maître-d'hôtel, qui doit être un homme de talent. D'ailleurs, vous ne voudriez pas, Messieurs, usurper la prérogative royale.

M. DE LABOURDONNAYE.

Je vois, Monsieur, que c'est pour n'être, sur aucun sujet, de mon opinion que vous ouvrez cet avis.

M. DE POLIGNAC.

Mon Dieu, monsieur de Labourdonnaye, que vous êtes entier dans vos idées !

M. DE LABOURDONNAYE.

On s'applique à me contrarier; mais je ferai voir que je suis résolu. Le Roi mangera ses ortolans en purée.

M. COURVOISIER.

C'est insupportable.

M. DE CHABROL.

Nous monterons à cheval!

M. D'HAUSSEZ.

Pour le parti des ortolans en purée ?

M. DE POLIGNAC.

Que dirait-on dans le monde, si on apprenait que le conseil

des ministres de France renouvelle la scène bouffonne du sénat de Domitien pour l'affaire du turbot?

M. DE CHABROL.

C'est vrai, Messieurs ; si quelque journal allait s'emparer de cet incident?

M. DE MONTBEL.

Et pourquoi y a-t-il encore des journaux? C'est la faute de messieurs les modérés du conseil.

M. DE LABOURDONNAYE.

Si on m'avait cru, la liberté de la presse aurait été suspendue.

M. DE BOURMONT.

Je m'y suis toujours opposé, et je crois avoir très-bien fait.

M. COURVOISIER.

La Charte...

M. DE LABOURDONNAYE.

Oui, avec la Charte on fait de belles choses !

M. DE CHABROL.

Pour nous mettre d'accord, si nous mettions aux voix la sauce à faire aux ortolans ?

M. D'HAUSSEZ.

Si nous reprenions plutôt la discussion qui nous occupait quand on a annoncé le paquet de Bordeaux ?

M. DE POLIGNAC.

Il est trop tard maintenant ; il vaut mieux nous ajourner à mercredi.

M. DE CHABROL.

A mercredi, soit; mais si d'ici là les événements deviennent impérieux, nous monterons à cheval, n'est-ce pas ?

M. D'HAUSSEZ (*à part*).

Ou en fiacre, pour retourner chacun chez nous.

ESQUISSES DE LA CHAMBRE DES DÉPUTÉS.

M. ROY. — M. DE SAINT-CRICQ. — M. DE CAUX. — M. HYDE DE NEUVILLE.

M. le comte Roy ressemble à un bon bourgeois de province, de ceux qui sont restés fidèles aux costumes des anciens jours. Son Excellence porte ordinairement une culotte qui se boutonne à la hauteur du nombril et d'où pend, attachée à sa montre, une breloque resplendissante d'or. Son embonpoint est tel qu'il convient au ministre des finances d'un roi puissant et d'un pays qui paye un milliard d'impôts. M. Roy est resté fidèle à la poudre à poudrer de l'ancien régime, et si Son Excellence ne porte pas des ailes de pigeon, c'est qu'elle n'a pas assez de cheveux sur les tempes. Sa taille n'est ni grande, ni petite; ses traits sont moins lourds que ceux de M. de Portalis, et sa démarche un peu plus légère que celle de M. de Caux. Comme orateur, M. Roy peut prétendre à une médiocrité du second ou du troisième ordre. Son débit est monotone, sa prononciation sèche, son geste froid et inanimé; il parle à la tribune comme la statue au *Festin de Pierre*.

M. Roy a l'honneur d'être pair de France; il possède une immense fortune et il n'a point d'enfants. Quant à ses opinions politiques, telles qu'on peut les connaître par les actes de sa vie publique, nous sommes fort embarrassés pour les définir, puisque M. le comte n'a jamais fait partie que des ministères à bascule. Nous pensons, toutefois, que Son Excellence incline plus volontiers vers les idées aristocratiques. Ses manières ne sont pas tout à fait exemptes de morgue, et l'on assure que le trait distinctif du caractère de Son Excellence est l'opiniâtreté. Malheureusement, M. Roy n'est pas un homme fort éclairé; son génie, profondément fiscal, est resté étranger aux progrès des sciences économiques, et les Anglais ont beaucoup ri de certaines doctrines financières qui ne tendaient à rien moins qu'à étouffer parmi nous le crédit public dans sa source et l'industrie dans ses développements. Aux yeux de M. Roy, la production n'est qu'une matière imposable, la richesse publique un élément de contributions, et, sous plus d'un rapport, Son Excellence est d'accord avec l'illustre économiste, M. Syrieys de Mayrinhac, qui, le premier, a proclamé que la France produisait trop.

M. de Saint-Cricq est le plus maigre de tous nos ministres. Ses doctrines ne sont pas plus arrêtées que celles de M. Roy; nous l'avons vu successivement défendre les douanes, la liberté du commerce, les ministères passés, le ministère présent, et il y a lieu de croire qu'il défendrait aussi tous les ministères futurs. C'est, du reste, un homme inoffensif, fort doux, de mœurs simples, d'une figure agréable et prévenante. Sa sobriété serait étonnante pour un ministre, s'il était vrai, comme on nous l'a assuré, que Son Excellence déjeune très-souvent avec un œuf frais ou une tasse de chocolat. On sait que la création du ministère du commerce, dont il est titulaire, excita dans le temps une foule de réclamations : Son Excellence a voulu se faire pardonner la jouissance de cette sinécure par quelques mesures utiles, au nombre desquelles l'institution d'une commission d'enquête doit occuper le premier rang. Au reste, il convient de reconnaître que, dans le ministère actuel, M. de Saint-Cricq s'est prononcé plus d'une fois en faveur des résolutions les plus favorables au système constitutionnel.

M. de Caux est un gros homme de bureau portant une grosse tête sur de larges épaules; il monte à la tribune et il en descend; il siége au conseil de Sa Majesté; il loge dans la rue de Grenelle, faubourg Saint-Germain, et il touche cent vingt mille francs d'appointements. M. de Caux est l'homme du monde, d'ailleurs, qui sait le mieux ce qu'un cheval mange d'avoine et ce qu'il entre de cuir dans une selle; le seul ministre de la guerre qui ait triomphé des punaises qui infectent les casernes françaises depuis Jules César. C'est un grand mérite à nos yeux, et qui vaut mieux assurément pour la gloire de M. de Caux que le fameux coup de collier pour celle de M. de Clermont-Tonnerre.

M. Hyde de Neuville est un ministre plus célèbre. Son dévouement à la légitimité date de l'explosion de la machine infernale, et sa réputation parlementaire, de la Chambre de 1815. Depuis lors, M. de Neuville a été ambassadeur de France aux Etats-Unis; il a pu apprécier les avantages d'un gouvernement libre, simple dans ses rouages, économique et impartial, et nous ne doutons pas que cette circonstance ne lui ait fait prendre en dégoût ces fanatiques de Coblentz qui avaient trouvé le moyen de rendre le malheur même ridicule et méprisable. En revenant des Etats-Unis, M. Hyde de Neuville fut envoyé à Lisbonne; il y était lorsque le malheureux Jean VI vint chercher un refuge à bord de la flotte anglaise, pendant que don Miguel faisait assassiner le marquis de Loulé. Là, Son Excellence a pu juger de près la rage apostolique; elle a pu comparer le régime de la liberté et celui de la servitude.

Ces contrastes ont produit sur son esprit une impression profonde, et c'est parce qu'il s'en est expliqué franchement avec le dernier ministère, qu'il a été rappelé de Lisbonne.

M. Hyde de Neuville est un homme plein de feu et d'imagination. Nous croyons que, malgré les emportements qui ont signalé ses débuts dans la carrière politique, son âme a toujours été accessible à la pitié et à tous les sentiments généreux que le pouvoir étouffe trop souvent chez ceux qui le possèdent. Ses instructions aux chefs de notre escadre dans les mers du Levant ont été pleines de bienveillance pour les Grecs; les règlements qu'il a introduits dans l'administration de la marine ont obtenu l'approbation générale. Enfin, M. Hyde de Neuville est un converti de l'ancien régime comme M. de Chateaubriand, son ami intime. Son Excellence a la tête couverte d'une forêt de cheveux gris; sa figure est joviale, ses formes arrondies, sa taille un peu épaisse, son organe un peu sourd. Son influence oratoire consiste surtout dans sa vivacité; il parle toujours avec chaleur, beaucoup moins, toutefois, depuis qu'il est ministre que lorsqu'il était député. La *Quotidienne* lui reprochait, il y a quelque temps, de ne pas savoir le latin; grand malheur, en vérité, pour un ministre de la marine, de ne pouvoir traduire couramment le *Dies iræ* ou les sept psaumes de la pénitence !

ESQUISSES DE LA CHAMBRE DES DÉPUTÉS.

M. LE GÉNÉRAL LAFAYETTE.

Voici un nom célèbre et vénéré dans les deux mondes, un nom qui fait honneur à la France et qui rappelle les plus nobles souvenirs de gloire et d'indépendance. La Chambre des députés doit être fière de compter parmi ses membres un homme d'un aussi beau caractère que M. le général La Fayette, et c'est pour nous une bonne fortune que d'avoir à parler de lui.

La carrière de l'honorable député a commencé de bonne heure. A vingt ans, il s'arrachait des bras de sa jeune épouse pour voler au secours de l'indépendance américaine, seul, en dépit de l'opposition de la cour, sur un vaisseau frété à ses frais, apportant aux insurgés l'espérance et des armes. Le gouvernement anglais, qui l'attendait en chemin, lui réservait, dit-on, de cruelles épreuves ; il eut le bonheur d'y échapper, et témoigna plus tard, dans les cachots d'Olmutz, qu'il aurait su les braver. Il servit d'abord comme simple volontaire, revint en France chercher de nouveaux secours, les ramena et obtint l'honneur d'un commandement dans l'armée américaine. L'histoire a déjà dit par quels faits d'armes il se signala dans cette campagne mémorable et mérita l'amitié de Washington. Il y avait sacrifié, de plus, la majeure partie de sa fortune, précieuse avance qui devait être acquittée, après un demi-siècle, par les bénédictions de dix millions d'hommes libres !

Quand la révolution française éclata, le général La Fayette en fut l'un des plus honorables défenseurs. La France lui doit l'introduction du dogme sacré des droits de l'homme, qui triomphe aujourd'hui dans nos lois et qu'il avait rapporté d'Amérique. On le vit toujours opposé aux excès populaires autant qu'aux intrigues de cour. Le lendemain du 6 octobre, il arrachait les gardes du corps à la fureur du peuple, dans es avenues de Versailles; après le 20 juin, il protestait contre les outrages prodigués à la famille royale. Jamais son épée n'est sortie du fourreau que pour la défense des opprimés ; jamais sa voix ne s'est élevée qu'en faveur des intérêts de l'humanité. A Olmutz, où sa fille le suivit, la sérénité de son âme ne s'est pas un instant démentie ; et l'on dit que, sous les verrous autrichiens, il partageait son temps entre les soins qu'il donnait à cette fille chérie et la lecture de l'*Encyclopédie*, seul ouvrage que ses geôliers aient consenti à lui permettre, après bien des refus. Les agaceries de Bonaparte l'ont trouvé inflexible; la Restauration l'a revu calme et paisible, comme elle l'avait laissé.

Depuis lors, appelé à la représentation nationale dans des circonstances difficiles, l'honorable député s'est montré constamment digne de lui-même. S'il allait en parlementaire au camp des ennemis, après l'invasion de 1815, c'était pour stipuler en faveur des libertés nationales; si, depuis, il est monté à la tribune, toujours il y a défendu les droits du peuple avec franchise, mesure et fermeté; éloquent à force de simplicité, et surtout à cause du poids que ses antécédents et son caractère donnent à ses paroles. Il vivait retiré, pendant la belle saison, dans sa maison de campagne, à Lagrange, dont il administre encore aujourd'hui les fermes avec un ordre et une intelligence admirables, présidant aux moindres détails, améliorant ses terres, perfectionnant ses troupeaux et réglant sa dépense avec une modestie qui n'exclut jamais la libéralité. Une foule d'étrangers de distinction sont venus le visiter dans son château, dont il a fait disparaître tout ce qui rappelait des souvenirs de féodalité. L'illustre Foy a planté le lierre qui en couvre une des tours principales, dans laquelle plus d'un proscrit a trouvé asile aux jours de la persécution. C'est là qu'au sein d'une famille très-nombreuse, M. de La Fayette rappelle avec un charme inexprimable ce que l'histoire et la poésie nous racontent des anciens patriarches. Tels Franklin et Washington, ses illustres amis, finissaient leurs jours glorieux *à l'ombre de leur vigne et de leur figuier.*

Mais de nouvelles sensations, de plus ineffables jouissances attendaient M. de La Fayette et devaient le mettre, en quelque sorte, lui vivant, en présence de la postérité. Ce peuple qu'il avait affranchi venait de grandir : le volontaire avait laissé aux Etats-Unis trois millions d'hommes ; il allait en revoir dix millions qui lui tendaient les bras. Washington et Franklin n'étaient plus ; lui seul restait de ces nobles débris ; l'Amérique voulait le voir ; les pères voulaient le montrer à leurs enfants. Une frégate aux couleurs de l'indépendance vint le chercher sur nos rivages, et, tandis que, sur la rive opposée, un monde entier lui préparait des fêtes et des embrassements, quelques misérables commissaires de police étouffaient sur les bords de la Seine-Inférieure les derniers adieux du peuple français. Enfin, il a revu la terre de ses premiers exploits ; il a été salué du titre honorable et gracieux d'*hôte de la nation*. Ces remparts, pour lesquels il a combattu, retentissent de mille cris d'allégresse ; les vaisseaux sont pavoisés comme aux plus beaux jours de fête ; et, pendant que les magistrats du peuple libre saluent avec respect M. de La Fayette, les jeunes filles sèment des fleurs sur ses pas et le couronnent citoyen des deux mondes !

Qui nous dira ce qu'a dû éprouver ce voyageur illustre, en s'asseyant, après plus de quarante ans, sous un dais rayonnant des trophées de l'indépendance américaine ! et lorsqu'il a revu ces déserts devenus méconnaissables à force de villes, de villages et de fermes joyeuses ! Ici, un invalide d'York-Town lui rappelait quelques faits d'armes ; ailleurs, un chapelier refusait de son fils le prix d'un chapeau, en lui disant : « Votre père l'a payé du prix de son sang, il y a quarante ans. » Plus loin, une députation de sauvages accouraient au-devant de lui, promettant de se convertir à la civilisation d'un peuple fidèle à la mémoire du cœur. De toutes parts enfin des hommages sincères, ardents, spontanés, accueillaient le vieil ami de Washington. Pour moi, chétif, j'en serais mort de joie. M. de La Fayette, modes et simple dans la bonne fortune comme il avait été inébranlable dans la mauvaise, répondait avec une grâce parfaite à tous les compliments, en français dans la Louisiane, en anglais dans les autres États.

A une autre époque, par une faveur sans exemple dans les annales diplomatiques, le congrès avait décidé que les ministres plénipotentiaires de la république auprès des puissances communiqueraient à l'honorable général, lorsqu'il le désirerait, tout ce qui serait relatif à la situation des affaires publiques des Etats-Unis. Enfin, il n'est aucun témoignage de gratitude et de respect dont il n'ait été comblé. Au milieu de tous ces triomphes, M. le général La Fayette s'est toujours montré aussi modeste, aussi calme que par le passé. Jamais il n'a manqué de se rendre à son poste de député, toujours exact aux séances, en costume, et attentif à la discussion. Les étrangers qui sont admis aux tribunes de la Chambre demandent tout d'abord où siége M. de La Fayette, qui se fait reconnaître à sa haute stature et à sa démarche inégale, suite d'un accident qui faillit lui coûter la vie. La bonté de son caractère est extrême; nul n'accueille la jeunesse avec plus de bienveillance et, l'on peut dire, d'amitié. Voilà nos hommes, en un mot, voilà les citoyens que le parti national peut montrer avec un égal orgueil à ses amis et à ses ennemis!

ESQUISSES DE LA CHAMBRE DES DÉPUTÉS.

M. DE CORMENIN. — M. DE PUYMAURIN.

M. le vicomte de Cormenin est entré de bonne heure dans la carrière des affaires. A vingt ans, il était auditeur au conseil d'État; à vingt-cinq ans, maître des requêtes, et il achevait à peine sa quarantième année lorsqu'il fut appelé à la Chambre des députés par le suffrage des électeurs du Loiret. L'honorable candidat n'était connu alors que par ses excellents écrits sur la jurisprudence administrative et par la franchise avec laquelle il avait signalé les vices principaux de l'organisation du conseil même dont il faisait partie. M. de Peyronnet avait voulu le destituer; et déjà, à une autre époque, les épurateurs de 1815 l'avaient éliminé du conseil d'État. Cette dernière circonstance, probablement inconnue des électeurs du Loiret, fait trop d'honneur au caractère de M. de Cormenin pour que nous ne nous empressions pas de la citer.

Lorsqu'après le retour de Bonaparte en 1815, les alliés marchèrent sur la France, M. de Cormenin, auditeur au conseil d'État, endossa l'habit de garde national et se dirigea, simple volontaire, sur la ville de Lille, où il fut enfermé pendant toute la durée du siège, dont il partagea les dangers. On le vit à plusieurs reprises sur les remparts, payer de sa personne et se conduire en homme de cœur. A son retour, il fut renvoyé du conseil d'État, et il n'y reparut plus tard que par la protection de plusieurs membres distingués de sa famille. M. de Cormenin, soldat courageux, fut aussi dans sa jeunesse un poète facile et gracieux. On connaît de lui plusieurs odes et un petit poème héroïque sur la Pologne, dans lequel nous avons remarqué les strophes suivantes :

Malheur au citoyen esclave volontaire !
Il se cache dans l'ombre, il marche solitaire,
Il est l'horreur des morts, l'opprobre des vivants
Nul ami ne soutient sa vieillesse affaiblie :
    Il expire, on l'oublie,
Et ses os rejetés sont le jouet des vents.

Mais celui qui combat, qui meurt pour sa patrie,
Ne craint pas de laisser sa mémoire flétrie
Si le fer ennemi respecte sa valeur :
Sa mère est triomphante, et la vierge attendrie,
    A son Dieu qu'elle prie,
Pour époux, en secret, demande le vainqueur.

Mais c'est surtout à la tribune politique que M. de Cormenin a déployé un véritable talent et un genre de courage malheureusement trop rare de nos jours. La France n'a pas oublié avec quelle énergie cet honorable député a signalé les abus du cumul et marqué au front les dilapidateurs de la fortune publique. Son dernier discours sur la dotation de la pairie a excité au banc des ministres une rumeur qui témoigne suffisamment de la justesse et de la profondeur du coup porté à l'amour-propre des cumulards ministériels. On sait à quel puéril écart de colère M. de Martignac n'a pas rougi de descendre ce jour-là, faute de raisons à opposer au courage de l'orateur ; et ce jour, en effet, est devenu le plus beau de la carrière politique de M. le vicomte de Cormenin. Le voilà rangé désormais au nombre des plus intrépides champions des libertés publiques, et, quoique l'un des plus jeunes membres de la Chambre, il en est déjà un des plus distingués. Que serait-ce donc si tous les jeunes talents de la

France nouvelle pouvaient prendre place avec lui sur ces bancs où siégent tant de médiocrités surannées.

M. de Cormenin n'a point encore improvisé de discours, soit défiance de lui-même, soit qu'il craigne de paraître ambitieux en se montrant souvent à la tribune. Nous croyons devoir l'inviter à vaincre cette fâcheuse répugnance. Quand on a le malheur d'entendre chaque jour, comme nous, de pitoyables orateurs, tels que MM. Laboulaye, de Conny, Formont, Sainte-Marie, Mayrinhac et tant d'autres *ejusdem farinæ* divaguer à outrance sur toutes les questions et souiller la tribune d'une foule de pasquinades indignes de la gravité de la Chambre, on peut déplorer l'excès de modestie qui retient sur leurs bancs des députés d'un vrai talent et d'un caractère aussi honorable que M. de Cormenin. Son organe est, d'ailleurs sonore et flexible, sa figure calme et sévère, son attitude convenable et réservée, sa taille haute et bien prise ; rien ne lui manquerait qu'un peu plus de chaleur et de hardiesse, pour devenir orateur dans toute la force du terme, et nous sommes sûr qu'il le deviendra.

Avec moins de moyens, assurément, M. Marcassus de Puymaurin, fabricant de pastel, est bien devenu directeur de la Monnaie de Paris; et quel homme, en Europe, ne connaît aujourd'hui le célèbre M. Marcassus de Puymaurin ? Avez-vous vu quelquefois au pied de la tribune un gros homme portant une grosse tête sur de grosses épaules, et dans cette tête beaucoup de cervelle? C'est l'honorable M. Marcassus de Puymaurin. Avez-vous remarqué un député très-boiteux, raisonnablement sourd et tant soit peu bègue, dont l'habit vert et le gilet sont presque toujours déboutonnés, et qui pose sa main sur ses oreilles en forme de cornet acoustique, quand M. de Conny improvise ? C'est encore M. de Puymaurin. Enfin, vous souvenez-vous d'avoir entendu une description charmante des sangsues, de leurs mœurs et de *leurs amours;* une superbe philippique contre les bouchers qui donnent trop de *réjouissance* et un éloge des vétérinaires qui en savent plus que les médecins ? Toutes ces pièces d'éloquence sont dues à l'honorable, à l'introuvable, à l'impayable M. de Puymaurin, ancien fabricant de pastel et directeur de la Monnaie des médailles.

Combien de fois, dans le bon temps des Chambres de Cazes et Villèle, l'illustre biographe des sangsues a-t-il bégayé des mots charmants, des naïvetés plaisantes et d'énergiques péroraisons en faveur du budget! Avec quelle chaleur il battait monnaie sur les épaules des contribuables! Quels grands coups de balancier il frappait, lorsque Son Excellence Sidy-Mahmoud, avide de connaître le gouvernement représentatif, venait lui en demander des nouvelles à l'hôtel du quai Conti! Ces beaux jours, hélas! ne sont plus. Une misérable salle à manger met la Chambre en rumeur; un député de rien, un simple avocat, fait rendre gorge à un garde des sceaux, et M. Bourdeau va coucher demain dans la chaste alcôve de M. de Peyronnet à l'hôtel de la Chancellerie : *sic vos non vobis, nidificatis, aves!*

LE MOUTON ENRAGÉ (1).

FIGARO. — Ah! mon Dieu, Basile, quelle figure longue!... un myriamètre distance légale... et pâle... comme le *Journal des Débats*.

BASILE. — Oh! c'est qu'il y a de quoi faire changer de couleur, même ceux qui n'en ont jamais eu.

— Est-ce qu'il serait question de quelque changement dans?...

— Un changement!... Oui... Tiens, lis.

— Quoi?

— Tu ne vois pas?

— Non, je ne vois pas.

— Tu ne vois pas, là, dans la *Gazette*, *le Mouton enragé*?...

— Eh bien... j'ai vu pendant six mois *le Bœuf enragé* sur l'affiche des Funambules, et personne n'a réclamé... Après?...

— Après?... Mais, lis donc, « Robin, que je te noue ce ruban bleu... On va te tondre, Robin mouton, tu es enragé... pourtant, c'est du sang de mouton qui coule dans tes veines. » Eh bien, tu ne frémis pas?

— Pas le moins du monde.

— Tu ne comprends donc pas!

— Je comprends qu'il s'agit d'un mouton... Et comme la pastorale est usée, je ne vois pas...

---

(1) Cette affaire du *Mouton enragé* est un des épisodes les plus tristes de l'histoire de la presse sous la Restauration. Il eut, à l'époque, un immense retentissement. L'auteur de l'article, Fontan, et le directeur de l'*Album*, M. Magallon, furent condamnés à cinq ans de prison et conduits à Poissy avec les menottes et accouplés à des voleurs. Les cheveux de Fontan blanchirent dans une nuit. Il n'avait pas vingt-cinq ans.

— Il s'agit bien de la pastorale !... Il s'agit de la révolution... Le sang de mouton, c'est le sang de Henri IV et de Louis XIV.

— Ah! pauvre *Gazette!* gare M. Menjaud de Dammartin.

— Mais, tu n'y es pas... c'est l'*Album*.

— Ah! c'est l'*Album* qui dit que le sang de mouton est le sang de Henri IV et de Louis XIV !

— Mais non! l'*Album* parle de *sang de mouton*, et la *Gazette* prouve comme quoi il s'agit du sang de Henri IV et de Louis XIV. En conséquence, elle dit : « Français, on menace vos princes... réveillez-vous ! »

— Ce sera peut-être assez difficile, s'ils ont lu la *Gazette*. Mais, écoute, Basile, il me semble que tout ce sang-là n'a pas le sens commun... Comment croire qu'on s'amuse à fabriquer des allusions, à l'instar du *Nain jaune*, quand la censure ne vous meurtrit pas le poignet de son gantelet de plomb ? Comment s'exposerait-on de gaîté de cœur à d'énormes amendes quand on est vulnérable d'un cautionnement de soixante mille francs ? Comment affronterait-on la police correctionnelle quand on a deux de ses rédacteurs à Sainte-Pélagie ? Ne serait-ce pas jouer à y faire mettre tout le personnel du journal, y compris les abonnés et M. le procureur du roi lui-même, pour s'être laissé devancer par la *Gazette ?* Mais j'admets et personne n'admettra, personne ne peut admettre, j'admets l'allusion... Maintenant, dis-moi, Basile, combien l'*Album* a-t-il d'abonnés ?

— Deux cents.

— Et la *Gazette ?*

— Six mille.

— Six mille ! alors *la Gazette* aurait offensé le sang d'Henri IV et de Louis XIV *cinq mille huit cents fois* plus que l'*Album*. Si les rédacteurs de l'*Album* étaient envoyés à la Force, ceux de la *Gazette* devraient être au moins expédiés pour Toulon. D'ailleurs la *Quotidienne* ne vient-elle pas d'être condamnée à 50 francs d'amende pour avoir attenté à la dignité du *Constitutionnel* en copiant le susdit *Album*? Ici le cas n'est-il pas le même, et la *Gazette* n'a-t-elle pas, comme la *Quotidienne*, *cité* avec complaisance, souligné avec soin tout ce qui pouvait prêter au scandale?

On dit que le numéro de la *Gazette* qui contenait l'article sur l'*Album* a été saisi, hier soir, à la requête de M. le procureur du roi.

ESQUISSES DE LA CHAMBRE DES DÉPUTÉS.

M. DE MONTBEL. — M. DE PINA. — M. DE LABOURDONNAYE.

M. de Montbel, maire de Toulouse, est entré à la Chambre des députés sous les auspices de son compatriote, M. de Villèle, pendant la longue domination des *Trois-Cents*. C'est un homme d'une taille au-dessous de la moyenne, d'une corpulence assez remarquable, et dont les traits, lourds et communs n'ont rien de cette vivacité qui caractérise les riverains de la Garonne. Il siége au côté droit, non loin de MM. de Pina et de Labourdonnaye. C'est lui qui prend ordinairement la parole toutes les fois qu'il s'agit de défendre le personnel de l'ancien ministère, ou plutôt de M. de Villèle; car M. Syrieys de Mayrinhac s'est chargé de la défense de M. de Corbière, et personne, que je sache, n'a voulu de celle de M. de Peyronnet. M. de Montbel n'est pas d'ailleurs un homme sans talent et, de tous les meneurs du côté droit, c'est peut-être lui qui connaît le mieux le faible de la Chambre des députés. Son langage ne manque ni de mesure, ni d'adresse, ni parfois d'éloquence ; et si ce n'était que la Chambre a cessé d'être dupe des paroles, il ferait illusion aux libéraux par la manière dont il sait intéresser leur générosité.

L'organe de cet honorable membre est extrêmement désagréable, et ceux qui l'entendent pour la première fois croient toujours qu'il est enroué. Cependant on l'écoute avec curiosité, parce qu'on apprend par lui la pensée véritable du parti villéliste, et que ses adversaires ne sont pas sans estime pour sa personne. Ce royaliste prononcé, cet orateur, si ardent à la tribune, passe pour un homme de mœurs douces et bienveillantes ; on cite même plusieurs traits fort honorables de sa vie privée. Pour moi, si j'en puis bien juger par simple conjecture, je crois que M. de Montbel ne nous ferait pas tous pendre s'il était le plus fort ; mais je ne serais pas aussi rassuré de la part de ses respectables amis, depuis les fusillades de la rue Saint-Denis.

Et, par exemple, si M. de Pina devenait jamais ministre, je prendrais sur-le-champ ma canne et mon chapeau pour me sauver je ne sais où, mais le plus loin possible de ce saint personnage. Je n'en connais pas un de plus violent, ni de plus rancunier dans toute l'assemblée ; et sa figure habituellement ouverte et riante me rappelle toujours, je ne sais pas pourquoi, celle de Frédérick dans le rôle de Méphistophélès. M. de Pina conserve encore, au sein de la Chambre de 1829, les opinions et les doctrines qui dominaient aux conférences de Pilnitz ; il est campé sur les bords du Rhin, et il attend que M. de Brunswick ait mis à la raison les Parisiens révoltés. Nul n'assaisonne de fiel mieux que lui une harangue contre des pétitionnaires ; nul ne parle avec plus d'amertume de la liberté de la presse, de l'égalité devant la loi et de toutes conquêtes de la révolution sur l'ancien régime. Il partage avec M. de Lépine et M. de Conny tout l'honneur des homélies parlementaires qui ont rendu ces deux députés si célèbres, et je n'ai jamais lu de description du jugement dernier plus curieuse que ses tirades sur la dissolution des sociétés. Les *balistes* et le *manioc* de M. de Sallabéry peuvent seuls leur être comparés.

Nous avons eu dernièrement une occasion remarquable d'observer le caractère énergique de M. de Pina. C'était le jour où, reprenant toute sa dignité, la Chambre des députés se leva comme un seul homme contre la suppression de l'amendement relatif à la salle à manger de M. de Peyronnet. Depuis la chute du ministère déplorable, le côté droit n'avait pas encore éprouvé d'échec aussi désastreux. La consternation était peinte sur tous les visages religieux et monarchiques, et l'on eût dit que la Bastille venait d'être prise une seconde fois. M. de Pina, seul, debout à son banc, les bras croisés, ainsi que Marius sur les ruines de Carthage, bravait de ses regards l'hilarité du côté gauche; en vain les huissiers criaient de toutes parts : « Asseyez-vous, Messieurs ; M. le président vous prie de vous asseoir. » L'inflexible Pina demeurait immobile. Enfin, saisi d'indignation, il s'écrie : « De quel droit veut-on me faire asseoir ? » et proteste du moins, par cette véhémente apostrophe, contre le triomphe de la révolution.

L'honorable M. de Labourdonnaye est un homme plus grave. La première fois que j'ai eu l'honneur de le voir, je m'attendais à trouver dans sa physionomie quelques traits en harmonie avec sa réputation parlementaire, des yeux vifs et perçants, un front découvert et hardi, une tenue imposante et digne, tout au moins, d'un vieux chef de parti. Loin de là, M. le comte de Labourdonnaye n'offre à l'observateur qu'une physionomie sans expression, un visage maussade, un air ennuyé ; sa voix sourde et monotone résonne tristement dans l'enceinte de la Chambre sans y trouver d'écho, et vient mourir dans la tribune des journalistes où le rédacteur de la *Quotidienne* lui fait de temps en temps la charité d'une colonne. Il m'est impossible de comprendre comment cet honorable député a pu exercer de l'influence sur une assemblée délibérante, autrement qu'en me rappelant ce proverbe : *Dans le royaume des aveugles, les borgnes font la loi.*

Mais quand je remets dans mon esprit les saturnales de la session de 1823, l'expulsion de Manuel et toutes les batailles gagnées par le côté droit de ce temps sur l'honneur et les libertés de la France, je m'explique plus aisément la gloire parlementaire de M. de Labourdonnaye. Le système des catégories doit à son éloquence de nombreuses victimes, et c'est lui qui disait un jour aux députés du côté gauche : « La France ne veut plus de vous ! » Aujourd'hui que la France a fait connaître ses vœux, nous avons rarement le plaisir d'entendre M. le comte de Labourdonnaye, et même il est probable qu'au prochain renouvellement des Chambres, nous en serons entièrement privés ; aussi l'honorable membre commence-t-il à nous accoutumer à son silence ; sa voix, jadis si redoutable, est devenue muette et ne rend plus d'oracles; son front, chargé de rides, se couvre tous les jours de nouveaux soucis, et le temps n'est pas loin où cette renommée si brillante expirera dans l'oubli.

Pour moi, j'aime à voir disparaître sans bruit ces coryphées de la Chambre *introuvable* et *déplorable*, qui instituèrent les cours prévôtales, qui rédigeaient les notes secrètes, qui se sont adjugé un milliard, qui ont fait la loi du sacrilége, exploité l'assassinat du duc de Berri et ordonné les *coups de collier* du mois de novembre. Ainsi s'évanouiront devant la raison publique et la génération nouvelle tous ces vieillards atrabilaires, tristes représentants des haines du passé ; ainsi ont disparu les Dudon, les Donadieu, les Saint-Chamans, et passeront comme eux les Grénédan, les Sallabéry, et tant d'autres médiocrités, qui se consument lentement du supplice de leur impuissance et meurent, comme les héros du Dante, sans même emporter l'espérance.

ESQUISSES DE LA CHAMBRE DES DÉPUTÉS.

M. LE GÉNÉRAL LAMARQUE. — M. LE GÉNÉRAL GÉRARD. — M. LE GÉNÉRAL DEMARSAY. — M. LE GÉNÉRAL HIGONET. — M. LE GÉNÉRAL TIBURCE SÉBASTIANI. — M. LE GÉNÉRAL MATHIEU DUMAS.

La Chambre des députés, comme on le voit par ce titre, qui ne les comprend pas tous, est fort riche en généraux. Est-ce un bien ? est-ce un mal ? Je l'ignore ; mais c'est un fait statistique assez remarquable et dont, à tout prendre, la France aura peut-être un jour à s'applaudir. Les généraux français ont rapporté de la guerre un sentiment exalté de l'honneur national; divisés sur les questions de liberté, ils s'entendraient certainement sur la question d'indépendance, derrière laquelle nos franchises civiles auront toujours le temps de se bien constituer. C'est d'ailleurs une justice à rendre à nos députés militaires, de reconnaître que la plupart d'entre eux, abdiquant les habitudes un peu despotiques de leur état, se sont montrés les défenseurs constants des libertés publiques.

Au premier rang de ces honorables se placent quelques-uns de ceux dont les noms décorent le titre de cet article. Le général Lamarque est connu depuis longues années par sa bravoure téméraire, par les proscriptions qu'il a subies, et par ses connaissances distinguées dans son art et dans les autres sciences. Il écrit et parle d'un style pittoresque, tout en images, et qui rappelle à quelques égards la manière brillante et pathétique du général Foy ; son élocution est toutefois moins correcte, mais plus incisive et satirique, comme on a pu le voir dans son discours sur la question des Suisses, auxquels il a porté le dernier coup. Il improvise rarement, quoique sa facilité soit très-grande ; mais il récite ordinairement ses discours de mémoire, et leur effet en est plus assuré. L'honorable général est d'une taille moyenne, sa tête est légèrement enfoncée dans les épaules, qui sont un peu voûtées, et ses cheveux paraissent d'un blond douteux aux rayons du soleil. En somme, il n'est pas beau, mais on dit qu'il est fort aimable et qu'il n'a pas fait en pays ennemi toutes ses conquêtes.

M. le général Gérard possède quelque chose de cette simplicité antique, si justement admirée dans Hoche et dans Desaix. La modestie et la douceur caractérisent sa physionomie, naturellement ouverte, affable et distinguée. Il parle rarement, mais toujours à propos, avec force et mesure, et de manière à mériter les suffrages même de ses adversaires. Sa vie militaire, pleine de gloire, n'est pas de notre ressort ; mais elle a jeté beaucoup d'éclat sur sa carrière parlementaire et donne aujourd'hui à l'honorable général une influence positive dans les délibérations de l'Assemblée. Il siége au côté gauche, entre M. Etienne et M. Laffitte.

M. le général Demarsay porte habituellement une longue redingote bleue et un chapeau à larges bords qui le font reconnaître sur-le-champ, non moins que sa taille élancée, au milieu de ses collègues. C'est un brave militaire, d'un tempérament sec. et bilieux, presque toujours en colère et montant à la tribune comme à la brèche, armé de toutes pièces et la pointe en avant. Je ne connais pas dans toute la

Chambre d'interrupteur plus intrépide et plus infatigable, et il ne se passe pas de séance qu'il n'ait eu deux ou trois querelles avec le président. Il n'a pas la patience d'attendre son tour de parler, et trop souvent il exhale son humeur en apostrophes véhémentes, au lieu de réunir ses arguments en faisceau pour leur donner quelque importance. C'est un capitaine de tirailleurs qui dépense beaucoup de munitions et ne fait pas grand mal à l'ennemi. Son principal défaut est une obstination sans bornes : que la Chambre l'écoute ou soit distraite, s'il est à la tribune, il n'en descendra qu'après avoir tout dit et parlera dix fois dans la même séance. Au reste, M. le général Demarsay est un citoyen intègre, et s'il manque souvent de mesure, du moins n'a-t-il jamais manqué de conscience et de patriotisme.

Aux deux extrémités des deux centres siégent deux autres généraux plus jeunes : le premier, touchant au côté gauche, M. Tiburce Sébastiani ; le second, plus près de la droite, M. Higonet. Tous deux sont arrivés récemment de l'armée de Morée, où ils commandaient une division. M. le général Higonet, bien qu'il siége près des rangs où les libertés nationales comptent fort peu d'amis, use de son crédit d'une manière juste et impartiale en faveur des habitants de son département. M. le général Tiburce Sébastiani, moins fier et moins superbe que son frère, a aussi beaucoup moins de talent ; mais sa modestie invite à l'indulgence, et il paraît si jeune qu'on lui donnerait à peine trente ans. Toutefois, la campagne de Morée a bien plus appelé l'attention publique sur ces deux honorables membres que leurs travaux parlementaires.

M. le général Mathieu Dumas, l'un des plus anciens officiers de l'armée française, est assis au côté gauche, près de MM. les généraux Clausel et Lamarque. Tout le monde connaît son *Histoire des campagnes de la révolution* et le talent avec lequel il sut organiser, en moins de six semaines, pendant les Cent-jours, cette armée héroïque qui alla mourir à Waterloo. M. le général Mathieu Dumas a fait en personne la plupart des guerres dont il a écrit l'histoire, et il possède une foule de connaissances positives qui rendent sa présence à la Chambre infiniment utile. On a dit qu'il faillit un moment devenir infidèle à la cause constitutionnelle ; mais rien ne nous a été démontré à cet égard, et nous croyons qu'aujourd'hui cet honorable général est trop âgé pour changer de religion. Sa gloire est d'ailleurs intimement liée à celle de la révolution française, et ce n'est pas au retour de Fleurus ou d'Arcole qu'on peut songer à devenir le compère des hommes de Coblentz. M. le général Mathieu Dumas est extrêmement vieux ; sa tête est couverte de cheveux blancs, et sa place facile à reconnaître dans la Chambre, où il porte habituellement un garde-vue de taffetas vert.

ESQUISSES DE LA CHAMBRE DES DÉPUTÉS.

M. THÉNARD. — M. KERATRY. — M. ÉTIENNE.

Avez-vous vu quelquefois à la Sorbonne M. le baron Thénard, professeur de chimie et doyen de la Faculté des sciences, expliquant à ses élèves la décomposition de l'hydrogène sulfuré par le chlore, apostropher en termes rudes son préparateur Baruel et renverser avec colère les éprouvettes et les tubes, quand une expérience vient à manquer par sa faute ? L'avez-vous vu, armé de l'allumette magique, transformer avec satisfaction de l'oxyde de carbone en gaz acide carbonique ? Tel vous l'avez admiré dans son fauteuil académique, tel vous le retrouverez à la tribune de la Chambre des députés, lorsqu'il se chargera d'un rapport sur la refonte des monnaies ou bien de la défense du commerce des salpêtres. Chez lui, le professeur ne disparaît jamais devant le député, et ses meilleurs discours ressemblent toujours à des leçons. L'honorable membre est doué d'une facilité d'élocution intarissable, et il en abuse trop souvent, comme ces compositeurs de musique qui développent dans tous les tons un motif agréable jusqu'à ce qu'ils l'aient rendu assoupissant.

Ce n'est pas que M. le baron Thénard manque de sens et de connaissances réelles; au contraire, il en possède beaucoup, et ses idées politiques sont généralement raisonnables ; mais, comme il est fort entêté, prolixe et criard, le bien qu'il pourrait faire rencontre souvent des opposants parmi ceux qu'il a trop ennuyés pour vouloir les convaincre. C'est un des hommes les plus dangereux que je connaisse pour les habits neufs et pour les jabots de mousseline : on cite plusieurs exemples de personnes auxquelles, dans la chaleur de son argumentation, il aurait arraché tous les boutons de leur habit et la moitié de leur chemise. En conséquence, il importe de se tenir à une distance respectueuse de ses ongles redoutables, toutes les fois qu'on discute avec lui quelques questions capables de l'échauffer.

L'honorable député de l'Yonne est encore, dans toute la force de l'âge, un véritable adolescent dans une Chambre qui ne compte guère que des vieillards. Sa tête est couverte d'une forêt de cheveux noirs et crépus, sa figure large et plate, son regard vif et jovial. Il siége au centre du centre gauche et vote quelquefois avec le centre droit ; ce qui s'explique aisément par la simple énumération des titres dont il est décoré.

Comment se pourrait-il qu'un député qui est baron, doyen de Faculté, professeur à la Sorbonne et au Collége de France, officier de la Légion d'honneur, membre de l'Institut et de l'Académie de médecine, n'eût pas quelque penchant pour le cumul, si vivement attaqué néanmoins par un vicomte, M. de Cormenin !

M. Kératry, député du Finistère, s'est acquis une réputation de courage, de patriotisme et d'intégrité au-dessus de toute atteinte. Sa vie entière, vouée à l'étude de la philosophie et de l'histoire, n'a été qu'une laborieuse introduction aux fonctions qu'il remplit aujourd'hui avec tant de distinction. Cet honorable député écrit et parle avec beaucoup de facilité. Peut-être aurait-on le droit d'exiger plus de correction et de goût dans son style; mais ces défauts ont disparu toutes les fois qu'il a été appelé à défendre la cause de la liberté ou celle de l'humanité. On sait avec quelle énergie et quelle dignité M. Kératry, traduit devant les tribunaux pour un article inséré par lui au *Courrier français*, sut faire respecter ses droits et dévoiler les turpitudes du dernier ministère. Son procès n'a pas été inutile au succès de la cause nationale, et il est très probable que ses juges, en l'acquittant, ont voulu rendre hommage à sa vertu, non moins qu'obéir au cri de leur conscience.

L'honorable membre est d'une taille extrêmement petite. Sa mise est très-négligée. Il parle assez rarement, ce qui est déjà une preuve de goût, et il s'attache de préférence à traiter les questions de liberté civile et religieuse, qui conviennent davantage à la nature de son talent. M. Kératry a publié plusieurs ouvrages, parmi lesquels ses *Inductions morales et philosophiques* et le roman intitulé *le Dernier des Beaumanoir* tiennent un rang distingué et annoncent une grande imagination.

Tout le monde connaît les antécédents littéraires et politiques de M. Etienne, académicien de l'Empire et chassé de l'Académie par ordonnance royale. Il a *revu le pays où l'on dort*, grâce au droit d'élection ou plutôt de réélection exercé en sa faveur par ses confrères. De proscrit, il est devenu député, et il s'est invité à jouer aux cartes dans le même palais où la stupide vengeance d'un ministre conseillait au roi de lui ravir un titre jusqu'alors inviolable. M. Etienne a passé par toutes les épreuves avec une insouciance philosophique et joyeuse, consolé par ses succès littéraires et trouvant, dans les recettes de *Joconde* et de quelques autres pièces charmantes, des compensations aux rigueurs ministérielles. C'est un homme de mœurs douces, d'un caractère faible et léger, mais véritablement inoffensif et même obligeant. Sa taille est grande et son embonpoint date d'avant la Restauration.

Les discours de l'honorable député de la Meuse se font remarquer, comme ses autres productions, par l'éclat des antithèses, par un heureux choix d'expressions et par un vernis de politesse qui cache trop souvent la légèreté du fond. Plusieurs de ses sentences sont restées à la tribune comme au théâtre, et nul orateur n'a peut-être mieux défini la dernière loi départementale, si incongrument retirée, que celui qui en a dit : *politesse des mots et injure des choses!* M. Etienne est très-assidu aux séances de la Chambre, et l'on devine aisément combien sa position doit lui procurer d'occasions d'être utile au journal qu'il dirige. Il siége au troisième banc du côté gauche, près de M. Laffitte et du général Gérard.

L'honorable orateur n'est point un homme instruit dans la véritable acception de ce terme ; il ne manque pas de tact et dissimule ce qu'il ignore avec assez d'adresse pour faire illusion sur ce qu'il sait. C'est précisément l'absence de ce tact qui précipite la tribune, comme des papillons à la chandelle, une foule de députés ignorants et présomptueux, et donne naissance à des milliers de discours déplorables qui allongent les sessions sans aucun bien pour la chose publique. On ne saurait croire combien il y a dans l'Assemblée de médiocrités qui pérorent et de gens de mérite qui gardent le silence, utiles seulement dans les comités, où ils donnent d'excellents avis, tandis que les bavards ambitieux ne songent qu'au journal du lendemain et à l'effet que leurs métaphores produiront dans les départements. Il y aurait là un excellent sujet de comédie, et je crois que M. Etienne s'en occupe. La représentation aura lieu aux élections prochaines.

1830

BIGARRURES.

On a trouvé un bon moyen d'empêcher les électeurs de faire sauter le ministère : on met le feu à leurs maisons.

⁎⁎⁎

» Les Français seront dorénavant admissibles à tous les emplois, pourvu *qu'ils aient une fortune suffisante.* Ainsi le veut un article nouvellement promulgué de la Charte Polignac.

⁎⁎⁎

MM. de Polignac, de Montbel, d'Haussez, Chabrol, Courvoisier et Guernon de Ranville se trouvaient réunis, l'autre jour, en grand conseil.

— Oh! mon Dieu! que vous êtes jaunes, mes chers collègues, dit le prince romain.

— C'est que nous allons entrer en dissolution, répondirent tristement les cinq autres Excellences.

M. FONTAN A POISSY.

Il n'y manquait ce matin que le galérien malade, car, pour le reste, nous étions revenus aux beaux jours de M. Franchet, il y avait les gendarmes, les voleurs de grand chemin et, au milieu de tout cela, M. Fontan, que le préfet de police avait trouvé trop heureux à Sainte-Pélagie, et qu'il a fait transporter à la maison privilégiée de Poissy.

C'est un réveil digne de M. Mangin; la veille, il avait été assez clément pour le malheureux détenu. Il avait permis aux acteurs de l'Odéon, à mademoiselle Georges elle-même, de pénétrer jusqu'au prisonnier pour entendre la lecture d'un nouveau drame plein d'émotions neuves et fortes, composé sur la grande route de Bruxelles, au milieu des gendarmes de la Belgique, et terminé au milieu des gendarmes de Paris.

Et les acteurs avaient applaudi à ce drame de l'auteur de *Perkins*, et ils l'avaient quitté en lui promettant un succès de plus, et peut-être la liberté.

Le lendemain, c'était aujourd'hui, M. Fontan était arraché à ses amis de prison, au concierge qui l'aimait, aux poètes ses collègues, à tant d'organes de la presse libérale si facilement incarcérés; adieu à toute la prison, à sa cellule repeinte, à ses habitudes domestiques, à tout ce monde qu'il s'était fait pour cinq années! Oui, violemment arraché de tout ce bien-être; violemment arraché à ces porte-clefs qui lui souriaient; adieu même à ce Paris lointain du faubourg; adieu au *Pauvre Jacques* : M. Mangin le veut, il faut aller à Poissy.

O Poissy! à sept lieues de l'Odéon et des Nouveautés, dans la poussière, une méchante prison à porte basse et, dans l'intérieur, des voleurs repris de justice, des escrocs de second ordre, tout le menu fretin de la police correctionnelle! Et, entré là, il faut quitter son dernier habit de poète, son pauvre habit tout usé, mais auquel on tient encore comme à son habit de noces! Allons, encore un effort, tendez les bras à la livrée du crime ; un forçat a porté cet habit. N'importe, te voilà en livrée; tu n'as pas même le droit d'être vêtu comme les autres poètes. Voilà M. Fontan à Poissy.

Il est parti ce matin : il couchera ce soir, *dans sa* prison nouvelle, dans le dortoir comme à ces beaux temps du collége; il s'endormira aux conversations d'argot de ses compagnons, et il ne comprendra pas cette langue étrange et il regrettera plus que jamais sa prison toute composée de poètes et d'écrivains, et, tout à côté, les joyeux dissipateurs de leur patrimoine, insouciants amateurs de bonne chère et de plaisirs, habiles architectes de châteaux en Espagne, même malgré les verrous !

Vraiment, c'est une indignité d'en agir ainsi vis-à-vis un homme, parce qu'il n'est ni voleur, ni escroc, ni faussaire, ni menteur, ni calomniateur ; parce qu'il a le désavantage d'être un écrivain, rien de plus. Tu écris, scélérat! Des menottes, des fers, des forçats pour compagnons. Tu écris! le feu et la mort. Tu écris! qu'on te pende, qu'on te marque au feu!... Reposez en paix, vous autres qu'attend le bagne ; vous, honnêtes assassins, qui n'écrivez pas.

Honneur donc à l'arrêt de M. Mangin ; honneur à ce capricieux hasard qui joue avec un homme et qui le brise avec dédain, quand il a assez joué. Quoi donc? la loi qui vous enferme vous condamne-t-elle à l'exil, au travail des mains, à l'habit infamant, à la cohabitation avec le crime? Prisonnier veut-il dire forçat? Une prison est-elle un bagne? Et ici n'est-ce pas dire à M. Fontan : « Tu ne vivras pas ! » que de l'enlever à ses amis, à ses protecteurs, au souvenir de la ville, à sa famille, à tout ce qui pouvait adoucir cinq ans de cette infortune qu'on appelle la prison. Cinq années d'esclavage, mon Dieu, pour quelques lignes hasardées! Toute une vie perdue !

BIGARRURES.

M. de Polignac a tenu le poêle à un mariage qui a été célébré à Saint-Germain l'Auxerrois. Quand donc tiendra-t-on le poêle au convoi du ministère ?

*
* *

Un client, que rasait le perruquier Figeac,
    Lui demandait : Quelle nouvelle ?
— Quoi donc! ignorez-vous celle du jour ? — Laquelle ?
    — Le ministère Polignac,
    Lassé d'une longue querelle,
    Dans deux mois va déménager.
— Dans deux mois, non, c'est en septembre.
— Parbleu, j'ai le journal, je pourrais bien gagner.
Regardez..... en juillet il doit changer de Chambre.

Dimanche, 16 mai 1830.

EXTRAIT DES BORDEREAUX D'UN PRÉFET.

Pour guirlandes de fleurs appendues à la préfecture, lampions, verres de couleur et vers de circonstance . . 30 fr.

Honoraires de dix hommes qui sont allés au-devant de Son Excellence, et ont crié : *Vive M. de Bourmont !* à chaque 1 fr. . . . . 10 »

Pour le dîner, le foin et l'avoine consommés par Monseigneur, sa suite et ses chevaux . . . . . 250 »

        A reporter. . . . . . . 290 »

Report	290 »
Pour la rédaction de l'éloquent discours de M. le préfet.	15 »
Honoraires de vingt hommes chargés de coudoyer, rudoyer et injurier les mauvais citoyens qui riaient et proféraient des plaisanteries et quolibets séditieux, à chaque 2 fr.	40 »
Plus, indemnités pour les coups de canne reçus par les susdits	40 »
Pour les arrhes données aux individus qui devaient traîner la voiture de Monseigneur, ce qui n'a pas eu lieu.	20 »
Pour gratifications aux agents de police et petits verres à la gendarmerie pour réchauffer et remonter le dévoûment d'iceux	200 »
Pour messes, neuvaines et chandelles bénies, à l'occasion de l'expédition d'Alger.	50 »
Pour l'achat de dix exemplaires de la *Quotidienne*, de la *Gazette* et du *Drapeau blanc*, pour être mis en évidence dans le salon de M. le préfet. . . .	5 »
Pour bas de soie de M. le préfet, éloge des vertus de M. de Bourmont, et autres menus détails. . .	20 »

Total : 680 fr.

M. le préfet supplie humblement Mgr le ministre de l'intérieur de lui faire rembourser ces avances; sans quoi, quand il passera par sa préfecture quelque grand personnage, ses moyens ne lui permettraient pas de le recevoir dignement, le dévoûment étant pour le moment hors de prix, et personne ne voulant en donner à crédit.

Mercredi, 19 mai 1830.

SÉANCE DU CONSEIL,

(15 mai.)

M. DE POLIGNAC. — Ah! çà, Messieurs, j'ai envie de dissoudre.

M. D'HAUSSEZ. — Par le mât de misaine, ce devrait être déjà fait.

M. DE POLIGNAC. — Si je dissolvais ?

M. SYRIEYS. — Oui, si on dissolvait ?

M. DE POLIGNAC. — Mais c'est que nos affaires n'en iront pas mieux pour cela. La France va se lever tout entière contre nous. Je n'ose pas dissoudre.

M. SYRIEYS. — Ne dissolvons pas.

M. DE POLIGNAC. — Mais on ne peut pas faire autrement; la Chambre de l'adresse séditieuse n'est guère venue à résipiscence.

M. SYRIEYS. — Alors, dissolvons.

M. DE POLIGNAC. — Moi, je ne sais que faire. Aidez-moi de vos conseils.

M. SYRIEYS. — Mon avis est..... si je puis me permettre de l'énoncer aussi ouvertement..... mon avis est que notre situation est excessivement embarrassante.

M. DUDON. — Je suis parfaitement de l'avis de l'honorable préopinant.

M. COURVOISIER. — Et si les saints ne nous sont pas en aide, je ne sais comment nous nous tirerons d'affaire. Il faut pourtant se décider à quelque chose.

M. SYRIEYS. — Si nous tirions à la courte-paille ou à pile ou face ?

M. D'HAUSSEZ. — A-t-il de l'esprit aujourd'hui, ce coquin de Syrieys !

M. COURVOISIER. — Attendez, j'ai une médaille bénie à l'occasion de la translation des reliques de saint Vincent de Paul ; elle va nous servir. Eh !... où donc est ma médaille ? j'ai perdu ma médaille, on m'a volé ma médaille. Dudon, vous ne me l'auriez pas prise par hasard ?

M. DUDON, *avec assurance.* — Moi, je ne sais pas ce que vous voulez dire.

M. SYRIEYS. — Tenez, voilà un louis.

M. D'HAUSSEZ. — Vaisseau démâté que vous êtes, vous ne voyez pas que c'est un napoléon.

M. COURVOISIER, *se signant.* — Bonne sainte Vierge !

M. DE POLIGNAC. — La figure de l'individu !... Tenez, voilà un vrai louis. D'Haussez, vous êtes pour la dissolution ; moi contre. Pile ou face ?

M. D'HAUSSEZ. — Face.

(M. de Polignac jette la pièce ; elle tombe face, et la dissolution est arrêtée définitivement.)

M. DE PEYRONNET AU MINISTÈRE.

On lit dans la *Gazette* d'hier : « MM. de Chabrol et de Courvoisier ayant donné leur démission, le Roi l'a acceptée et a nommé M. de Montbel ministre des finances, M. de Chantelauze ministre de l'Instruction publique, et M. de Peyronnet ministre de l'intérieur. »

M. de Peyronnet !!! Ce nom dit tout, et nous savons de quoi est capable celui qui a pris pour devise : *Non solum togâ.* Nous voici revenus à l'expectative des coups d'État dont nous menaçaient depuis si longtemps les journaux à gage dé la camarilla.....

Bien joué, nos Seigneurs ! M. de Peyronnet est pris pour tailleur dans notre dernière partie, voyons ce qu'il retournera !

BIGARRURES.

M. de Peyronnet entre dans la nouvelle troupe avec le même engagement et les mêmes feux ; il a pour emploi les coups d'État. On est généralement curieux de voir le beau grenadier à cheval.

* *

La nouvelle de la rentrée de M. de Peyronnet au ministère a fait baisser la rente, et les projets de M. de Polignac font hausser les épaules.

* *

Les électeurs se préparent à prouver à l'auteur de la loi du droit d'aînesse, qu'il n'est qu'un triste cadet.

* *

M. de Peyronnet a de la rancune ; il veut nous faire payer cher sa salle à manger, mais nous tenons les cordons de la bourse.

* *

M. Dudon a pris un habit de ministre, il continue à voler dans le chemin de la fortune.

* *

Chodruc-Duclos dit qu'il aime mieux être Chodruc que Peyronnet ; Chodruc n'est pas si fou qu'il en a l'air.

M. Capelle joue les traîtres, M. Polignac les niais, M. Guernon de Ranville les pères dindons, M. de Peyronnet les tyrans. M. de Bourmont est chargé spécialement de l'emploi des déserteurs. M. Dudon va compléter la troupe; on sait d'avance quel rôle il jouera.

*
* *

On assure que M. de Peyronnet a en portefeuille une trentaine de lois d'amour inédites.

*
* *

Décidément le ministère est à l'agonie; M. de Peyronnet se plaint d'avoir été appelé trop tard.

*
* *

Chodruc-Duclos a pris un chapeau neuf; il paraît qu'un changement notable s'est opéré dans ses finances; il finira peut-être par être ministre.

*
* *

M. de Peyronnet va donner un grand assaut....... à la Charte.

*
* *

M. de Polignac veut monter à cheval après les élections; nous l'engageons à bien se tenir.

*
* *

M. de Polignac voyant approcher les élections et désirant s'assurer un poste en rapport avec ses goûts et sa capacité, a retenu la place de bedeau de Saint-Roch.

*
* *

On vend maintenant des *tabatières électorales* et du *tabac à la Charte*. Il y a de quoi faire fumer le ministère.

M. de Polignac trame ses coups dans l'ombre, c'est le hibou du ministère.

Telle est pourtant l'influence des plus petits motifs dans les choses de ce monde! Les oies ont sauvé le Capitole, et M. de Pol... pouvait causer une révolution en France.

M. de Polignac prétend servir les intérêts du pays; il ne sait servir que la messe.

LA CHARTE

COMME LA VEULENT LES HOMMES DU 8 AOUT ET DU 19 MAI.

ARTICLE PREMIER. — Les Français sont inégaux devant la loi, parce qu'il serait absurde qu'un libéral ou un homme qui ne va pas à la messe fût l'égal d'un émigré ou d'un congréganiste; qu'un député du côté gauche, qu'un écrivain ou un manufacturier marchassent de front avec un homme du centre, un évêque et un marquis; qu'un rédacteur du *Constitutionnel* ou du *Courrier français,* qui n'ont ni *de* avant leur nom, ni rubans, ni pensions, ni croix, fût autant qu'un rédacteur de la *Gazette* qui a deux *de* l'un devant, l'autre derrière, qui est de plus commandeur de l'ordre d'Isabelle la Catholique, qui dîne chez les ministres et qui tient les cordons du dais.

ART. 2. — Il serait assez agréable de ne faire payer les impôts qu'aux libéraux; mais, par cela, ils se trouveraient être seuls électeurs. Au contraire, seront dégrevés, autant que possible, les citoyens atteints ou soupçonnés de libéralisme.

Art. 3. — Ne sont admissibles aux emplois civils et militaires que les hommes bien pensants, affiliés à la congrégation, ayant au moins une fois trahi la France, dénoncé quelque conspiration ou sauvé trois fois la monarchie.

Art. 4. — La liberté individuelle est garantie, à moins que le suspect ne soit un écrivain libéral, parce que alors les traitements les plus rigoureux sont permis et même ordonnés. En ce cas, les gendarmes doivent se servir de leurs sabres et les guichetiers redoubler d'insolence.

Art. 5 et 6. — Chacun professe sa religion avec une égale liberté. Néanmoins on brûlera quiconque ne sera pas de la société de Jésus, qui est la religion de l'État.

Art. 7. — Les ministres de la religion catholique percevront la dîme de tous les biens des laïques; les prêtres de toute autre religion mourront de faim.

Art. 8. — Les Français ont le droit de faire imprimer et de publier leurs opinions, pourvu qu'ils n'écrivent que la vie des saints et le panégyrique de saint Louis, pour l'histoire ; des cantiques et des noëls pour la poésie ; l'éloge du gouvernement, des ministres et des jésuites, ou des invectives contre les libéraux.

Art. 9. — Les propriétés sont inviolables, sauf le cas où il faudrait qu'il en fût autrement.

Art. 10 et 11. — Il est défendu de rappeler que M. de *** a déserté et passé à l'ennemi ; que tels et tels ont rampé aux pieds de l'usurpateur ; que M. *** a vendu son honneur pour telle somme, que M. M*** n'a pu trouver à vendre le sien ; que M. D*** a volé la nation ; etc.

Art. 12. — Seront soumis au recrutement tous libéraux serfs et vilains ; seront excellents officiers et généraux expérimentés, tous nobles, baron ou homme de haute lignée, de naissance et ancienne souche.

Art. 13. — Les ministres sont inviolables et, par conséquent, non responsables ; à eux seuls appartient la puissance exécutive. Les ministres n'auront ni capacité, ni impartialité, ni conscience.

Art. 14 et 15. — La puissance législative s'exerce par les ministres'; la Chambre des pairs et la Chambre des députés ne sont que pour la forme, jusqu'à ce qu'on les ait composées autrement.

Art. 16. — Les ordonnances des ministres ont force de loi.

Art. 17. — Quand la loi est fixée d'une manière immuable, on la porte aux Chambres pour la forme.

Art. 18. — Toute loi doit être discutée et votée librement ; seulement, sera *empoigné* et conduit en prison, maltraité, diffamé, vexé, destitué et anathématisé tout député qui votera ou parlera contre le ministère. Des gendarmes, avec leurs carabines chargées, seront dans la salle, de distance en distance, en nombre double de celui des membres.

Art. 19. — Les Chambres ne peuvent ni se plaindre des ministres, ni prier le Roi d'écouter le cri du peuple; les Chambres doivent estimer les ministres, quels qu'ils soient.

Art. 20. — Si les Chambres demandent le renvoi des ministres, la demande sera soumise à l'approbation desdits ministres.

Art. 21. — Si la proposition est adoptée par les ministres, elle sera mise sous les yeux du Roi; si elle est rejetée, elle ne pourra être représentée pendant toute la durée du ministère.

Art. 22. — Les ministres promulguent les lois selon leur bon plaisir.

Art. 23. — Les traitements des ministres seront fixés et ne pourront subir de variations qu'en augmentant.

Art. 24. — Tout ministre chassé par le vœu de la nation est nommé de droit à la pairie.

Art. 25. — Toutes les délibérations de la Chambre des pairs sont secrètes, quand il s'y prononce des discours comme le dernier de M. de Chateaubriand.

DE LA CHAMBRE DES DÉPUTÉS DES DÉPARTEMENTS.

Art. 26. — La Chambre des députés sera composée des députés élus par les conseils électoraux. Les ministres, dans leur impartialité, ne se réservent d'autre influence que de choisir les électeurs.

Art. 27. — Chaque département n'aura qu'un seul député, vu la rareté toujours croissante des hommes bien pensants.

Art. 28. — Tout député sera destitué à la volonté du ministre.

Art. 29. — Aucun député ne peut être admis dans la Chambre, s'il ne porte habituellement de la poudre et des bas chinés.

Art. 30. — Si néanmoins il ne se trouvait pas dans le département assez d'hommes réunissant les conditions requises, on choisirait dans les simples marguilliers, pourvu qu'ils soient abonnés à la *Gazette*, à la *Quotidienne*, ou à l'*Apostolique*.

Art. 31. — Si quelque homme bien pensant ne payait pas le cens exigible, on y pourvoirait par un ou plusieurs faux.

Art. 32. — Les présidents des colléges électoraux sont autorisés et même invités à faire triompher la bonne cause par tous les moyens légaux ou illégaux : fraude dans les dépouillements, influence par promesses ou menaces, etc.

Art. 33. — La moitié au moins des députés sera choisie parmi les Trois-Cents de M. de Villèle, le centre et les ventrus bien connus.

Art. 34. — Le président de la Chambre est tenu de clore les discussions avant qu'elles soient ouvertes, toutes les fois qu'elles prennent une tournure peu favorable au ministère.

Art. 35. — Les séances de la Chambre sont publiques, mais les tribunes réservées au public ne contiendront pas plus de quatre personnes.

Art. 36. — Au moindre signe de joie ou de tristesse qui paraîtra sur la figure du public, les tribunes seront évacuées.

Art. 37. — Aucun discours ne peut se terminer sans un court éloge des ministres.

Art. 38. — La Chambre des députés n'a pas le droit de refuser des impôts.

Art. 39. — En conséquence, aucun impôt ne peut être perçu s'il n'est consenti par la Chambre.

Art. 40. — Aucune diminution ne peut être proposée dans les impôts.

Art. 41. — Les ministres peuvent proroger la Chambre et, si elle les ennuie, la dissoudre, sans en convoquer une nouvelle.

Art. 42. — Les ministres ont le droit de faire emprisonner, déporter, ou d'exclure de la Chambre tout député qui ne se renfermerait pas dans le respect qui leur est dû.

Art. 43. — Les ministres peuvent faire par leurs journaux stipendiés injurier, insulter et calomnier les députés.

Art. 44. — Les pétitions envoyées aux Chambres resteront sans être dépliées.

DES MINISTRES.

Art. 45. — La voix d'un ministre comptera pour dix dans les délibérations des Chambres; on doit les écouter avec admiration quand ils daignent parler à la Chambre, et ne pas leur adresser d'arguments trop forts qui pourraient les embarrasser.

Art. 46. — La Chambre des députés a le droit d'accuser les ministres et de les traduire devant le conseil des ministres, qui seul a le droit de les juger.

Art. 47. — Dans le cas où les ministres accusés ne se condamneraient pas, leurs accusateurs seront punis comme calomniateurs.

DE L'ORDRE JUDICIAIRE.

Art. 48. — Les ministres se réservent de rendre justice sous les tilleuls du Palais-Royal.

DROITS PARTICULIERS MAINTENUS PAR L'ÉTAT.

Art. 49. — La dette publique est garantie, sauf quelques restrictions, telles que le trois pour cent.

Art. 50. — On rétablira le droit d'aînesse, les droits de haute justice, de vasselage. On fait des nobles et des pairs à discrétion.

Art. 51. — Les colons seront traités comme des nègres.

ARTICLE TRANSITOIRE.

Art. 52. — Il est défendu à tout citoyen de lire ou d'avoir chez lui cette Charte constitutionnelle.

Numéro du 25 juillet 1830.

LE 4 AOUT 1830.

DOUVRES.

(Deux inconnus, l'un arrivant de Calais, l'autre s'embarquant pour la même destination.)

PREMIER INCONNU : *God save my !...* C'est vous ?
DEUXIÈME INCONNU : Le prince de Pol...
— Chut ! ne me nommez pas.
— Pourquoi ?
— Parce que... j'allais chez vous.
— Tiens, c'est drôle, j'allais chez vous.
— J'allais m'asseoir à votre foyer.
— Je n'en ai plus, j'allais vous demander à partager la fortune du pot.
— Le pot !... on me l'a renversé sur la tête.
— Diable ! Voilà qui est malheureux !.... Qu'allons-nous faire ?
— Avez-vous de l'argent ?
— Oui, un peu ; j'ai écorché de mon mieux le pauvre John Bull.
— Moi, je n'ai pas un sou ; ils crient avant qu'on les écorche.
— Il fallait les laisser crier.
— Oui, mais ils montraient les dents.
— C'est différent. Guillaume n'a plus besoin de mes services.
— La France a jugé à propos de se passer des miens.

— Mon cher, comme Denys de Syracuse, il faudra nous faire maîtres d'école.

— Tiens, est-ce que vous savez lire, vous ?

— Non, et vous ?

— Ni moi non plus.

— Alors il faut faire comme Dioclétien, il faut nous mettre jardiniers.

— Non, j'ai un projet, je vais me faire jockey à New-Market.

— L'idée n'est pas déjà si mauvaise ; moi, si j'y avais pensé, je me serais fait roi des Grecs, quoique la place ne fût pas très-bonne. Un conquérant !... je vais me faire *restaurateur*.

— Et moi ! le descendant d'une si noble maison !

— N'importe, je vais à Paris.

— Tenez, mon cher, voilà une recommandation pour Piet. Il vous aidera, quoique sa cuisine soit bien maigre à présent, ce pauvre Piet ! il *a bu un bouillon avec nous*.

— Adieu donc, que la paix soit avec vous !

— Que la miséricorde du ciel vous accompagne !

Les prophétiques menaces de cet article ne devaient pas tarder à se réaliser.

Le 26 juillet, les ordonnances parurent. D'un trait de plume, Charles X venait de décider la déchéance de sa dynastie.

Avec la monarchie de Juillet, après les *trois glorieuses*, *Figaro* reparaît triomphant. Une fois encore sa vignette a subi une transformation, elle est devenue comme l'enseigne de sa victoire.

Basile fuit, Figaro ne menace plus, il frappe : « Ah ! Basile, mon mignon, faiseur de coups d'État, en voici du bois vert. »

Mais le but est atteint, la rédaction se disperse : c'est un autre *Figaro*. Nous n'entreprendrons pas de le suivre dans sa fortune nouvelle.

FIN.

TABLE DES MATIÈRES

Deux mots... 1
Introduction.. 5
Victor Bohain... 23
1826.. 33
1827.. 86
1828.. 190
1829.. 235
1830.. 336

FIN DE LA TABLE.

Imprimé par Charles Noblet, rue Soufflot, 18.

EN VENTE A LA LIBRAIRIE DE E. DENTU.

BIBLIOTHÈQUE DE L'AMOUR ET DE LA GALANTERIE.

Les Cotillons célèbres, par Émile Gaboriau, Études historiques, satiriques et anecdotiques sur les favorites des rois de France :

Ire SÉRIE. Agnès Sorel.—La comtesse de Chateaubriant.—La duchesse d'Etampes.—La belle Ferronnière.—Diane de Poitiers.—Marie Touchet.—Le Vert-Galant.—Gabrielle d'Estrées.—Henriette d'Entragues.—Mesdemoiselles de Hautefort et de La Fayette. 1 vol. grand in-18 jésus, avec portrait .... 3 fr.

IIe SÉRIE. La cour de Louis XIV.—Louise de La Vallière.—Madame de Montespan.—Madame de Maintenon.—Les maîtresses du Régent.—Louis XV le Bien-Aimé.—Les demoiselles de Nesle.—Madame de Pompadour.—Madame du Barry. 1 vol. grand in-18 jésus, avec portrait .... 3 fr.

L'Amour, par les grands écrivains, définitions, pensées, maximes et opinions, extraites de plus de deux cents auteurs, et précédées d'une introduction par Julien Lemer, 1 vol. grand in-18 jésus .... 3 fr.

Encyclopédie de l'Amour, par L. J. Larcher, 1 vol. grand in-18 jésus (sous presse) .... 3 fr.

Anecdotes d'amour, choix d'anecdotes, d'aventures et d'historiettes galantes de tous les temps, par L. J. Larcher. 1 vol. grand in-18 jésus.

La Régence galante, par Augustin Challamel, 1 vol. grand in-18 jésus, avec portrait de la duchesse du Maine .... 3 fr.

Le Charnier des Innocents, roman historique, par Julien Lemer, précédé d'une lettre adressée à l'auteur par Victor Hugo (2e édition), 1 vol. grand in-18 jésus .... 3 fr.

Madame Gil Blas, par Paul Féval (sous presse), 2 forts vol. grand in-18 jésus .... 6 fr.

Le 13e hussards, profils, esquisses et croquis militaires, par Émile Gaboriau. 1 vol. grand in-18 jésus .... 3 fr.

Histoire populaire des Papes, depuis saint Pierre jusqu'aux derniers évènements contemporains, par Augustin Challamel, 1 vol. grand in-18 jésus .... 2 fr.

Catherine d'Overmeire, étude, par Ernest Feydeau (3e édit.). 2 vol. grand in-18 jésus .... 6 fr.

Imprimé par Charles Noblet, rue Soufflot, 18.

www.ingramcontent.com/pod-product-compliance
Lightning Source LLC
Chambersburg PA
CBHW070859170426
43202CB00012B/2115